ÍSIS SEM VÉU

ÍSIS SEM VÉU

Os Segredos da Sabedoria Antiga na
Primeira e Mais Polêmica Obra de
H. P. BLAVATSKY

Resumida e comentada por MICHAEL GOMES

Tradução
Gilson César Cardoso de Sousa

Editora Pensamento
SÃO PAULO

Título do original: *Isis Unveiled – Secrets of the Ancient Wisdom Tradition, Madame Blavatsky's First Work.*

Copyright © 1972 Theosophical Publishing House.

Copyright da edição resumida e comentada © 1997 The Theosophical Society in America.

Publicado mediante acordo com Theosophical Publishing House, 306 West Genova Road, Wheaton, IL 60187 – USA.

Copyright da edição brasileira © 2022 Editora Pensamento-Cultrix Ltda.

1ª edição 2022.

Todos os direitos reservados. Nenhuma parte deste livro pode ser reproduzida ou usada de qualquer forma ou por qualquer meio, eletrônico ou mecânico, inclusive fotocópias, gravações ou sistema de armazenamento em banco de dados, sem permissão por escrito, exceto nos casos de trechos curtos citados em resenhas críticas ou artigos de revista.

A Editora Pensamento não se responsabiliza por eventuais mudanças ocorridas nos endereços convencionais ou eletrônicos citados neste livro.

Editor: Adilson Silva Ramachandra
Gerente editorial: Roseli de S. Ferraz
Preparação de originais: Karina Gercke
Gerente de produção editorial: Indiara Faria Kayo
Editoração eletrônica: Join Bureau
Revisão: Vivian Miwa Matsushita

Dados Internacionais de Catalogação na Publicação (CIP)
(Câmara Brasileira do Livro, SP, Brasil)

Blavatsky, H. P., 1831-1891

Ísis sem véu: os segredos da sabedoria antiga na primeira e mais polêmica obra de H. P. Blavatsky / resumida e comentada por Michael Gomes; tradução Gilson César Cardoso de Sousa. – 1. ed. – São Paulo, SP: Editora Pensamento, 2022.

Título original: Isis unveiled: secrets of the ancient wisdom tradition, Madame Blavatsky's first work.

ISBN 978-85-315-2215-4

1. Teosofia I. Gomes, Michael. II. Título.

22-111994   CDD-299.934

Índices para catálogo sistemático:
1. Teosofia 299.934
Eliete Marques da Silva – Bibliotecária – CRB-8/9380

Direitos de tradução para o Brasil adquiridos com exclusividade pela
EDITORA PENSAMENTO-CULTRIX LTDA., que se reserva a
propriedade literária desta tradução.
Rua Dr. Mário Vicente, 368 – 04270-000 – São Paulo – SP – Fone: (11) 2066-9000
http://www.editorapensamento.com.br
E-mail: atendimento@editorapensamento.com.br
Foi feito o depósito legal.

Sumário

Nota da edição americana 7

Introdução 9

Prefácio 13

Parte Um: Ciência

1. Coisas velhas com nomes novos 19
2. Fenômenos e forças 37
3. Teorias sobre os fenômenos psíquicos 47
4. O éter ou "luz astral" 53
5. Fenômenos psicofísicos 63
6. Os elementos, os elementais e os elementares 75
7. Alguns mistérios da natureza 85
8. Fenômenos cíclicos 99
9. O homem interior e exterior 121

10	Maravilhas psicológicas e físicas	133
11	O "abismo intransponível"	143
12	Realidades e ilusão	151
13	Sabedoria egípcia	163
14	Índia: o berço da raça	173

Parte Dois: Religião

15	A Igreja: onde ela está?	187
16	Crimes cristãos e virtudes pagãs	199
17	Divisões entre os primeiros cristãos	211
18	Cosmogonias orientais e registros bíblicos	229
19	Os mistérios da Cabala	239
20	Doutrinas esotéricas do budismo parodiadas pelo cristianismo	249
21	Heresias cristãs primitivas e sociedades secretas	261
22	Jesuitismo e maçonaria	271
23	Os Vedas e a Bíblia	281
24	O mito do demônio	293
25	Resultados comparativos de budismo e cristianismo	305
26	Conclusões e esclarecimentos	317

Índice remissivo 343

Nota da Edição Americana

Esta edição resumida e comentada da primeira obra de vulto de Helena P. Blavatsky tem por objetivo facilitar a abordagem de seus escritos relevantes e influentes. Não pretende substituir o texto da edição original (1877) ou a excelente edição crítica preparada por Boris de Zirkoff (Wheaton, IL: Theosophical Publishing House, 1972, 1994). Esta é, antes, uma introdução a *Ísis sem Véu*, que os editores esperam vá inspirar os leitores a buscarem o texto completo e original.

Michael Gomes elaborou uma sensível e inteligente edição resumida do livro, privilegiando o tema central e omitindo as frequentes digressões a que a mente fértil de Blavatsky se entregava a partir de qualquer tópico que estivesse considerando. Além disso, os editores modernizaram a pontuação, a grafia, o vocabulário e, em alguns casos, a construção gramatical para tornar o texto mais acessível ao leitor de hoje. As mudanças foram feitas para dar mais clareza ao significado do texto. Espero que em parte alguma tenhamos distorcido ou alterado seus conceitos.

Organizamos esta edição no espírito em que o original foi preparado. *Ísis sem Véu* é, basicamente, a obra de H. P. Blavatsky, amparada por quaisquer fontes a que ela tenha recorrido. Mas o texto publicado revela a assistência de muitos outros que editaram sua obra e, em certos casos, sob sua supervisão, redigiram algumas partes. O principal foi Henry Steel Olcott, mas Alexander Wilder e outros também participaram do trabalho. Em seus últimos anos, a própria Blavatsky mostrou insatisfação com o estado do texto e reconheceu as falhas do original.

Não temos a pretensão de haver corrigido as falhas que Blavatsky notou; o que tentamos foi oferecer uma versão que sirva, para alguns leitores, de introdução à sua mente superiormente ativa e a seu pensamento arrojado. Aos admiradores de H. P. Blavatsky que prefeririam não ver essas modificações em seu texto, parafraseamos o conselho que Geoffrey Chaucer deu aos leitores que não gostavam de algumas de suas obras: "E se alguém encontrar aqui coisas que o desagradem, não deve atribuí-las à nossa malevolência, mas apenas à nossa imperícia".

Introdução

"Será exagerado acreditar que o homem possa estar desenvolvendo novas sensibilidades e uma relação mais estreita com a natureza?", pergunta H. P. Blavatsky ao leitor no prefácio do primeiro volume de *Ísis sem Véu*. Ela reservou mais de 1.200 páginas, em sua pesquisa, para dar resposta a essa e outras perguntas relacionadas aos "mistérios da ciência e teologia antigas e modernas". Reuniu diversas autoridades de prestígio que atestaram eloquentemente a existência de uma visão de mundo venerável e universal; os mitos e lendas da humanidade foram esquadrinhados; a ciência de sua época foi comparada com as descobertas da Antiguidade, numa tentativa de "auxiliar o estudioso a entender os princípios vitais que subjazem aos conceitos filosóficos do mundo antigo" – conceitos que quando da publicação do livro, em 1877, estavam esquecidos no Ocidente e, até certo ponto, devido à influência da obra, ressurgiram na cultura contemporânea.

O primeiro e o segundo volumes de *Ísis sem Véu*, intitulados *Ciência*, tratam da capacidade dos antigos, com base em suas visões da humanidade e do universo, de antecipar a ciência moderna, enquanto o terceiro e o quarto, dedicados à *Teologia*, estudam o advento do cristianismo e a subsequente supressão de grupos rivais como as Escolas de Mistério. Ali, a discussão sobre os gnósticos estava muito à frente de seu tempo e se baseava, em parte, nos contatos com os descendentes de antigos grupos cristãos, como os drusos, durante as viagens que ela fez à Palestina e ao Egito.

A obra, em si, é um notável esforço para quem começara a escrever em inglês apenas três anos antes e, segundo ela própria admitiu, nunca frequentara a escola nem estudara nenhum ramo da ciência. A despeito disso, as críticas na época da publicação reconheceram que o livro devia ser considerado um trabalho extremamente erudito e não apenas uma curiosidade literária. A resposta do público foi igualmente entusiástica: dois meses depois de seu aparecimento, em setembro de 1877, uma segunda impressão se fez necessária e a obra nunca deixou de ser editada desde então.

Blavatsky se inspirou num vasto leque de escritores, dos autores clássicos, especialmente Platão e os neoplatônicos (talvez por influência de seu editor, prof. Alexander Wilder), a Darwin, Huxley e Max Müller. Apresentou aos leitores ingleses diversos escritores europeus, inclusive o mago francês Éliphas Lévi. Que tivesse suas próprias fontes, é evidente a partir do testemunho ocular de seu colega Henry S. Olcott: "Sua pena voava sobre a página quando, de súbito, ela se interrompia, olhava para o espaço com os olhos vagos do clarividente, apurava a visão como para enxergar algo invisível no ar à sua frente e começava a copiar no papel o que enxergava. Finda a transcrição, os olhos reassumiam a expressão natural e ela continuava escrevendo até ser de novo interrompida da mesma maneira". (Mais detalhes sobre a redação de *Ísis sem Véu* são fornecidos no primeiro volume de *Old Diary Leaves*, de H. S. Olcott, em meu próprio *Dawning of the Theosophical Movement* e na introdução da edição de *Ísis* de Boris Zirkoff.)

Mas o grande volume de material apresentado para explicar seu caso às vezes sufocava o tema. Havia, além disso, longas digressões sobre assuntos candentes da época, como a discussão das numerosas teorias sugeridas para explicar o fenômeno do espiritismo, que se espalhara pela Europa e a América nos anos de 1850 e 1860. A mente fértil de Blavatsky parecia ter captado cada fragmento de evidência e antecipado todo argumento possível. O resultado é que *Ísis sem Véu* sobrevive como um dos antigos e negligenciados santuários descritos no livro: relíquia para admirar, não para explorar.

Se a estrutura pudesse ser escoimada de material estranho, que maravilhas não seriam trazidas à luz! A presente edição resumida foi empreendida na esperança de tornar *Ísis sem Véu* mais acessível. Não é tarefa fácil remover mais de três quartos da obra de um autor. Entretanto, depois que longas citações de outros autores, explicações frequentes dos nomes das várias divindades e comentários repetidos foram eliminados, uma linha de continuidade emergiu com impressionante clareza em meio ao labirinto de palavras, iluminando os conceitos básicos que Blavatsky tentava explicar.

A autora estava, sem dúvida, ciente dos defeitos de seu livro e pretendia oferecer uma nova edição de *Ísis*. *A Doutrina Secreta*, sua segunda obra, foi inicialmente apresentada como "uma nova versão de *Ísis sem Véu*". Sua morte precoce a 8 de maio de 1891, com a idade de 59 anos, excluiu essa possibilidade. A presente tentativa talvez não seja bem o que a autora desejasse, mas revela a estrutura básica da obra. Nada foi acrescentado ou modificado, embora muita coisa tenha sido tirada. (Eliminei tanto material dos Capítulos III e IV de *Ciência*, que trata das teorias novecentistas sobre mesas giratórias e fenômenos similares, que eles foram fundidos.) Os trechos entre parênteses nas obras citadas podem ser considerados de H. P. Blavatsky. A grafia dos termos sânscritos e outros foi padronizada; as obras citadas em notas de rodapé seguem o estilo atual.

Encerrando o capítulo introdutório do primeiro volume, a autora explicava assim o objetivo de sua obra: "Não pretendo impor ao público minhas visões e teorias pessoais; a obra também não alimenta pretensões a trabalho científico, com a finalidade de revolucionar alguma área de pensamento. Trata-se, antes, de um breve resumo das religiões, filosofias e tradições universais da humanidade, bem como de sua exegese no espírito daquelas doutrinas secretas, das quais nenhuma – em virtude do preconceito e da intolerância – alcançou o cristianismo em sua forma íntegra, capaz de garantir um julgamento justo".

Michael Gomes
Editor

Prefácio

A obra que estamos submetendo à apreciação pública é fruto de um convívio íntimo com adeptos orientais e com o estudo de sua ciência. É oferecida a todos quantos se disponham a aceitar a verdade onde quer que ela se encontre e a defendê-la, sem medo, dos preconceitos populares. Deve ser considerada uma tentativa de ajudar o estudioso a entender os princípios vitais que subjazem aos sistemas filosóficos antigos.

O livro foi escrito com a máxima sinceridade. Tenciona ainda fazer justiça e contar a verdade sem malícia nem preconceito. Mas não tem consideração pelo erro sancionado nem respeito pela autoridade usurpada. Exige, para as conquistas de um passado espoliado, o crédito que lhes negam há muito tempo. Reclama a restituição de vestimentas subtraídas e a restauração de reputações caluniadas, mas gloriosas. A nenhuma forma de culto, fé religiosa ou hipótese científica foi sua crítica dirigida com outro espírito. Homens e partidos, seitas e escolas são simplesmente ocorrências passageiras do mundo atual: só a verdade, entronizada em sua rocha sólida como o diamante, é eterna e soberana.

Não acreditamos em "magia" que transcenda a abrangência e a capacidade da mente humana nem em "milagres", divinos ou diabólicos, caso impliquem uma transgressão das leis da natureza instituídas desde a eternidade. Não obstante, aceitamos as palavras do talentoso autor de *Festus* [Philip J. Bailey], para quem o coração humano ainda não se revelou por completo e estamos longe de avaliar, ou sequer entender, a extensão de seus poderes. Será ousadia excessiva acreditar que o homem esteja aprimorando novas sensibilidades e estreitando sua relação com a natureza? A lógica da evolução pode nos ensinar muita coisa se, com sua ajuda, tirarmos as conclusões legítimas. Se uma alma evoluiu até certo ponto na linha ascendente que vai do vegetal ou da ascídia ao mais nobre dos homens, dotado de qualidades intelectuais, será pouco razoável inferir e acreditar que uma faculdade de percepção também esteja se aperfeiçoando em nós, capacitando-nos a descobrir fatos e verdades para além de nosso conhecimento comum? Todavia, não hesitamos em aceitar a afirmação de Biffé segundo a qual "a essência é sempre a mesma. Quer talhemos o mármore para encontrar a estátua oculta lá dentro ou, por fora, empilhemos pedras até que o templo fique completo, o novo resultado é uma velha ideia. A eternidade mais recente encontrará na mais antiga a alma gêmea que lhe foi destinada".

Quando, pela primeira vez, viajamos ao Oriente a fim de explorar os recessos de seus santuários desertos, duas perguntas melancólicas e insistentes oprimiram nossos pensamentos: onde está Deus? Quem é Deus? O que é Deus? Alguém já viu o espírito imortal do homem para garantir que o homem não é mortal?

Foi quando mais nos empenhávamos em resolver esses problemas intrigantes que entramos em contato com algumas pessoas dotadas de poderes tão misteriosos, de conhecimentos tão profundos que podemos, legitimamente, chamá-las de sábios do Oriente. Não hesitamos em ouvir suas instruções. Elas nos mostraram que, combinando ciência e religião, a existência de Deus e a imortalidade do espírito do homem podem ser demonstradas como um problema de Euclides. Pela primeira vez tivemos a certeza de que a filosofia oriental só tem lugar para uma fé absoluta e inamovível na onipotência do eu imortal do homem. Aprendemos que essa onipotência se origina do parentesco do espírito do homem com a Alma Universal: Deus! Este, disseram-nos, pode ser demonstrado apenas por aquele.

O espírito do homem prova o espírito de Deus, assim como uma gota de água prova a fonte de que se origina. Se falarmos sobre a existência do oceano a uma pessoa que nunca viu água, ela aceitará essa informação pela fé ou a rejeitará totalmente. Entretanto, se uma gota cair em sua mão, ela terá diante de si um fato a partir do qual todo o resto poderá ser inferido. Depois disso, se conscientizará aos poucos de que existe mesmo um oceano de água, ilimitado e insondável. A fé cega já não será necessária, pois terá sido suplantada pelo conhecimento. Quando vemos um homem mortal revelando imensos talentos, controlando as forças da natureza e abrindo-se para o mundo do espírito, a mente reflexiva é tomada pela convicção de que, se o ego espiritual de um homem pode realizar tantas façanhas, os talentos do Espírito Pai as ultrapassam na mesma medida em que o oceano inteiro ultrapassa a gota em volume e potência. *Ex nihilo nihil fit*, nada vem do nada: provai a alma do homem por seus maravilhosos poderes e provareis Deus!

Em nossos estudos, descobrimos que mistérios não são mistérios. Nomes e lugares que, para a mente ocidental, tinham apenas um significado oriundo da fábula oriental acabaram se tornando realidades. Com reverência, entramos em espírito no templo de Ísis, para correr o véu "daquela que é, foi e será" em Saís, para ver através da cortina entreaberta do *Sanctum Sanctorum* em Jerusalém e mesmo para interrogar, no interior das criptas que outrora existiram sob o edifício sagrado, o misterioso Bath-Kol. A *Filia Vocis* – a filha da voz divina –

respondeu-nos por trás do véu do propiciatório: e, então, a ciência, a teologia, todas as hipóteses e concepções humanas nascidas do conhecimento imperfeito perderam para sempre, aos nossos olhos, seu caráter de autoridade. O Deus único e vivo falou por intermédio de seu oráculo – o homem – e nós ficamos satisfeitos. Esse conhecimento não tem preço e só esteve oculto daqueles que desdenharam, ironizaram ou negaram sua existência.

Nossa obra é, pois, um convite ao reconhecimento da filosofia hermética, a antiga Religião Universal, como a única chave possível para o Absoluto em ciência e teologia.

O conflito ora em curso entre o partido da consciência pública e o partido da reação já conseguiu dar um tom mais saudável ao pensamento. Dificilmente deixará de resultar na eliminação do erro e no triunfo da verdade. Repetimos: estamos trabalhando em prol de um amanhã mais luminoso.

Bem considerada a amarga oposição que fomos chamados a enfrentar, perguntamos: ao entrar na arena, quem está mais qualificado do que nós a inscrever em nosso escudo a saudação do gladiador romano a César: *Moriturus te salutat!* (O que vai morrer te saúda)?

Nova York, setembro de 1877
H. P. Blavatsky

PARTE UM

Ciência

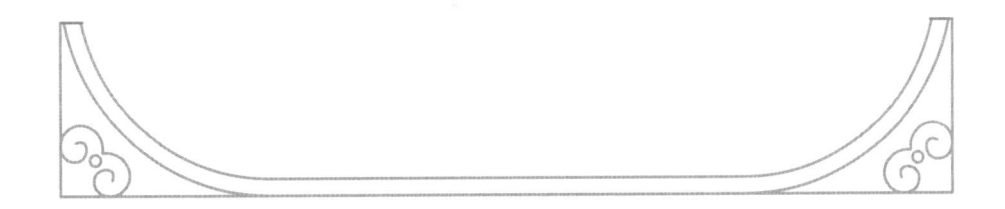

1

Coisas Velhas com Nomes Novos

Em algum ponto deste vasto mundo, há um livro antigo – tão antigo que nossos modernos antiquários podem dedicar-lhe um tempo indefinido sem descobrir a natureza do material sobre o qual foi escrito. É o único exemplar original que ainda existe. O documento hebraico mais antigo sobre aprendizado oculto – o *Sifra di-Tseniuta* (Livro do Mistério Escondido) – foi compilado a partir dele, que na época já era visto apenas como uma relíquia literária. Uma de suas ilustrações mostra a Essência Divina emanando de Adão[1] como um arco luminoso que avança para formar um círculo; então, após atingir o ponto mais alto de sua circunferência, a inefável Glória se inclina de novo e volta para a terra, conduzindo o tipo superior de humanidade em seu vórtice. À medida que se aproxima de nosso planeta, a Emanação vai ficando mais e mais sombria, até que, ao tocar o solo, torna-se negra como a noite.

Filósofos herméticos de todos os períodos alegaram ter a convicção, fundada em 70 mil anos de experiência,[2] de que a matéria foi com o tempo se transformando, por causa do pecado, em substância mais grosseira e mais densa do que era quando da formação primitiva do homem; de que, no começo, o corpo humano apresentava uma natureza em parte etérea; e de que, antes da queda, a humanidade comungava livremente com universos agora invisíveis. Desde então, a matéria se constituiu numa formidável barreira entre nós e o mundo dos espíritos. As mais remotas tradições esotéricas ensinam também que, antes do Adão místico, inúmeras raças de seres humanos viveram e morreram, sucedendo-se uma à outra.

À medida que o ciclo prosseguia, os olhos do homem foram se abrindo até que ele conheceu "o bem e o mal" da mesma forma que os Elohim. Alcançado o ápice, o ciclo começou a descer. Quando o arco atingiu um ponto que o colocou paralelamente à linha fixa de nosso plano terrestre, o homem recebeu da natureza "trajes de peles" e o Senhor Deus "o vestiu".

Essa mesma crença na preexistência de uma raça bem mais espiritual que a nossa pode ser encontrada nas tradições primitivas de praticamente todos os povos. No antigo manuscrito quíchua *Popol Vuh*, os primeiros homens são tidos como uma raça que podia raciocinar e falar, dotada de visão ilimitada e capaz de conhecer instantaneamente todas as coisas. Segundo Fílon, o Judeu (*De gigantibus* [Sobre os gigantes], 2), o ar está repleto de uma hoste invisível de espíritos, uns livres do mal e imortais, outros perniciosos e mortais. "Dos filhos de El descendemos, filhos de El devemos voltar a ser." A declaração inequívoca do gnóstico anônimo que escreveu o Evangelho de João (1,12), segundo a qual "quantos O receberam", isto é, seguiram na prática a doutrina de Jesus, "se tornarão filhos de Deus", aponta para a mesma crença. "Acaso não sabeis que sois *deuses*?", exclamou o Mestre. Platão descreve admiravelmente, no *Fedro* (246C), aquilo que o homem foi e aquilo que voltará a ser, antes e depois da "perda das asas", quando "vivia entre os deuses, ele próprio divino no mundo aéreo". Desde as épocas mais remotas, filósofos religiosos têm ensinado que o universo inteiro está cheio de seres divinos e espirituais de várias raças. De um deles, no curso do tempo, nasceu Adão, o homem primordial.

As descobertas da ciência moderna não contrariam as velhas tradições, que atribuem uma Antiguidade incrível à nossa raça. Nos últimos anos, a geologia, que só remontava o homem ao período terciário, encontrou provas inquestionáveis de que a existência humana antecede a última glaciação da Europa: mais de 250 mil anos! Problema difícil para a teologia resolver, mas fato aceito pelos filósofos antigos.

Além disso, instrumentos fósseis foram escavados juntamente com restos humanos, mostrando que o homem caçava naquelas épocas remotas e sabia acender fogueiras. Entretanto, o passo seguinte ainda não foi dado na busca da origem da raça; a ciência chegou a um beco sem saída e aguarda futuras provas. Nem geólogos nem arqueólogos são capazes de reconstituir, com base nos fragmentos até agora encontrados, o esqueleto completo do homem tríplice – físico, intelectual e espiritual. Como as ferramentas fósseis do homem, conforme se descobriu, vão se tornando mais toscas e primitivas à medida que a geologia se aprofunda nas entranhas da terra, parece cientificamente provado que, quanto mais perto chegamos da origem do homem, mais selvagem e bruto ele se revela. Estranha lógica! A descoberta de restos na caverna de Devon prova que, em sua época, não havia raças contemporâneas altamente civilizadas? Quando a atual população da Terra houver desaparecido e algum arqueólogo da "próxima raça" do futuro distante escavar os utensílios domésticos de nossas tribos indígenas ou da Ilha Andaman, poderá concluir que a humanidade, no século XIX, estava "começando a sair da Idade da Pedra"?

Quer cheguemos a esse resultado usando o método de Aristóteles ou o de Platão, não devemos nos deter para examiná-lo; mas é fato que as naturezas, interna e externa, do homem foram plenamente entendidas pelos andrologistas antigos. Apesar das hipóteses superficiais da geologia, estamos começando a obter provas quase diárias das assertivas desses filósofos.

Eles dividiram os intermináveis períodos da existência humana neste planeta em ciclos; durante cada um deles, a humanidade atingiu aos poucos o ponto culminante da mais alta civilização e, também aos poucos, foi recaindo na mais abjeta barbárie.[3] Temos uma fraca ideia das culminâncias a que a raça chegou várias vezes, em seu progresso, pelos magníficos monumentos da Antiguidade ainda visíveis e pelas descrições feitas por Heródoto de outros, dos quais já não restam traços. Mesmo em seu tempo, as gigantescas estruturas de muitas pirâmides e templos célebres no mundo inteiro eram montões de ruínas. Dispersadas pela mão incansável do tempo, são descritas pelo Pai da História como "testemunhas veneráveis da glória imemorial de ancestrais desaparecidos". Ele prefere "não falar das coisas divinas" e oferece à posteridade apenas uma descrição imperfeita, por ouvir dizer, de algumas maravilhosas câmaras subterrâneas do Labirinto, onde jaziam escondidas – e ainda jazem – as relíquias sacras dos Reis Iniciados.

O véu impenetrável do segredo arcano foi lançado sobre as ciências ensinadas no santuário e, por isso, os modernos depreciam as filosofias antigas. Mesmo Platão e Fílon, o Judeu, foram acusados por muitos comentadores de inconsistências absurdas, embora seja mais que evidente o traçado implícito nas contradições metafísicas tão confusas para o leitor do *Timeu*.

As especulações desses filósofos a respeito da matéria estavam abertas à crítica pública, mas seus ensinamentos sobre as coisas espirituais eram profundamente esotéricos. Obrigados por juramento à discrição e ao silêncio religioso no tocante a assuntos complexos que envolviam as relações entre espírito e matéria, rivalizavam entre si na descoberta de métodos engenhosos para ocultar suas verdadeiras opiniões.

A doutrina da *metempsicose* foi largamente ridicularizada por homens de ciência e rejeitada por teólogos; mas, caso a tivessem compreendido bem em sua aplicação à indestrutibilidade da matéria e à imortalidade do espírito, eles a veriam como uma concepção sublime. Não deveríamos primeiro examinar o assunto do ponto de vista dos antigos, antes de desautorizar levianamente seus mestres? A solução do grande problema da eternidade não depende nem da superstição religiosa nem do materialismo grosseiro.

Se a metempsicose pitagórica fosse meticulosamente explicada e comparada com a moderna teoria da evolução, sem dúvida se descobririam todos os "elos perdidos" na cadeia dessa teoria.

Nenhum filósofo de grande notoriedade deixou de cultivar a doutrina da metempsicose tal qual ensinada em seu sentido esotérico pelos brâmanes, os budistas e, mais tarde, os pitagóricos, fosse ela expressa com maior ou menor inteligibilidade. Orígenes e Clemente de Alexandria, Sinésio e Calcídio acreditavam nela; e os gnósticos, que a história considera sem hesitar um grupo de homens superiormente argutos, doutos e iluminados, eram todos crentes na metempsicose. As opiniões de Sócrates lembravam muito as de Pitágoras – e ambos, como castigo de sua divina filosofia, tiveram morte violenta. O vulgo foi sempre o mesmo em todas as épocas. O materialismo nunca viu e nunca verá as verdades espirituais. Esses filósofos ensinavam, como os hindus, que Deus infundiu na matéria uma porção de seu próprio Espírito Divino, dando assim animação e movimento a cada partícula. A seu ver, o homem tem duas almas, separadas e diferentes por natureza: uma perecível (a alma astral ou corpo interior, fluídico) e a outra incorruptível e imortal (a *augoeides* ou porção do Espírito Divino); a alma mortal ou astral sucumbe a cada mudança gradual, na entrada de cada nova esfera, purificando-se a cada transmigração. O homem astral, intangível e invisível aos nossos sentidos mortais e terrenos, é ainda constituído de matéria, mas de matéria sublimada.

Mas a excessiva dependência de fatos físicos levou ao fortalecimento do materialismo e, consequentemente, à decadência da espiritualidade e da fé. Na época de Aristóteles, era esse o tipo de pensamento que prevalecia. E embora o preceito délfico não tivesse sido completamente eliminado da filosofia grega e alguns pensadores ainda assegurassem que, "para saber o que o homem *é*, cumpre saber o que o homem *foi*", o materialismo já começava a sacudir as bases da fé. Os próprios Mistérios haviam degenerado, ao extremo, em meras especulações sacerdotais e fraude religiosa. Poucos eram os verdadeiros adeptos e iniciados, os herdeiros e descendentes daqueles que haviam sido dispersados pelas espadas conquistadoras dos inúmeros invasores do antigo Egito.

O tempo profetizado pelo grande Hermes em seu diálogo com Asclépio de fato chegara: o tempo em que estrangeiros ímpios acusariam o Egito de adorar monstros e fariam com que dele só restassem letras gravadas na pedra de seus monumentos – enigmas insondáveis para a posteridade. Os escribas sagrados e os hierofantes agora erravam pela face da Terra, obrigados, pelo medo da profanação dos santos mistérios, a buscar refúgio entre as fraternidades herméticas – conhecidas como essênios. O conhecimento esotérico estava sepultado mais fundo que nunca. O estandarte triunfante do discípulo de Aristóteles (Alexandre, o Grande) varreu de seu caminho de conquista todos os vestígios de uma religião outrora pura; e o próprio Aristóteles, típico representante de sua época, embora versado na ciência secreta dos egípcios, pouco conhecia dos imponentes resultados de milênios de estudos esotéricos.

Assim como aqueles que viveram nos dias dos Psaméticos, nossos filósofos atuais "ergueram o Véu de Ísis" – porque Ísis é, pura e simplesmente, o símbolo da natureza. Contudo, eles só enxergam suas formas exteriores. A alma que está lá dentro escapa a seu olhar e a Divina Mãe não tem nada a lhes dizer.

Nossa moderna ciência reconhece um Poder Supremo, um Princípio Invisível, mas nega um Ser Supremo ou Deus Pessoal. Sem dúvida, a diferença entre ambos pode ser questionada, já que nesse caso o Poder e o Ser são idênticos. A razão humana mal consegue imaginar um Poder Supremo Inteligente sem associá-lo à ideia de um Ser Inteligente. Não se pode esperar que as massas tenham uma concepção clara da onipotência e da onipresença de um Deus Supremo sem conferir esses atributos a uma gigantesca projeção de sua própria personalidade. Os cabalistas, porém, nunca contemplaram o AIN SOPH invisível senão como Poder.

Pouquíssimos cristãos entendem ou mesmo conhecem a teologia judaica. O Talmude é o mais intricado dos enigmas até para a maioria dos judeus e os estudiosos hebreus que o compreendem não alardeiam seu conhecimento. Os livros cabalistas são ainda menos compreendidos por eles, já que, em nossos dias, há mais eruditos cristãos que judeus empenhados na elucidação de suas grandes verdades. Pois a cabala oriental ou universal é, em definitivo, menos conhecida ainda! Seus adeptos são poucos, mas esses herdeiros escolhidos dos sábios que primeiro descobriram "as verdades estelares, fulgurantes no grande Shemaia da tradição caldaica"[4] solucionaram o "absoluto" e agora descansam de seu pesado labor. Não podem ir além do que é dado aos mortais desta terra conhecer; e pessoa alguma, nem mesmo esses eleitos, deve ultrapassar a linha traçada pelo dedo da própria Divindade.

Viajantes encontraram esses adeptos nas margens do Ganges sagrado, passaram por eles nas ruínas silenciosas de Tebas e nas misteriosas câmaras desertas de Luxor. Nesses saguões, onde signos estranhos, inscritos nas abóbadas azuis e douradas, chamam a atenção de visitantes, que nunca percebem seu sentido, eles foram vistos, mas raramente reconhecidos. Memórias históricas registraram sua presença nos salões brilhantemente iluminados da aristocracia europeia. Foram vistos de novo nas áridas e desoladas extensões do enorme Saara, bem como nas cavernas de Elefanta. Na verdade, podem ser encontrados em toda parte, mas só se deixam conhecer por aqueles que devotaram suas vidas ao estudo desinteressado e provavelmente jamais agirão de outra maneira.

Conhecedores profundos de todos os recursos dos reinos vegetal, animal e mineral, versados na química e na física ocultas, psicólogos tanto quanto fisiologistas, será de admirar que os graduados ou adeptos instruídos nos misteriosos santuários dos templos pudessem operar maravilhas que mesmo em nossa época esclarecida pareceriam sobrenaturais? É um insulto à natureza humana dar à magia e à ciência oculta o nome de impostura. Acreditar que, por tantos milhares de anos, metade da humanidade ludibriou e fraudou a outra equivale a dizer que a raça humana era composta apenas de velhacos e idiotas irrecuperáveis. Onde está o país em que a magia não foi praticada? Em que época ela foi totalmente esquecida?

Nos documentos mais antigos que possuímos – os Vedas e as leis de Manu, mais antigas ainda –, encontramos ritos mágicos praticados e permitidos pelos brâmanes. No Tibete, no Japão e na China, ensina-se hoje o que se ensinava na antiga Caldeia. O clero desses países, além do mais, prova o que ensina: isto é, que a prática da pureza moral e física, além de certas austeridades, desenvolve o poder anímico vital da autoiluminação. Permitir ao homem controlar seu próprio espírito imortal confere-lhe autênticos poderes mágicos sobre espíritos elementares inferiores a ele.

No Ocidente, encontramos uma magia tão antiga quanto no Oriente. Os druidas da Grã-Bretanha praticavam-na nas criptas silenciosas de suas cavernas profundas; e Plínio (*História Natural*, 29.12, 30.4 etc.) reserva vários capítulos à "sabedoria" dos líderes dos celtas. Os semoteus – os druidas das Gálias – ensinavam ciências tanto físicas quanto espirituais. Discorriam sobre os segredos do universo, o movimento harmônico dos corpos celestes, a formação da Terra e, acima de tudo, a imortalidade da alma. Em seus bosques sagrados – academias naturais edificadas pela mão do Arquiteto Invisível –, os iniciados se reuniam na hora tranquila da meia-noite para aprender o que o homem foi e será. Não precisavam de iluminação artificial para seus templos, pois a casta deusa da noite lançava seus raios mais prateados sobre as cabeças coroadas de folhas de carvalho; e os bardos sagrados, vestidos de branco, sabiam conversar com a rainha solitária da abóbada estrelada.

No solo morto dos tempos idos, erguem-se seus carvalhos sagrados, agora ressequidos e despojados de seu significado espiritual pelo sopro virulento do materialismo. Mas, para o estudioso do oculto, sua vegetação continua tão verde e luxuriante, tão plena de verdades santas e profundas quanto no tempo em que o arquidruida operava suas curas e, agitando o galho de azevinho, cortava com uma foice de ouro o ramo verde da árvore-mãe.

A magia é tão velha quanto o homem. Seria tão impossível determinar a época na qual ela surgiu quanto indicar em que dia o primeiro homem nasceu. Sempre que um escritor teve a ideia de associar seu aparecimento em um país com alguma figura histórica, pesquisas posteriores revelaram que essa ideia era infundada. Odin, o sacerdote e monarca escandinavo, teria, segundo muitos, inaugurado a prática da magia cerca de setenta anos antes de Cristo. Mas logo ficou patente que os ritos misteriosos das sacerdotisas conhecidas como *völvas* ou *valas* eram de época bem anterior. Alguns autores modernos tentaram provar que Zoroastro fundou a magia porque foi o criador da religião dos magos. Amiano Marcelino, Arnóbio, Plínio e outros historiadores antigos demonstraram de maneira inequívoca que Zoroastro foi apenas um reformador da magia praticada pelos caldeus e os egípcios.[5]

Os maiores mestres de divindade concordam que praticamente todos os livros antigos foram escritos em linguagem simbólica, inteligível apenas aos iniciados. O texto biográfico de Apolônio de Tiana é um bom exemplo. Como todo cabalista sabe muito bem, ele abarca a totalidade da filosofia hermética, sendo, sob muitos aspectos, a contrapartida das tradições legadas pelo rei Salomão. Parece um conto de fadas, mas, como no caso deste último, os fatos e os acontecimentos históricos são às vezes apresentados ao mundo sob as cores da ficção. A jornada à Índia representa, alegoricamente, as provas a que um neófito se sujeita. Suas longas conversas com os brâmanes, os sábios conselhos que estes lhe deram e os diálogos com o coríntio Menipo constituiriam, se corretamente interpretados, um catecismo esotérico. A visita ao império dos sábios e a entrevista com seu rei Iarcas, bem como o oráculo de Anfiarau, explicam simbolicamente vários aspectos dos dogmas secretos de Hermes. Revelariam, se compreendidos, alguns dos segredos mais importantes da natureza.

Nenhum povo de épocas posteriores se mostrou tão proficiente em geometria quanto os arquitetos das pirâmides e outros monumentos titânicos, antediluvianos e pós-diluvianos. Por outro lado, nenhum os igualou na interrogação prática da natureza. Prova inegável disso é o significado de seus incontáveis símbolos. Cada um destes é uma ideia corporificada – combinando a concepção do Divino Invisível com a do terreno e visível. A primeira deriva da segunda estritamente por meio da analogia, de acordo com a fórmula hermética "Embaixo como em cima". Seus símbolos revelam um profundo conhecimento das ciências naturais e um estudo prático do poder cósmico.

A despeito de seu aparente politeísmo, os antigos – pelo menos, os das classes educadas – eram totalmente monoteístas, muito antes dos dias de Moisés. No Papiro Ebers, esse fato é mostrado conclusivamente nas seguintes palavras, traduzidas das primeiras quatro linhas da lâmina 1: "Venho de Heliópolis com os grandes de Het-aat, Senhores da Proteção, próceres da eternidade e da salvação. Venho de Saís com as Deusas-Mães, que me protegem. O Senhor do Universo me ensinou a libertar os deuses de todas as doenças mortais". Homens eminentes eram chamados de deuses pelos antigos. A deificação de homens mortais e de deuses falsos não é prova contra seu monoteísmo, assim como as construções monumentais dos cristãos modernos, que erigem estátuas a seus heróis, não atestam seu politeísmo. Os americanos do século atual considerariam absurdo que daqui a três mil anos alguém os classificasse de idólatras por terem erigido estátuas a seu "deus" Washington. Tão envolta em mistério era a filosofia hermética que, segundo Volney, os povos antigos adoravam seus símbolos materiais grosseiros por si mesmos, quando, na verdade, eram apenas representações de princípios esotéricos.

A magia era considerada uma ciência divina, que propiciava a participação nos atributos da própria Divindade. "Desvela as operações da natureza", escreveu Fílon, o Judeu (*De specialibus legibus* [Sobre as leis especiais], 3.18.100), "e leva à contemplação dos poderes celestes." Em períodos posteriores, seu abuso e degeneração em feitiçaria tornou-a objeto de repúdio geral. Assim, devemos valorizá-la apenas como era no passado remoto, durante as épocas em que toda religião verdadeira se baseava no conhecimento dos poderes ocultos da natureza. Não foi a classe sacerdotal da antiga Pérsia que divulgou a magia, como geralmente se pensa, mas os magos, que dela tiraram seu nome. A magia surgiu no mundo juntamente com as mais antigas raças de homens.

Os antigos sabiam mais a respeito de certas ciências do que nossos modernos cientistas, dos quais muitos reconhecem esse fato, por mais relutante que a maioria se mostre em confessá-lo. "O grau de conhecimento científico existente num período anterior da sociedade era bem maior do que os modernos gostariam de admitir", afirma o dr. A. Todd Thomson, editor de *The Occult Sciences*, da Salverte, "mas ficava confinado aos templos, zelosamente oculto aos olhos do povo e transmitido apenas aos sacerdotes."[6]

A fim de demonstrar que as noções dos antigos sobre a divisão da história humana em ciclos não eram absolutamente destituídas de base filosófica, encerraremos este capítulo apresentando ao leitor uma das mais veneráveis tradições da antiguidade a respeito da evolução de nosso planeta.

Ao término de cada "grande ano", chamado por Aristóteles – segundo Censorino – o "maior", que consiste em seis *sars* (ciclos de eclipses)[7], nosso planeta sofre uma revolução física geral. Aos poucos os climas polar e equatorial vão trocando de lugar, o primeiro se movendo lentamente para o Equador, enquanto a zona tropical, com sua exuberante vegetação e rica vida animal, substitui as vastidões inacessíveis dos polos gelados. Essa mudança climática é forçosamente seguida de cataclismas, terremotos e outras perturbações cósmicas. Dado que o leito do oceano se desloca, um dilúvio semiuniversal como o do lendário Noé ocorre ao fim de cada dez milênios e cerca de um *neros*. Esse ano era chamado de "heliacal" pelos gregos, mas ninguém, fora do santuário, conhecia coisa alguma de certo sobre sua duração ou características. O inverno desse ano recebia os nomes de Cataclisma ou Dilúvio; o verão, o de Ecpirose. As tradições populares ensinavam que nessas estações alternadas o mundo era queimado ou inundado.

Os *neros*, os *brihaspati* ou os períodos chamados *yugas* ou *kalpas* são problemas que ainda aguardam solução. O *satya-yuga* e os ciclos budistas da cronologia deixariam um matemático atarantado diante da quantidade de números. O *maha-kalpa* encerra uma sequência de períodos inimaginável, que remonta às eras antediluvianas. Esse sistema compreende um *kalpa* ou grande período de 4.320.000.000 de anos, formado por 71 *maha-yugas*, cada qual dividido em 4 *yugas* menores, do seguinte modo:

1º – Satya-yuga	1.728.000 anos
2º – Tretya-yuga	1.296.000 anos
3º – Dvapara-yuga	864.000 anos
4º – Kali-yuga	432.000 anos
Total	4.320.000

Isso constitui uma idade divina ou *maha-yuga*. Setenta e um *maha-yugas* equivalem a 306.720.000 anos, aos quais se acrescenta um *sandhya* (ou a época em que dia e noite se aproximam, crepúsculo matinal e vespertino) igual a um *satya-yuga* de 1.728.000 anos, formando um manvantara de 308.448.000 anos.[8] Catorze *manvantaras* perfazem 4.318.272.000 anos, aos quais se acrescenta um *sandhya* para iniciar o *kalpa*, 1.728.000 anos, formando o kalpa ou grande período de 4.320.000.000 de anos. Como estamos agora apenas no *kali-yuga* da vigésima oitava era do sétimo *manvantara* de 308.448.000 anos, temos ainda pela frente muito tempo até chegar à metade do prazo concedido ao mundo.

Esses números não são fantasiosos, mas baseados em cálculos astronômicos reais, conforme S. Davis demonstrou.[9] Muitos cientistas, entre os quais Higgins, ficaram perplexos, apesar de todas as suas pesquisas, quando tentaram decidir qual desses era o ciclo secreto. Bunsen provou que os sacerdotes egípcios encarregados de fazer as anotações cíclicas sempre as mantiveram no mais profundo mistério.[10] Talvez a dificuldade se deva ao fato de os cálculos dos antigos se aplicarem ao progresso tanto espiritual quanto físico da humanidade.

Não será difícil perceber a estreita correspondência traçada pelos antigos entre os ciclos da natureza e da humanidade caso tivermos em mente sua crença nas influências constantes e poderosas dos planetas sobre a sorte dos homens. Higgins acreditava, com razão, que o ciclo do sistema indiano, de 432.000 anos, é a verdadeira chave do ciclo secreto. Mas ele falhou ao tentar decifrá-lo porque esse ciclo diz respeito ao mistério da criação, o mais inviolável de todos. Foi reproduzido em figuras simbólicas apenas no *Livro dos Números* dos caldeus e o original deste, se ainda existe, não será certamente encontrado em bibliotecas, pois era um dos mais antigos escritos de Hermes,[11] cujo número não foi determinado.

Assim como nosso planeta completa em um ano um giro em torno do Sol e, ao mesmo tempo, um giro de vinte e quatro horas em torno de seu próprio eixo, perfazendo círculos menores dentro de um círculo maior, assim os pequenos períodos cíclicos se encerram e recomeçam dentro do grande *saros*.

A revolução do mundo físico, nos termos da antiga doutrina, tem sua contrapartida numa revolução igual do mundo do intelecto: a evolução espiritual se dá por ciclos, como a evolução física.

Vemos então, na história, uma alternância regular de fluxos e refluxos na maré do progresso humano. Os grandes reinos e impérios, após chegar ao ápice de sua grandeza, descem novamente, de acordo com a mesma lei que os fez subir; atingido o ponto mais baixo, a humanidade se refaz e sobe outra vez, mas agora o ápice de sua escalada é, segundo a lei da progressão ascendente por ciclos, um pouco mais elevado do que aquele de onde ela desceu.

A divisão da história da humanidade em Idade do Ouro, Idade da Prata, Idade do Bronze e Idade do Ferro não é uma ficção: ela se repete na literatura de todos os povos. Uma era de grande inspiração e produtividade inconsciente é sempre seguida de uma era de crítica e consciência. Uma fornece material para o intelecto analítico e crítico da outra.

Assim, os grandes personagens que se alteiam como gigantes na história da humanidade, como Buda-Sidarta e Jesus na esfera do espiritual, e Alexandre da Macedônia e Napoleão, o Grande, na esfera das conquistas físicas, eram apenas imagens refletidas de tipos humanos que existiram nos primeiros dez mil anos e foram reproduzidas pelos poderes misteriosos que controlam os destinos do mundo. Não há personagem proeminente em todos os anais da história sagrada ou profana cujo protótipo não possamos encontrar nas tradições meio fictícias, meio reais de antigas religiões e mitologias. Tal como uma estrela, brilhando a uma imensurável distância acima de nossa cabeça, na vastidão sem fim do céu, se reflete nas águas quietas de um lago, as imagens dos homens das eras antediluvianas se refletem nos períodos que podemos abarcar numa retrospectiva histórica.

"Em cima como embaixo. O que foi, será novamente. No céu como na terra."

Muitos de nossos pensadores não percebem que numerosas mudanças na língua e na fraseologia alegórica, além da notória discrição dos antigos autores místicos, que geralmente se comprometiam a nunca divulgar os segredos solenes do santuário, podem ter, infelizmente, enganado tradutores e comentadores. Eles leem literalmente as frases dos alquimistas medievais e mesmo a simbologia velada de Platão é, em geral, mal-entendida pelo erudito moderno. Talvez um dia consigam aprender um pouco mais e descobrir que o método de extrema necessidade foi praticado tanto na antiga quanto na moderna filosofia; que, desde as primeiras idades do homem, as verdades fundamentais sobre tudo quanto nos é permitido saber na terra estava em poder dos adeptos do santuário; que a diferença dos credos e das práticas religiosas era apenas exterior; e que os guardiães da revelação divina primitiva, que resolveram todos os problemas ao alcance do intelecto humano, viviam unidos por uma maçonaria universal de ciência e filosofia, que formava uma cadeia inquebrantável ao redor do globo. Cabe à filologia e à psicologia encontrar a ponta do fio. Feito isso, ficará claro que, se um único nó dos velhos sistemas religiosos for afrouxado, toda a teia de mistério poderá ser desemaranhada.

A hora é mais que oportuna para a revisão das antigas filosofias. Arqueólogos, filólogos, astrônomos, químicos e físicos estão ficando cada vez mais próximos do ponto em que se verão obrigados a examiná-las. A ciência física já atingiu seus limites e não sabe mais o que explorar; a teologia dogmática vê secarem suas fontes de inspiração. A menos que estejamos interpretando mal os sinais, logo o mundo receberá as provas de que somente as religiões antigas estavam em harmonia com a natureza e de que a ciência antiga abarcava tudo quanto possa ser conhecido. Segredos por muito tempo guardados serão trazidos à luz; livros esquecidos e artes perdidas poderão ressurgir; papiros e pergaminhos de inestimável importância voltarão às mãos de homens que dirão tê-los desenrolado de múmias ou encontrado em criptas soterradas; placas de argila e colunas, cujas revelações esculpidas perturbarão teólogos e confundirão cientistas, ainda serão escavadas e interpretadas. Quem sabe as possibilidades do futuro? Uma era de desencanto e reconstrução não tardará a começar – se é que já não começou. O ciclo quase completou seu curso; um novo está prestes a iniciar-se e, disso, as páginas futuras da história trarão plenas evidências e darão prova cabal de que

> Se algo dos antigos merece nossa crença,
> É que espíritos desceram, falaram ao homem,
> E lhe revelaram segredos do mundo desconhecido.

NOTAS

1. O nome é usado no sentido da palavra grega *anthropos*. Embora a nota pareça indicar que, aqui, "Adão" significa "humanidade", *The Mahatma Letters* [As Cartas de Mahatma], 3ª ed., Carta 9, sugerem que Adão deve ser considerado uma emanação da Essência Divina. (N. do Org.)

2. As tradições dos cabalistas orientais sustentam que seu silêncio é ainda mais antigo. Os cientistas modernos podem duvidar e rejeitar essa afirmação, mas não *provar* que é falsa.

3. A Carta 16 de *The Mahatma Letters* recomenda que, nessa sentença, "humanidade" seja substituída por "raças humanas" e que, em lugar de "civilização", se leia "evolução espiritual dessa raça específica". (N. do Org.)

4. Bulwer-Lytton, *Zanoni*, livro 3, capítulo 5.

5. Amiano Marcelino, *História Romana*, 23.6.32-33; Arnóbio, *Adversus Gentes* [Contra os Pagãos], 1.5; Plínio, *História Natural*, 30.2-3.

6. Nova York, 1847, prefácio, 1: XIII.

7. Beroso, ele próprio astrólogo caldeu no templo de Belo, na Babilônia, dá como duração do *sar*, ou *sarus*, 3.600 anos; de um *neros*, 600 e de um *sossus*, 60. Ver I. P. Cory, *Ancient Fragments* [Fragmentos antigos], Londres, 1832, 29; Beroso (fragmento de Abideno), "Sobre os reis caldeus e o dilúvio". Ver também Eusébio, *Chronicon* [Crônica], 1.6, e o fragmento de Teão de Alexandria no ms. ex. cód. reg. Gall. gr. nº 2390, fól. 154 (em Cory, 329-30).

8. Charles Coleman, que fez esse cálculo (*Mythology of the Hindus* [Mitologia dos hindus]), Londres, 1832, XIII, deixou que um erro grave escapasse ao revisor; a duração do manvantara aparece como 368.448.000, um aumento de 60.000.000 de anos.

9. Samuel Davis, "On the Astronomical Computations of the Hindus" [Sobre os cálculos astronômicos dos hindus], em *Asiatic Researches*, 2:175-226; e Godfrey Higgins, *Anacalypsis* [Anacalipse], Londres, 1832, 1:176.

10. C. K. J. Bunsen, *Egypt's Place in Universal History* [O lugar do Egito na história universal], Londres, 1848, 1:24.

11. Os quarenta e quatro livros sagrados dos egípcios, mencionados por Clemente de Alexandria como existentes em seu tempo, eram apenas parte dos livros de Hermes. Jâmblico, baseando-se na autoridade do sacerdote egípcio Abammon, atribui 1.200 desses livros a Hermes; Manetô, 36 mil. Mas o testemunho de Jâmblico, neoplatônico e teurgo, é naturalmente rejeitado pelos críticos modernos. (O editor de Blavatsky, Alexander Wilder, em sua tradução do *De mysteriis* [Sobre os mistérios] de Jâmblico, atribui 2 mil a Hermes e 36.525 a Manetô.) (N. do Org.)

2

Fenômenos e Forças

Ao homem, basta saber que existe? Basta que ele seja formado como ser humano para merecer o título de *homem*? Decididamente, é nossa impressão e convicção que, para se tornar a genuína entidade espiritual que esse título implica, o homem precisa primeiro recriar-se, por assim dizer – isto é, eliminar por completo, de sua mente e espírito, não apenas a influência dominante do egoísmo e outras impurezas, mas também a doença da superstição e do preconceito. Este é muito diferente daquilo que em geral designamos como *antipatia* ou *simpatia*. Somos, a princípio, irresistível ou involuntariamente arrastados para dentro desse círculo escuro pela influência peculiar, pela poderosa corrente de magnetismo que emana tanto de ideias quanto de corpos físicos. Ficamos cercados por ela e acabamos impedidos, devido à covardia moral – ao medo da opinião pública –, de escapar-lhe. É raro que os homens contemplem determinada coisa à luz de sua verdade ou falsidade, aceitando a conclusão pela ação livre de seu próprio discernimento. Bem ao contrário, a conclusão é mais comumente alcançada pela adoção cega da opinião em voga entre aqueles com os quais se associam.

Muitos anos de convívio com magos, ocultistas e mesmerizadores "pagãos" ou "cristãos", além de outros praticantes das artes branca ou negra, devem nos ter capacitado a assumir uma visão prática desse problema tão complexo e tão sujeito a dúvidas. Conhecemos os faquires, os homens santos da Índia, e os vimos em contato com os *pitris*. Observamos de perto os procedimentos e o *modus operandi* dos dervixes ululantes e rodopiantes; tivemos conversas amistosas com os marabutos da Turquia europeia e asiática; e os encantadores de serpentes de Damasco e Benares guardam poucos segredos que não tivemos a sorte de estudar.

Em *Researches on the Phenomena of Spiritualism* [Pesquisas sobre os fenômenos do espiritismo], Londres, 1874, 98-100, William Crookes submete à opção do leitor oito teorias "explicativas dos fenômenos observados".

São as seguintes:

> *Primeira teoria* – Os fenômenos são, todos eles, resultado de truques, hábeis dispositivos mecânicos ou prestidigitação; os médiuns não passam de impostores e os observadores, de tolos.
>
> *Segunda teoria* – Os participantes de uma sessão tornam-se vítimas de uma espécie de mania ou ilusão. Imaginam fenômenos que não têm nenhuma existência real ou objetiva.
>
> *Terceira teoria* – Tudo é resultado de ação cerebral consciente ou inconsciente.
>
> *Quarta teoria* – Tudo é resultado do espírito do médium, talvez em associação com os espíritos de algumas ou de todas as pessoas presentes.
>
> *Quinta teoria* – As ações de espíritos maus, ou demônios, que personificam tudo quanto lhes agrada, pessoas ou coisas, a fim de solapar o cristianismo e arruinar as almas dos homens. (Teoria de nossos teólogos.)

Sexta teoria – As ações de uma ordem diferente de seres que vivem na terra, mas são invisíveis e imateriais para nós. Capazes, no entanto, de manifestar sua presença ocasionalmente e conhecidos em quase todos os países e épocas como demônios (não necessariamente maus), gnomos, fadas, *kobolds*, elfos, duendes, *Puck* etc. (Uma das opiniões dos cabalistas.)

Sétima teoria – As ações de seres humanos falecidos – a teoria espiritual por excelência.

Oitava teoria – (A força psíquica)... um acréscimo à quarta, quinta, sexta e sétima teorias.

A primeira dessas teorias, que se provou válida apenas em casos excepcionais, mas infelizmente ainda muito comuns, deve ser descartada, pois nada tem a ver com os fenômenos em si. A segunda e a terceira são o último reduto, já em escombros, da guerrilha dos céticos e materialistas, permanecendo, como dizem os juristas, *adhuc sub judice lis est* (o processo ainda aguarda sentença). Assim, só podemos tratar nesta obra das outras quatro, já que a oitava não passa, na opinião de Crookes, de um "acréscimo necessário" às outras.

As leis reconhecidas da ciência física só explicam alguns dos mais objetivos "fenômenos espirituais", como são chamados. Embora atestem a realidade de certos efeitos visíveis de uma força desconhecida, elas até agora não capacitaram os cientistas a controlar, à vontade, sequer essa porção dos fenômenos. A verdade é que os professores ainda não atinaram com as condições necessárias para sua ocorrência. Eles precisam ir tão fundo no estudo da tríplice natureza do homem – fisiológica, psicológica e divina – quanto seus antecessores, os magos, teurgos e taumaturgos de outrora.

Há anos, o velho filósofo alemão Schopenhauer analisou ao mesmo tempo essa força e essa matéria. Segundo sua doutrina, o universo é simplesmente a manifestação da vontade. Toda força da natureza é também um efeito da vontade, representando um grau mais alto ou mais baixo de sua objetivação. Ele ensinava inequivocamente Platão, para quem tudo quanto se vê foi criado ou projetado pelo invisível, pela Vontade eterna, e à sua semelhança. Nosso Céu, diz ele, foi produzido de acordo com o padrão eterno do "Mundo Ideal", que se insere, como tudo o mais, no dodecaedro, o modelo geométrico utilizado pela Divindade (*Timeu*, 28, 55C). No entender de Platão, o Ser Primordial é uma emanação da Mente Demiúrgica (*Nous*), que contém, desde a eternidade, a "ideia" do "mundo a ser criado", ideia de que ela produz a partir de si mesma. As leis da natureza são as relações estabelecidas dessa ideia com as formas de suas manifestações: "Essas formas", explica Schopenhauer, "são tempo, espaço e causalidade. No tempo e no espaço, a ideia varia em suas inumeráveis manifestações".

A antiga filosofia afirmava que em consequência da manifestação da Vontade – chamada por Platão de *Ideia Divina* – é que todas as coisas visíveis e invisíveis chegam à existência. Assim como essa Ideia Inteligente, dirigindo seu exclusivo poder volitivo para o centro das forças localizadas, traz formas objetivas à existência, assim pode o homem, microcosmo do Macrocosmo, fazer o mesmo na medida do desenvolvimento de sua vontade de potência. Os átomos imaginários – uma figura de linguagem empregada por Demócrito e adotada com reconhecimento pelos materialistas – são como robôs movidos interiormente pelo influxo dessa Vontade Universal a eles dirigida, que se manifesta como força e os põe em atividade. A planta da estrutura a ser erigida está no cérebro do Arquiteto e reflete sua vontade; ainda abstrata, a partir do momento da concepção ela se torna concreta graças aos átomos, que seguem fielmente cada linha, ponto e figura traçada na imaginação do Divino Geômetra.

Se Deus cria, o homem também pode criar. Ocorrendo certa intensidade da vontade, as formas criadas pela mente se tornam subjetivas. São chamadas de alucinações, embora, para seu criador, sejam tão reais quanto qualquer objeto visível é inegavelmente real para os outros. Ocorrendo uma concentração da vontade mais intensa e inteligente, a forma se torna concreta, visível, objetiva; o homem aprendeu o segredo dos segredos; é um mago.

O materialista não deve objetar a essa lógica, pois para ele pensamento é matéria. A ser assim, o engenhoso mecanismo fabricado pelo inventor, as cenas fantásticas nascidas no cérebro do poeta, o quadro deslumbrante evocado pela fantasia do artista, a estátua incomparável cinzelada no éter pelo escultor, os palácios e castelos construídos no ar pelo arquiteto – tudo isso, embora invisível e subjetivo, deve existir, pois é matéria moldada e trabalhada. Quem negará então a existência de homens dotados de vontade tão poderosa a ponto de tornar visíveis essas fantasias engendradas no ar, revestindo-as com o invólucro rígido da substância grosseira para fazê-las tangíveis?

Muitos desses místicos, seguindo o que aprenderam em alguns alfarrábios secretamente preservados de geração em geração, fizeram descobertas que não seriam desprezíveis nem mesmo em nossa época de ciências exatas.

Homens possuidores desse conhecimento, exercendo tamanhos poderes, trabalharam pacientemente para conseguir algo melhor que a glória vã da fama passageira. Sem buscar a imortalidade, tornaram-se imortais, como sucede a todos quantos se esforçam pelo bem da raça, esquecidos de seu eu insignificante. Iluminados pela luz da verdade eterna, esses alquimistas ricos-pobres fixaram sua atenção nas coisas que estão além da percepção comum e reconheceram que, afora a Causa Primeira, nada é inescrutável, nenhum problema é insolúvel. Ousar, conhecer, querer e *permanecer em silêncio* era sua regra inquebrantável; ser bons, desprendidos e humildes era neles um impulso espontâneo.

Estamos longe de acreditar que todos os espíritos que se comunicam nas sessões espíritas pertencem às classes ditas "elemental" e "elementar". Muitos – sobretudo os que controlam subjetivamente o médium, induzindo-o a falar, escrever ou agir de várias maneiras – são espíritos humanos desencarnados. Se a maioria deles é boa ou má, isso depende em grande parte da moral privada do médium, muito dos presentes e muitíssimo da intensidade e natureza de seus propósitos. Se estes forem apenas gratificar a curiosidade e divertir, não se pode esperar daí nada de sério.

De qualquer modo, espíritos humanos não podem *nunca* se materializar *in propria persona*. Não podem nunca aparecer ao investigador revestidos de carne quente e sólida, com mãos e faces suadas, e corpos materiais grosseiros. O máximo que conseguem fazer é projetar seu reflexo etéreo nas ondas atmosféricas; e, se o toque de suas mãos e roupas, em raras ocasiões, se torna objetivo para os sentidos de um mortal vivo, é percebido apenas como uma leve brisa passando por sobre a área tocada, não como uma mão humana ou um corpo material. Não, os "espíritos materializados" que se apresentam com corações palpitantes e vozes estridentes (acompanhadas ou não pelo som de trombetas) não são espíritos humanos. As vozes – se é que assim se pode chamá-las – de uma aparição espiritual, uma vez ouvidas, dificilmente são esquecidas. A de um espírito puro é semelhante ao murmúrio de uma harpa eólica ecoando a distância; a de um espírito sofredor, portanto impuro, quando não totalmente mau, lembra uma voz humana escapando de um tonel vazio.

Repetimos: nenhum espírito considerado humano pelos espíritas jamais deu provas suficientes de que o era. A influência dos desencarnados pode ser sentida quando comunicada subjetivamente por eles a sensitivos. Podem produzir manifestações objetivas, mas não podem produzir a si próprios exceto do modo acima descrito. Conseguem controlar o corpo de um médium e exprimir seus desejos ou ideias das várias maneiras conhecidas dos espíritas, mas não materializar o que é puramente espiritual – sua *divina essência*.

Portanto, toda "materialização" – quando genuína – é produzida (talvez) pela vontade do espírito ao qual se atribui a "aparência", mas que, na melhor das hipóteses, ele só pode personificar, ou por duendes elementares, geralmente tão estúpidos que nem merecem a honra de ser chamados demônios. Em raras ocasiões, os espíritos conseguem subjugar e controlar esses seres destituídos de alma, sempre prontos a assumir nomes pomposos quando se lhes dá liberdade; então, o espírito buliçoso "do ar", reproduzindo a imagem real do espírito humano, passa a ser movido por este como uma marionete e mostra-se incapaz de agir ou pronunciar outras palavras que não as impostas a ele pela "alma imortal". Isso, entretanto, exige diversas condições geralmente desconhecidas nos círculos até mesmo dos espíritas mais habituados a frequentar sessões. Nem todos estão aptos a atrair espíritos humanos, como desejariam. Uma das mais fortes atrações de nossos entes queridos que partiram é sua afeição por aqueles que deixaram na terra. Essa afeição os arrasta irresistivelmente, aos poucos, para a corrente da luz astral que vibra entre a pessoa simpática a eles e a Alma Universal. Outra condição muito importante é a harmonia e a pureza magnética dos presentes nas sessões.

A tais afirmativas se opõe um fato bem conhecido entre os espíritas: certificamos publicamente que vimos essas formas materializadas. Foi sem dúvida alguma o que aconteceu e estamos prontos a repetir o testemunho. Reconhecemos essas figuras como representações visíveis de conhecidos, amigos e mesmo parentes. Em companhia de muitos outros espectadores, ouvimo-las pronunciar palavras em línguas desconhecidas não apenas para o médium e todos os presentes na sala, exceto nós, mas em alguns casos para praticamente todos os médiuns na América e na Europa, pois eram línguas de tribos e povos orientais. Na ocasião, esses fatos foram concebivelmente encarados como provas conclusivas da autêntica mediunidade do inculto fazendeiro de Vermont que estava sentado no "gabinete". Contudo, aquelas figuras não eram as formas das pessoas que aparentavam ser: eram apenas suas estátuas-retratos, construídas, animadas e operadas por elementares.

Pausânias afirma que, quatrocentos anos após a batalha de Maratona, ainda se ouviam no local onde ela fora travada o relinchar de cavalos e os gritos de sombras de soldados (*Descrição da Grécia*, 1.32.4). Supondo-se que os espectros dos guerreiros mortos fossem seus espíritos genuínos, eles pareciam "sombras", não homens materializados. Mas quem ou *o quê* produziu os cavalos relinchantes? "Espíritos" equinos? Admitindo-se que cavalos não tenham espíritos – e isso, certamente, nenhum zoólogo, fisiólogo, psicólogo ou mesmo espírita pode provar ou negar –, então devemos concluir que "almas imortais" de homens simularam os relinchos em Maratona a fim de tornar o cenário da batalha histórica mais vívido e dramático?

Fantasmas de cães, gatos e vários outros animais têm sido vistos com frequência e o testemunho universal a esse respeito é tão confiável quanto o referente a aparições humanas. Quem ou *o quê* personificou, se tal expressão nos é permitida, os fantasmas dos animais mortos? De novo, espíritos humanos? Não há como fugir de uma questão assim proposta: é preciso aceitar, ou que os animais têm espíritos e almas sobreviventes, tal como nós, ou admitir, na esteira de Porfírio (*De abstinentia* [Sobre a abstinência], 2.37-43), que existe no mundo invisível uma espécie de demônios velhacos e maliciosos, seres intermediários entre homens vivos e "deuses", espíritos que se divertem aparecendo sob todas as formas imagináveis, começando pela humana e terminando pela de animais.

Cristóvão Colombo descobriu a América, mas Américo Vespúcio ficou com a glória e usurpou seus direitos. Teofrasto Paracelso redescobriu as propriedades ocultas do ímã – "o osso de Hórus", que doze séculos antes de sua época haviam desempenhado importante papel nos mistérios teúrgicos –, tornando-se, muito naturalmente, o fundador da escola do magnetismo e da magicoteurgia medieval. Mas Mesmer, que viveu cerca de trezentos anos depois dele e, como aluno de sua escola, pôs as maravilhas magnéticas diante dos olhos do público, colheu a glória devida ao filósofo do fogo e o grande mestre morreu num asilo!

Assim vai o mundo: novas descobertas, que evoluem a partir das antigas ciências; novos homens – a mesma velha natureza!

3

Teorias sobre os Fenômenos Psíquicos

Admite-se, sem contestação, que desde tempos imemoriais o Oriente longínquo foi a terra do conhecimento. Nem mesmo no Egito a botânica e a mineralogia eram tão meticulosamente estudadas quanto na velha Ásia Central. Mas, apesar disso, sempre que o tema da magia é discutido, raramente ocorre a alguém mencionar a Índia, pois sua prática geral nesse país é menos conhecida que a de qualquer outro povo da Antiguidade. A dos hindus era e é mais esotérica, se possível, do que foi entre os próprios sacerdotes egípcios. Consideravam-na tão sagrada que mal admitiam sua existência e só a praticavam em emergências públicas. Não a viam como um assunto religioso, mas como uma arte divina.

Os hierofantes egípcios, embora praticassem uma moralidade rígida e pura, não podiam ser comparados de modo algum aos gimnossofistas hindus ascetas, tanto em santidade de vida quanto em poderes miraculosos desenvolvidos neles pela renúncia sobrenatural a todas as coisas terrenas. Aos olhos daqueles que os conheciam bem, mereciam maior reverência ainda que os magos da Caldeia. "Negando a si mesmos os mais simples confortos mundanos, moravam nos bosques e levavam a vida do mais recluso dos eremitas",[1] enquanto seus irmãos egípcios pelo menos se reuniam em comunidades.

Não obstante as críticas que a história sempre lançou contra os praticantes da magia e da divinação, ela teve de reconhecê-los como detentores dos maiores segredos da arte médica e como seus profissionais mais habilidosos. São muitos os volumes preservados em mosteiros hindus que provam sua competência. Tentar esclarecer se esses gimnossofistas foram os verdadeiros fundadores da magia na Índia ou apenas praticavam o que haviam recebido como herança dos *rishis*[2] – os sete sábios primordiais – seria visto como mera especulação pelos eruditos escrupulosos.

Em primeiro lugar, sua cosmogonia mostra como tem sido errônea a opinião, vigente entre as nações civilizadas, de que Brahma é para os hindus o soberano ou Deus Supremo. Brahma não passa de uma divindade secundária, sendo, como Jeová, um "movedor de águas". É o deus *criador* e apresenta em suas representações alegóricas quatro cabeças, cada uma voltada para um ponto cardeal. É o demiurgo, o arquiteto do mundo. "No estado primordial da criação", diz Polier em *Mithologie des Indous* [Mitologia dos hindus], Paris, 1809, 1:163, "o universo rudimentar, submergido em água, repousava no regaço do Eterno. Saindo desse caos e escuridão, Brahma (o arquiteto do mundo), sentado numa flor de lótus, flutuou (moveu-se?) sobre as águas, conseguindo distinguir apenas água e trevas." Não há nada mais parecido com a cosmogonia egípcia, cuja sentença inicial mostra Hathor ou Mãe Noite (representando a escuridão ilimitada) como o elemento primevo que cobria o abismo infinito, animado por água e pelo espírito universal do Eterno postado sozinho no Caos.

Sempre que o lírio místico da água (lótus) é evocado, significa a emanação do objetivo a partir do oculto ou subjetivo, o pensamento eterno da sempre invisível Deidade passando do abstrato para a forma concreta ou visível.

O lótus é o produto do fogo (calor) e da água, portanto o símbolo dual do espírito e da matéria. O Deus Brahma é a segunda pessoa da Trindade, como Jeová (Adam-Kadmon) e Osíris, ou antes, Pimandro ou o Poder do Pensamento Divino, de Hermes, pois Pimandro representa a origem de todos os deuses solares egípcios. O Eterno é o Espírito do Fogo, que surge, frutifica e dá forma concreta a tudo que nasce da água ou da terra primordial, evoluído de Brahma; mas o próprio universo é Brahma, Brahma é o universo. Essa é a filosofia de Spinoza, que ele tirou da de Pitágoras; essa é a filosofia pela qual Bruno morreu como mártir.

As doutrinas de Bruno e Spinoza são quase idênticas, embora as palavras do último pareçam mais veladas e bem mais cuidadosamente escolhidas que as encontradas nas teorias do autor de *Sobre a Causa, o Princípio e o Uno* e *Sobre o Universo Infinito e os Mundos*. Tanto Bruno, que atribui sua fonte de informação a Pitágoras, quanto Spinoza, que sem reconhecê-lo francamente deixa sua filosofia entremostrar o segredo, encaravam a Causa Primeira do mesmo ponto de vista. Para eles, Deus é uma Entidade totalmente *per se*, um Espírito Infinito, o único Ser completamente livre e independente de efeitos e outras causas; o qual, por meio da mesma Vontade que engendrou todas as coisas e deu o primeiro impulso a todas as leis cósmicas, perpetuamente mantém em existência e ordena tudo no universo. Tal como os *svabhavikas* hindus, erroneamente chamados de ateus, presumem que todas as coisas, homens, deuses e espíritos inclusive, nasceram de Svabhava ou de sua própria natureza,[3] Spinoza e Bruno chegaram à conclusão de que Deus deve ser buscado dentro e não fora da natureza. Pois, como a criação é proporcional ao poder do Criador, tanto o universo quanto Aquele que o criou devem ser infinitos e eternos, uma forma emanando de sua própria essência e criando, por seu turno, outra.

"O que, então, nasce da morte?", perguntou Sócrates a Cebes. "A vida" foi a resposta (Platão, *Fédon*, 71D). "Pode a alma imortal ser perecível?" (*Fédon*, 106B). "A semente não poderá se desenvolver se não estiver em parte consumida", diz o prof. Le Conte: "O que semeias não é vivificado se primeiro não morrer", diz São Paulo (I Coríntios, 15,36).

A flor desabrocha, seca e morre. Deixa atrás de si a fragrância, que mesmo depois de suas pétalas quase se desfazerem em pó ainda permanece no ar. Nosso olfato material talvez não a perceba, mas ela ainda assim continua existindo. Depois que a nota é vibrada no instrumento, o som esmaecido produz um eco eterno. Uma perturbação se forma nas ondas invisíveis do oceano sem praias do espaço e a vibração nunca se perde por completo. Sua energia, uma vez levada do mundo material para o imaterial, viverá para sempre. E o homem, devemos crer, essa entidade viva, pensante e raciocinador, a divindade que mora na suprema obra-prima de nossa natureza, se libertará de seu invólucro e não mais existirá? O princípio da continuidade, que existe até para a chamada matéria *inorgânica*, para um átomo flutuante, será negado ao espírito, cujos atributos são a consciência, a memória, a mente, o AMOR?

Por que pareceria tão impossível que, quando o espírito se separa do corpo, tenha o poder de animar alguma forma evanescente, criada a partir dessa mágica força "psíquica", "ectênica" ou "etérea" com a ajuda de elementares que lhe fornecem a matéria sublimada de seus próprios corpos? A única dificuldade é entender que o espaço circundante não é um vazio, mas um reservatório repleto de modelos de todas as coisas que existiram, existem e existirão, como também de seres de incontáveis raças diferentes da nossa.

Não é a primeira vez na história que o mundo invisível precisa lutar contra o ceticismo materialista dos saduceus de olhos vendados. Platão deplora esse ceticismo e fala dessa tendência perniciosa mais de uma vez em suas obras.

De Kapila – o filósofo hindu que séculos antes de Cristo não acreditava na alegação dos yogues místicos segundo a qual, em êxtase, um homem pode ver a Divindade face a face e conversar com os seres "superiores" – até os adeptos de Voltaire do século XVIII, que riam de tudo quanto outras pessoas consideravam sagrado, toda época tem seus Tomés incrédulos. Conseguiram eles, alguma vez, deter o progresso da verdade? Não mais do que os beatos ignorantes que julgaram Galileu conseguiram impedir que a Terra girasse. Nenhum tratado pode afetar visceralmente a estabilidade ou instabilidade de uma crença que a humanidade herdou das primeiras raças de homens, aquelas que – a crermos na evolução espiritual tanto quanto na física – receberam a grande verdade dos lábios de seus antepassados, os deuses de seus pais, "que estavam na outra margem do dilúvio". As fábulas das eras mitopoéticas teriam apenas transformado em alegorias as maiores verdades da geologia e da antropologia. É para essas fábulas ridiculamente expressas que a ciência terá de voltar-se para encontrar seus "elos perdidos".

NOTAS

1. Amiano Marcelino, *Hist. Rom.*, 23.6.33.

2. Os *rishis* eram sete e viveram numa época anterior ao período védico. Eram conhecidos como sábios e reverenciados como semideuses. Haug (*Aitareya-Brahmanam*, 2:479 fn.) mostra que eles ocupavam, na religião bramânica, uma posição correspondente à dos doze filhos de Jacó na Bíblia hebraica. Os brâmanes se dizem descendentes diretos desses *rishis*.

3. Brahma *não* criou a terra, *Mrityuloka*, como também não criou o restante do universo. Evoluindo ele próprio da alma do mundo e uma vez separado da Causa Primeira, projetou de si toda a natureza. Não está acima dela, mas misturado com ela. Brahma e o universo formam um Ser, com cada uma de suas partículas sendo em essência o próprio Brahma, que nasceu de si mesmo.

4

O Éter ou "Luz Astral"

Sempre houve grande confusão de nomes para exprimir uma só coisa. O Caos dos antigos; o fogo sagrado do zoroastrismo ou o *Atas-Behram* dos parses; o Hermes-chama; o fogo de santelmo dos antigos germanos; o raio de Cibele; a tocha de Apolo; a chama do altar de Pã; o fogo inextinguível no templo da Acrópole e no de Vesta; as labaredas do elmo de Plutão; as fagulhas nos gorros dos Dióscuros, na cabeça da Górgona, no capacete de Palas e no caduceu de Mercúrio; o Ptá ou Rá egípcio; o *Zeus Kataibates* ("o que desce") dos gregos; as línguas de fogo pentecostais; a sarça ardente de Moisés; a coluna de fogo do Êxodo e a "lâmpada acesa" de Abraão; o fogo eterno do "poço sem fundo"; os vapores oraculares de Delfos; a luz sideral dos rosa-cruzes; o Akasa dos adeptos hindus; a luz astral de Éliphas Lévi; a aura nervosa e o fluido dos magneticistas; o *Od* de Reichenbach; o magnetismo atmosférico de alguns naturalistas; o galvanismo e, por fim, a eletricidade – são todos nomes diversos para inúmeras manifestações ou efeitos diferentes da mesma causa misteriosa e pervasiva: o *Archaeus* grego.

Quem nunca deu muita atenção a esse assunto se surpreenderá ao descobrir quanto já se sabia, em tempos remotos, sobre o princípio sutil, que penetra tudo, recentemente batizado de "éter universal".

Os antigos o chamavam de Caos; Platão e os pitagóricos, de Alma do Mundo. Segundo os hindus, a Divindade sob a forma de Éter penetra todas as coisas. É um Fluido invisível, mas, como já dissemos, bastante tangível. Entre outros nomes, esse Proteu universal recebeu dos teurgos a designação de "fogo vivo", "Espírito de Luz" e *Magnes*. Essa última apelação indica suas propriedades magnéticas, sua natureza mágica.

Então, que é essa substância mística, primordial? No livro Gênesis, no início do primeiro capítulo, ela é chamada de "face das águas", gerada pelo "Espírito de Deus". Jó afirma, em 26.5, que "coisas mortas são formadas sob as águas, com seus habitantes". No texto original, em lugar de "coisas mortas", lemos "*raphaim* mortos" (gigantes ou homens primitivos de grande poder), aos quais a "evolução" poderá um dia remontar nossa raça atual. Na mitologia egípcia, Kneph, o Deus eterno e não revelado, aparece sob a forma de um emblema da eternidade, uma serpente enrolada numa urna de água, com a cabeça acima da superfície, que ela anima com seu hálito. Nesse caso, a serpente é o Agathodaimon, o bom espírito; seu aspecto oposto é o Kakodaimon, o mau espírito.

Nos *Eddas* escandinavos, o orvalho de mel – o alimento dos deuses e das abelhas Yggdrasil, criativas e operosas – cai durante as horas noturnas, quando a atmosfera está impregnada de umidade, e nas mitologias nórdicas, como princípio passivo da criação, tipifica a criação do universo a partir da água. Esse orvalho é a luz astral em uma de suas combinações e tem propriedades criadoras, mas também destrutivas.

Na lenda caldaica de Beroso, o homem-peixe Oanes (ou Dagon) instrui o povo mostrando-lhe o mundo jovem criado da água, com todas as coisas se originando dessa *prima materia*. Moisés ensina que somente a terra e a água podem gerar uma alma viva; e lemos nas Escrituras que as ervas não cresciam até que o Eterno fez chover sobre a terra. No *Popol Vuh* mexicano, o homem foi feito de argila (*terre glaise*), tirada de sob a água. Brahma criou Lomasa, o grande Muni (ou primeiro homem), sentado em seu lótus, somente depois de criar espíritos, que por isso gozam entre os mortais da primazia da existência, e criou-os a partir da água, do ar e da terra.

Dizem os alquimistas que a terra primordial ou pré-adâmica, quando reduzida à sua primeira substância, é na segunda etapa de transformação parecida à água límpida (a primeira é o *alkahest*[1] propriamente dito). Afirma-se que essa substância primordial contém em si a essência de tudo quanto constitui o homem; encerra não apenas os elementos de seu ser físico, mas também o "sopro da vida" em sentido latente, pronto para ser despertado. Isso ela extrai da "incubação" do Espírito de Deus sobre a face das águas: o caos. Na verdade, essa substância é o próprio caos. Com base nela é que Paracelso alegava ser capaz de fabricar seus "homúnculos" e Tales, o grande filósofo natural, sustentava que a água era o princípio de tudo na natureza.

Que é o Caos primordial senão o *Aether*, o "Éter" moderno, mas não como o veem hoje nossos cientistas e sim como era conhecido pelos antigos filósofos, muito antes do tempo de Moisés; o Éter, com todas as suas propriedades misteriosas e ocultas, contendo em si os germes da criação universal; o Éter, a virgem celeste, a mãe espiritual de todas as formas e seres existentes, de cujo seio, tão logo "incubado" pelo Espírito Divino, vieram à existência Matéria e Vida, Força e Ação. Eletricidade, magnetismo, calor, luz e ação química são tão pouco conhecidos ainda hoje que novos fatos estão sempre ampliando o alcance de nosso conhecimento. Quem sabe onde termina o poder desse Proteu gigantesco, o Éter, ou onde começa? Quem pode negar o espírito que opera nele e projeta a partir dele todas as formas visíveis?

É tarefa fácil mostrar que lendas cosmológicas do mundo inteiro se baseiam no conhecimento, detido pelos antigos, das ciências que se aliaram em nossos dias para amparar a doutrina da evolução e que pesquisas futuras poderão revelar que eles estavam muito mais a par do fato da evolução em si, abarcando seus aspectos tanto físicos quanto espirituais, do que nós atualmente. Para os velhos filósofos, a evolução era um teorema universal, uma doutrina do *todo* e um princípio consolidado; já nossos modernos evolucionistas só podem nos oferecer teorias especulativas, teoremas *particulares*, quando não inteiramente negativos.

À semelhança de nossos físicos modernos, não há um só fragmento cosmogônico, de qualquer nação, apto a provar, por essa alegoria universal da água e do espírito que plana sobre ela, que o universo surgiu do nada. Com efeito, todas as suas lendas começam com o período em que vapores nascentes e escuridão caliginosa flutuavam sobre uma massa fluida pronta a encetar sua jornada de atividade ao primeiro sopro daquele que é o Um Não Revelado. Essas lendas O sentem, embora não O vejam. Suas intuições espirituais não estavam tão obscurecidas pela sofística sutil das eras anteriores como está a nossa hoje. Se falavam menos da época siluriana que evoluiu lentamente para a mamaliana, e se a era cenozoica só foi lembrada em algumas alegorias do homem primitivo – o Adão de *nossa* raça –, temos aí, no fim das contas, apenas uma prova negativa de que seus "sábios" e líderes não conheciam esses períodos sucessivos como os conhecemos agora. Nos dias de Demócrito e Aristóteles, o ciclo já iniciara seu caminho descendente de progresso.

Éliphas Lévi, o mago moderno, condensa a descrição da luz astral nesta sentença: "Dissemos que a aquisição de poder mágico exige duas coisas: liberar a vontade de todas as formas de servidão e pô-la sob controle".[2]

O que é a vontade? A "ciência exata" pode explicá-la? Qual é a natureza desse algo inteligente, intangível e poderoso que reina supremo sobre toda a matéria inerte? A grande Ideia Universal quis e o cosmos passou a existir. Eu *quero* e meus membros obedecem. Eu *quero* e meu pensamento – cruzando o espaço, que para ele não existe – envolve o corpo de outra pessoa, que não é parte de mim, entra por seus poros e, subjugando suas próprias faculdades, caso sejam mais fracas, força-a a empreender determinada ação. Ele age como o fluido de uma pilha galvânica sobre os membros de um cadáver. Os misteriosos efeitos de atração e repulsão são os agentes inconscientes dessa vontade; a fascinação que vemos exercida por alguns animais (das serpentes sobre os pássaros, por exemplo) é um ato consciente da vontade e o resultado do pensamento. Cera, vidro e âmbar, quando friccionados, isto é, quando o calor latente em toda substância é despertado, atraem corpos luminosos; inconscientemente, exercem a *vontade*, pois tanto a matéria inorgânica quanto a orgânica encerram uma partícula da essência divina, por insignificante que seja. E como poderia ser diferente? Embora, no curso de sua evolução, ela passe do começo ao fim por milhões de formas variadas, sempre retém o germe da matéria preexistente, ou seja, a primeira manifestação e emanação da própria Divindade. Que é, pois, esse inexplicável poder de atração senão uma parte atômica da essência que os cientistas e cabalistas reconhecem como o "princípio da vida" – o *akasa*? Conceda-se que a atração exercida por esses corpos seja cega; entretanto, à medida que subimos a escala dos seres orgânicos na natureza, encontramos esse princípio de vida desenvolvendo atributos e faculdades que vão se tornando mais determinados e mais distintos a cada degrau da escalada sem fim. O homem, o mais perfeito dos seres organizados da terra, no qual matéria e espírito – isto é, *vontade* – são mais desenvolvidos e poderosos, é o único que consegue imprimir um impulso consciente a esse princípio dele emanado; e só ele pode comunicar ao fluido magnético impulsos variados e opostos, sem limites de direção. "O homem quer", diz Du Potet, "e a matéria organizada obedece. Ela não tem polos."

A luz divina através da qual, sem o obstáculo da matéria, a alma percebe coisas passadas, presentes e futuras, como se seus raios incidissem num espelho; o golpe mortal desferido num momento de raiva incontida ou no auge de um ódio tenazmente alimentado; a bênção emanada de um coração agradecido ou benevolente; e a maldição lançada contra um objeto – ofensor ou vítima –, tudo isso tem de passar através do agente universal, que conforme um impulso é o sopro de Deus e conforme outro é o veneno do demônio. Ele foi descoberto (?) pelo barão Reichenbach, que lhe deu o nome de Od, não sabemos se intencionalmente ou não (mas é singular que esse nome seja mencionado nos livros mais antigos da Cabala).

Nossos leitores certamente desejarão saber o que, afinal, é esse *todo* invisível. Por que nossos métodos científicos, tão aperfeiçoados, jamais descobriram qualquer das propriedades mágicas nele contidas? A isso respondo que não há razão, pelo fato de os modernos cientistas ignorarem o assunto, para que o todo não possua as propriedades a ele atribuídas pelos antigos filósofos. A ciência rejeita hoje muitas coisas que será obrigada a aceitar amanhã. Há menos de um século, a Academia negou a eletricidade de Franklin e agora dificilmente encontramos uma casa sem um para-raios no teto. Batendo à porta do celeiro, a Academia não viu o próprio celeiro.

Emepht, o princípio original e supremo, produziu um ovo; incubando-o e insuflando nele sua própria essência vivificante, fez com que o germe contido no interior se desenvolvesse; então *Ptah*, o princípio ativo e criador que dele surgiu, iniciou sua obra. A partir da expansão ilimitada da matéria cósmica – luz astral, éter, névoa ígnea, princípio vital, não importa como a chamemos –, que se formou ao receber seu sopro, ou *vontade*, o princípio criador (ou lei da evolução, segundo a filosofia moderna) pôs em movimento as potências que continha em estado de latência, formando sóis, estrelas e satélites, controlando sua localização graças à lei imutável da harmonia e povoando-os "com todas as formas e tipos de vida". Nas antigas mitologias orientais, o mito cosmogônico estabelece que só havia a água (o pai) e o limo fértil (a mãe, *Ilus* ou *Hyle*), dos quais nasceu a serpente cósmica – a matéria. Era o deus *Phanes*, o revelado, o Mundo, o *Logos*.

Que cosmogonista moderno conseguiria comprimir todo esse mundo de significados num símbolo tão simples quanto a serpente egípcia num círculo? Temos, nessa criatura, a filosofia inteira do universo: a matéria vivificada pelo espírito e ambos extraindo juntos do caos (Força) tudo que deveria existir. Para significar que os elementos estão firmemente unidos nessa matéria cósmica, simbolizada pela serpente, os egípcios deram um nó em sua cauda.

Há outro emblema, mais importante, associado à mudança de pele da serpente, que até agora, salvo engano, ainda não foi citado pelos nossos simbolistas. Assim como o réptil se livra de um revestimento de matéria grosseira, que comprimia um corpo já muito grande para ele, e retoma sua existência com renovada energia, assim o homem, deitando fora o grosseiro corpo material, avança para a próxima etapa de sua existência com maiores poderes e mais dinâmica vitalidade. Inversamente, os cabalistas caldeus nos dizem que o homem primordial, que ao contrário da teoria darwiniana era mais puro, mais sábio e bem mais espiritualizado – como se vê pelos mitos do Buri escandinavo, do Devatas hindu e dos "filhos de Deus" de Moisés –, em suma, dotado de uma natureza muito superior à do homem da atual raça adâmica, tornou-se *desespiritualizado* ou contaminado pela matéria. Então, pela primeira vez, recebeu o corpo carnal, tipificado no Gênesis por este versículo profundamente significativo: "Para Adão e sua mulher, fez o Senhor Deus túnicas de pele e os vestiu" (3,21). Exceto se os comentadores quiserem fazer da Causa Primeira um alfaiate divino, que mais essas palavras aparentemente absurdas podem significar senão que o homem espiritual atingiu, por meio da involução, o ponto em que a matéria, predominando sobre o espírito e subjugando-o, transformou essa criatura em homem físico ou segundo Adão, no segundo capítulo do Gênesis?

Quem, estudando cuidadosamente as antigas religiões e mitos cosmogônicos, deixará de perceber que essa impressionante semelhança de concepção, em sua forma exotérica e seu espírito esotérico, não é resultado de mera coincidência, mas manifestação de um mesmo desígnio? Ela mostra que, já nessas épocas ocultas aos nossos olhos pela névoa impenetrável da tradição, o pensamento religioso do homem convergiu para uma simpatia uniforme em todos os recantos do globo. Os cristãos chamam de "panteísmo" a adoração da natureza em suas verdades mais ocultas. Mas se o panteísmo – que adora e nos revela Deus, no espaço, em sua única forma objetiva possível, a da natureza visível – lembra perpetuamente à humanidade que Ele a criou e uma religião eivada de dogmatismo religioso se esforça para afastá-Lo ainda mais de nossa vista, qual dos dois está mais adaptado às necessidades humanas?

A ciência moderna insiste na doutrina da evolução. A razão humana e a Doutrina Secreta também adotam essa ideia, corroborada pelas antigas lendas e mitos, e até pela Bíblia, quando a lemos nas entrelinhas. Vemos uma flor se desenvolver aos poucos a partir do botão e o botão surgir de sua semente. Mas de onde vem esta, com seu programa predeterminado de transformação física e suas forças invisíveis, portanto espirituais, que gradualmente lhe dão forma, cor e aroma? A palavra *evolução* já diz tudo. O germe da atual raça humana preexistia em seu ancestral, assim como a semente, na qual jaz oculta a flor do próximo verão, se desenvolveu na cápsula de sua flor primordial; esta pode diferir pouco de sua futura progênie, mas mesmo assim difere. Os ancestrais antediluvianos do elefante e do lagarto de hoje foram, talvez, o mamute e o plesiossauro; por que, então, os progenitores de nossa raça humana não podem ter sido os "gigantes" dos Vedas, do *Völuspá* e do Livro de Gênesis?

O homem físico, como produto da evolução, pode ficar a cargo do cultor das ciências exatas. Só ele é capaz de lançar luz sobre a origem física da raça. Mas, positivamente, devemos negar ao materialista o mesmo privilégio na questão da evolução psíquica e espiritual do homem, pois não há nenhuma evidência conclusiva de que este e suas faculdades superiores sejam "produtos da evolução tal como a planta mais humilde e o verme mais insignificante".[3]

Dito isso, trataremos da hipótese da evolução segundo os antigos brâmanes, tal como a ilustraram na alegoria da árvore cósmica. Os hindus representam sua árvore mítica, a que dão o nome de *Asvattha*, de modo diferente dos escandinavos. Descrevem-na crescendo em posição invertida, com os galhos para baixo e as raízes para cima; os galhos simbolizam o mundo exterior dos sentidos, isto é, o universo cósmico visível, ao passo que as raízes caracterizam o mundo invisível do espírito, porque se originam das regiões celestes onde, desde a criação do mundo, a humanidade instalou sua divindade invisível. Dado que a energia criadora se originou do ponto primordial, os símbolos religiosos de todos os povos são outras tantas ilustrações dessa hipótese metafísica exposta por Pitágoras, Platão e outros filósofos. "Os caldeus", diz Fílon, "julgavam que o Kosmos, entre as coisas existentes, é um ponto único, ele próprio Deus (*Theos*) ou receptáculo de Deus, compreendendo a alma de tudo que há."[4]

Também a pirâmide egípcia representa, alegoricamente, a ideia da árvore cósmica. Seu vértice é o elo místico entre céu e terra, e equivale à raiz, enquanto a base simboliza os ramos que se estendem para os quatro pontos cardeais do universo material. Veicula a ideia de que todas as coisas se originaram do espírito – com a evolução começando de cima e prosseguindo para baixo, e não o contrário, como quer a teoria darwiniana. Em suma, as formas foram gradualmente se materializando até atingir o ponto mais baixo de degradação. Esse ponto é aquele que a moderna doutrina da evolução transformou em arena de hipóteses especulativas.

Assim, todas as montanhas, ovos, árvores, serpentes e colunas de natureza cósmica encarnam verdades cientificamente demonstradas pela filosofia natural. Todas essas montanhas contêm, com variações insignificantes, a descrição alegoricamente expressa pela cosmogonia antiga; as árvores cósmicas representam a evolução subsequente do espírito e da matéria; as serpentes e colunas cósmicas são memoriais simbólicos dos diversos atributos dessa dupla evolução em sua infindável correlação de forças cósmicas. Nos misteriosos recessos da montanha – matriz do universo –, os deuses (poderes) preparam os germes da vida orgânica e também o elixir da vida que, uma vez degustado, desperta no homem material o homem espiritual. Esse elixir é o *soma*, a bebida sacrificial e sagrada dos hindus. Com efeito, quando da criação da *prima materia*, suas porções mais grosseiras foram usadas para o mundo físico, embrionário, enquanto sua essência mais divina, invisível, permeava o universo, envolvendo com suas ondas etéreas a criança recém-nascida, nutrindo-a e incentivando-a a agir, à medida que ela, aos poucos, emergia do caos eterno.

NOTAS

1. *Alkahest*, palavra usada primeiramente por Paracelso a fim de denotar o *menstruum* ou solvente universal, capaz de reduzir todas as coisas.
2. *Dogme et rituel de la haute magie*, Paris, 1856, 2:63. [*Dogma e Ritual da Alta Magia*. São Paulo, Cultrix, 2017.]
3. Palestra de T. H. Huxley, F.R.S., "Darwin and Haeckel" [Darwin e Haeckel], *The Popular Science Monthly* 6, mar. 1875, 593.
4. *De Migratione Abrahami* [Sobre a jornada de Abrahami], 32.179.

5

Fenômenos Psicofísicos

Uma obra sobre filosofia mágico-espiritual e ciência oculta seria incompleta sem uma alusão especial à história do magnetismo animal do modo como a conhecemos desde que Paracelso estarreceu os estudiosos da última metade do século XVI com a demonstração desse fenômeno.

Examinaremos de passagem seu aparecimento em Paris depois que Anton Mesmer trouxe essa ciência da Alemanha. Leiamos com cuidado e precaução os velhos papéis que agora se estiolam na Academia de Ciências dessa capital, pois ali veremos que, após rejeitar todas as descobertas feitas desde Galileu, os Imortais coroaram seu desdém virando as costas ao magnetismo e ao mesmerismo. Voluntariamente, fecharam as portas para si mesmos, portas que levam aos grandes mistérios da natureza, ocultos nas escuras regiões dos mundos psíquico e físico.

As teses completas de Paracelso sobre as propriedades ocultas do ímã são explicadas parcialmente em seu famoso livro, *Archidoxa*, no qual ele descreve a maravilhosa tintura, um remédio extraído do ímã e chamado *Magisterium magnetis*, e também, parcialmente, no *De ente Dei* e no *De ente astrorum*, livro I.

Paracelso demonstra, mais adiante, que há no homem uma "força sideral" oculta, emanação das estrelas e corpos celestes de que se compõe a forma do homem: o espírito astral. Essa identidade de essência, que podemos chamar de espírito de matéria "cometária", está sempre em relação direta com as estrelas de onde veio; portanto, existe uma atração mútua entre eles, pois são ímãs. A composição idêntica da Terra (e de todos os outros corpos planetários) e do corpo terrestre do homem era uma ideia fundamental da filosofia de Paracelso. "O corpo vem dos elementos, o espírito (astral) vem das estrelas... O homem come e bebe os elementos para sustentar seu sangue e sua carne; das estrelas vem o sustento do intelecto e dos pensamentos de seu espírito."

Veremos agora como – depois que Mesmer levou para a França sua "tina" e seu sistema totalmente baseado na filosofia e nas doutrinas dos discípulos de Paracelso – a grande descoberta psicológica e fisiológica foi tratada pelos médicos. Veremos também quanta ignorância, superficialidade e preconceito podem ser exibidos por uma equipe científica quando o assunto se choca contra suas teorias mais carinhosamente cultivadas. Isso é tanto mais importante quanto a atual tendência materialista do público, e certamente as lacunas na filosofia atômica (que seus mais devotados defensores não deixam de reconhecer), se devem provavelmente à negligência da comissão da Academia Francesa em 1784.

A comissão de 1784 era formada por homens da estatura de Borie, Sallin, D'Arcet e o famoso Guillotin, aos quais se juntaram em seguida Franklin, Le Roy, Bailly, De Borg e Lavoisier. Borie morreu pouco depois e foi sucedido por Majault. Duas coisas não comportam dúvida: que a comissão iniciou seus trabalhos sob o influxo de fortes preconceitos e só por pressão do rei, e que seu modo de observar os delicados fatos do mesmerismo era pouco judicioso e nada tinha de liberal. Seu relatório, elaborado por Bailly, tinha por objetivo desferir um golpe mortal contra a nova ciência. Distribuído ostensivamente nas escolas e para todas as classes sociais, despertou os sentimentos mais amargos entre boa parte dos aristocratas e dos comerciantes ricos, que haviam patrocinado Mesmer e testemunhado suas curas.

Antoine L. de Jussieu, um acadêmico do mais alto nível que investigou profundamente o assunto em companhia do prestigioso médico da corte, D'Eslon, publicou um contrarrelatório redigido com a máxima precisão, no qual advogava o exame cuidadoso, pela faculdade de Medicina, dos efeitos terapêuticos do fluido magnético e pedia a imediata publicação de suas descobertas e observações. Esse pedido provocou o aparecimento de grande número de memórias, obras polêmicas e textos dogmáticos sobre fatos novos; e a obra de Thouret, intitulada *Recherches et doutes sur le magnétisme animal* (Pesquisas e dúvidas sobre o magnetismo animal), com sua vasta erudição, estimulou a análise de documentos do passado, colocando assim diante dos olhos do público fenômenos magnéticos ocorridos em diversas nações, desde a mais remota antiguidade.

A doutrina de Mesmer apenas retomava as doutrinas de Paracelso, Van Helmont, Santanelli e Maxwel, o Escocês. Mas ele foi acusado de plagiar textos de Bertrand e enunciá-los como se fossem seus próprios princípios.

Entre as 27 proposições apresentadas por Mesmer em 1775 na *Carta a um Médico Estrangeiro*,[1] encontramos as seguintes:

> 1ª Há uma influência mútua entre os corpos celestes, a terra e os corpos vivos.
>
> 2ª Um fluido, universalmente difundido e contínuo, não se admitindo, portanto, o vácuo, cuja sutileza está além de toda comparação e que, por sua natureza, é capaz de receber, propagar e comunicar todas as impressões do movimento, constitui o veículo dessa influência.

3ª A ação recíproca está sujeita a leis mecânicas, ainda desconhecidas.

4ª Dessa ação resultam efeitos alternados, que podemos chamar de fluxo e refluxo.

5ª É graças a essa operação (a mais universal de quantas a natureza nos revela) que as relações de atividade ocorrem entre os corpos celestes, a terra e suas partes constituintes.

Há mais duas que os modernos cientistas deveriam conhecer:

6ª As propriedades da matéria e de um corpo organizado dependem dessa operação.

7ª O corpo animal sofre os efeitos alternados desse agente; e é se insinuando na substância dos nervos que ele os afeta instantaneamente.

Existem dois tipos de magnetização; o primeiro é puramente animal, o outro é transcendente, dependendo da vontade e do conhecimento do mesmerizador, bem como do grau de espiritualidade do paciente e sua capacidade de receber as impressões da luz astral. A clarividência depende bem mais do primeiro que do segundo. O paciente mais positivo terá de se submeter ao poder de um adepto como Du Potet. Se seu olhar for habilmente dirigido pelo mesmerizador, mago ou espírito, a luz revelará ao nosso escrutínio os registros mais secretos. Com efeito, se ela é um livro sempre fechado para os que "veem e não percebem", esse livro sempre se abrirá para os que *querem* vê-lo aberto. Ele conserva um registro íntegro de tudo quanto foi, é e será. Os atos mais ínfimos de nossas vidas estão ali consignados e mesmo nossos pensamentos permanecem fotografados em suas páginas eternas. É o livro que o anjo abre no Apocalipse, "o Livro da vida, segundo o qual os mortos são julgados de acordo com suas obras". É, em suma, a MEMÓRIA DE DEUS!

"Asseveram os oráculos que a impressão de pensamentos, caracteres, homens e outras visões divinas aparecem no éter... Neste, coisas sem figura são figuradas", reza um antigo fragmento dos *Oráculos Caldeus*, de Zoroastro.[2]

Assim, tanto a antiga quanto a moderna sabedoria, vaticínio e ciência corroboram as afirmações dos cabalistas. É nas páginas indestrutíveis da luz astral que está estampada a impressão de todo pensamento que urdimos e de todo ato que praticamos; e que os acontecimentos futuros – derivados de causas há muito esquecidas – já estão delineados como pintura vívida aos olhos do vidente e do profeta. A memória – desespero do materialista, enigma do psicólogo, esfinge da ciência – é, para o estudioso das antigas filosofias, um simples nome que exprime o poder inconscientemente exercido e partilhado pelo homem com muitos dos animais inferiores, uma visão interior da luz astral onde se acham as imagens de sensações e incidentes passados. Em vez de procurar os gânglios cerebrais para "micrografias dos vivos e dos mortos, de cenas que presenciamos, de incidentes nos quais tomamos parte",[3] recorre-se ao vasto repertório no qual estão guardados para toda a eternidade os registros da vida de todos os homens e todas as pulsações do cosmos visível!

O lampejo de memória que, segundo se diz, mostra ao homem prestes a se afogar cenas há muito esquecidas de sua vida mortal – assim como a paisagem é revelada ao viajante por clarões intermitentes de relâmpagos –, não passa do vislumbre repentino que a alma atormentada tem das silenciosas galerias onde sua história está pintada com cores imperecíveis.

O fato bem conhecido – e corroborado pela experiência pessoal de nove pessoas em dez – de muitas vezes reconhecermos cenas, paisagens e conversas que vemos ou ouvimos pela primeira vez, não raro em países que nunca visitamos antes, resulta das mesmas causas. As pessoas que acreditam na reencarnação consideram isso uma prova adicional de existências anteriores em outros corpos. Atribuem o reconhecimento de homens, países e coisas nunca vistas a lampejos de lembrança anímica de experiências pregressas. Mas os estudiosos da antiguidade, tanto quanto os filósofos medievais, tinham outra opinião.

Afirmavam eles que, embora esse fenômeno físico fosse mesmo um dos maiores argumentos em prol da imortalidade e da preexistência da alma, já que esta é dotada de memória individual separada da memória do corpo físico, nem por isso é prova da reencarnação. Como explica magnificamente Éliphas Lévi, "a natureza fecha a porta depois de tudo que a atravessa e empurra a vida para diante", gerando formas mais perfeitas. A crisálida se torna borboleta; esta jamais pode voltar a ser larva.

Na tranquilidade das horas noturnas, quando nossos sentidos corpóreos estão firmemente presos pelos grilhões do sono e nosso corpo elementar repousa, a forma astral se liberta. Sai de sua prisão terrena e, como diz Paracelso, "confabula com o mundo exterior", peregrinando pelos mundos visível e invisível. "No sono", continua ele, "o corpo astral (alma) se movimenta livremente; alça-se até seus pais e conversa com as estrelas." Sonhos, presságios, presciência, prognósticos e pressentimentos são impressões deixadas por nosso espírito astral em nosso cérebro, que os recebe mais ou menos distintamente, segundo a proporção do sangue com que é suprido durante o sono.

Quanto mais o corpo está exausto, mais livre fica o espírito do homem e mais vívidas se tornam as impressões da memória da alma. Após um sono pesado e profundo, sem sonhos nem interrupções, o homem às vezes não consegue se lembrar de nada quando desperta para a consciência exterior. Todavia, as impressões de cenas e paisagens que o corpo astral viu em suas peregrinações continuam ali, embora latentes sob a pressão da matéria. Elas podem ser despertadas a qualquer momento e então, durante esses lampejos da memória interior do homem, ocorre um intercâmbio instantâneo de energias entre os universos visível e invisível. Estabelece-se uma corrente entre as "micrografias" dos gânglios cerebrais e as galerias fotocenográficas da luz astral. E o homem que sabe nunca ter visitado nem visto corporalmente a paisagem ou a pessoa que reconhece é levado a sustentar que as viu e conhece, pois as encontrou enquanto viajava "em espírito".

Nenhum homem, por mais grosseiro e material que seja, pode se impedir de levar uma existência dupla, uma no universo visível, a outra no invisível. O princípio vital que anima sua estrutura física está principalmente no corpo astral; e quanto mais porções animais dele repousam, mais porções espirituais ficam livres de limites e obstáculos. Alguém objetará, nos termos da teologia, que as criaturas brutas não têm almas imortais nem, consequentemente, espíritos astrais: é que teólogos e leigos cometem o erro de achar que alma e espírito são a mesma coisa.

Contudo, se estudarmos Platão e outros filósofos antigos, perceberemos rapidamente que, enquanto a "alma *irracional*", vista por Platão como nosso corpo astral ou a representação mais etérea de nós mesmos, pode ter no máximo uma continuidade maior ou menor de existência além do túmulo, o espírito divino – erroneamente chamado de "alma" pela Igreja – é imortal por sua própria essência. (Qualquer estudioso da língua hebraica que sabe a diferença entre as palavras *ruah* e *nephesh* logo percebe a distinção.) Se o princípio vital é algo diverso do espírito astral e de nenhum modo está ligado a ele, por que a intensidade dos poderes do clarividente depende tanto da prostração física do paciente? Quanto mais profundo for o transe, menos sinais de vida o corpo mostrará, mais claras se tornarão as percepções e mais nítidas serão as visões da alma. A alma, aliviada dos sentidos do corpo, revela uma atividade de poder num grau de intensidade bem maior do que o faz num corpo forte e saudável.

Só esses fatos, uma vez provados, bastariam como demonstrações incontestáveis da continuidade da vida individual, ao menos durante algum tempo depois que o corpo nos deixa por desgaste ou acidente. Mas, embora em sua breve passagem pela terra nossa alma possa ser comparada a uma luz oculta num alqueire, ela ainda brilha com maior ou menor intensidade, chamando para si a influência de espíritos afins; e quando um pensamento bom ou mau brota em nosso cérebro, ele atrai impulsos da mesma natureza tão irresistivelmente quanto o ímã atrai a limalha. A atração é também proporcional à intensidade com que o impulso do pensamento se faz sentir no éter; entende-se assim por que um homem pode afetar sua época a ponto de sua influência ser transmitida – graças aos fluxos que trocam perpetuamente energia entre os dois mundos, o visível e o invisível – de geração em geração até se impor a grande parte da humanidade.

Segundo a doutrina cabalística, o futuro existe na luz astral como embrião, da mesma forma que o presente existe como embrião no passado. O homem pode agir segundo sua vontade, mas a maneira como *agirá* já é conhecida desde sempre – não em termos de fatalismo ou destino, mas simplesmente de acordo com o princípio da harmonia universal e imutável, assim como se pode prever que, quando uma nota musical é tocada, suas vibrações não se transformarão nem poderão se transformar nas de outra nota. Além disso, a eternidade não tem passado nem futuro, apenas presente – do mesmo modo que o espaço ilimitado, no sentido estritamente literal, não tem pontos distantes nem próximos. Nossas concepções, presas à estreita área de nossa experiência, tentam atribuir, se não um fim, pelo menos um começo ao tempo e ao espaço; mas nem começo nem fim existem realmente, pois, do contrário, o tempo não seria eterno e o espaço não seria ilimitado. O passado não existe mais que o futuro, como dissemos; somente nossas lembranças sobrevivem e elas não passam de vislumbres que captamos dos reflexos do passado nas correntes da luz astral, da mesma forma que o psicometrista as capta das emanações astrais do objeto que examina.

Os filósofos, especialmente os iniciados nos Mistérios, sustentavam que a alma astral é o duplo impalpável da forma externa grosseira, o corpo. É o *perispírito* dos kardecistas e a forma-espírito dos espiritualistas. Acima desse duplo interior, plana o espírito divino, iluminando-o como os raios tépidos do sol iluminam a terra, frutificando o germe e chamando à vivificação espiritual as qualidades nele latentes.

O perispírito astral está contido e confinado no corpo físico como o éter numa garrafa ou o magnetismo num ferro magnetizado. Ele é um centro e um motor de força, alimentado pelo suprimento universal de energia e movido pelas mesmas leis gerais que permeiam toda a natureza e geram todos os fenômenos cósmicos. Sua atividade inerente causa as incessantes operações físicas do organismo animal e, por fim, resulta na destruição deste pelo uso contínuo e a perda. Ele é o prisioneiro, não o ocupante voluntário do corpo. Sofre tamanha atração da força universal externa que acaba por escapar de seu invólucro após esgotá-lo. Quanto mais forte, grosseiro e material for o invólucro, mais longo será o prazo de seu confinamento.

Algumas pessoas nascem com organizações tão excepcionais que a porta que isola outras da comunicação com o mundo da luz astral pode ser facilmente destrancada e aberta, e suas almas conseguem vê-lo ou mesmo visitá-lo e voltar. Aquelas que fazem isso conscientemente, por vontade própria, são chamadas de mágicos, hierofantes, videntes, adeptos; aquelas que são induzidas a fazê-lo, por meio do fluido do mesmerizador ou de "espíritos", são "médiuns". A alma astral, uma vez rompidas as barreiras, é tão poderosamente atraída pelo ímã astral universal que às vezes se ergue com seu invólucro no ar e ali o mantém suspenso até que a gravidade da matéria retome sua supremacia e o corpo desça de novo para a terra.

Toda manifestação objetiva, seja o movimento de um membro vivo ou de algum corpo inorgânico, exige duas condições: vontade e força, e matéria ou aquilo que torna o objeto visível aos nossos olhos; essas três forças são conversíveis, o fenômeno da correlação de forças dos cientistas. Por seu turno, elas são dirigidas, ou melhor, obscurecidas pela inteligência divina que esses homens deixam intencionalmente de lado, mas sem a qual nem o rastejar do menor dos vermes poderia ocorrer. O mais simples dos fenômenos – o farfalhar das folhas, que tremem ao leve contato da brisa – exige o exercício constante dessas faculdades. Os cientistas podem chamá-las de leis cósmicas, imutáveis e constantes. Mas, por trás delas, devemos procurar a causa inteligente que, depois de criá-las e pô-las em movimento, infundiu-lhes a essência de sua própria consciência. Quer a chamemos de causa primeira, vontade universal ou Deus, ela é sempre dotada de inteligência.

Agora, ocorre a pergunta: como pode uma vontade se manifestar de maneira inteligente e inconsciente ao mesmo tempo? É difícil, se não impossível, conceber intelecção sem consciência. A consciência não implica forçosamente consciência física ou corporal. A consciência é uma qualidade do princípio senciente ou, em outras palavras, a alma, que muitas vezes se mostra ativa mesmo quando o corpo está adormecido ou paralisado. Quando erguemos nosso braço de maneira mecânica, imaginamos que fazemos isso inconscientemente porque nossos sentidos superficiais não conseguem detectar o intervalo entre a formulação do propósito e sua execução. Embora nos pareça latente, essa vontade vigilante gerou força e pôs nossa matéria em movimento.

Diz-se que todos os profetas da Antiguidade – sensitivos inspirados – divulgavam suas profecias sob as mesmas condições, ou externalizando diretamente a emanação astral ou por uma espécie de fluxo úmido proveniente da terra. É essa matéria astral que serve de roupagem temporária das almas que se assim se formam.

As profecias são emitidas de duas maneiras: conscientemente, por magos capazes de ver a luz astral, ou inconscientemente, por aqueles que agem sob a chamada inspiração. A esta última classe pertencem os profetas bíblicos e os modernos videntes em transe. Platão conhecia bem esse fato e dizia dos profetas: "Nenhum homem, quando lúcido, alcança a verdade e a inspiração profética [...] somente quando ensandecido por alguma substância ou possessão" (por um demônio ou espírito). "Algumas pessoas os chamam de profetas, sem saber que são meros repetidores. Por isso não devem ser chamados de profetas, e sim de transmissores de visões e profecias" (*Timeu* 72A, B).

NOTAS

1. "Lettre à un médecin étranger" [Carta a um médico estrangeiro], em *Le Nouveau Mercure*, Altona, 5 jan. 1775.

2. Simplício. *Física*, pp. 144, 143; citado em Cory, *Ancient Fragments* [Fragmentos antigos], p. 263.

3. J. W. Draper. *History of the Conflict Between Religion and Science* [História do conflito entre religião e ciência]. Nova York, 1875, p. 134.

6

Os Elementos, os Elementais e os Elementares

Quase sem exceção, os estudiosos antigos e medievais acreditavam nas antigas doutrinas sapienciais. Estas incluíam a alquimia, a cabala caldaico-judaica, os sistemas esotéricos de Pitágoras e dos velhos magos, e os dos filósofos platônicos posteriores e teurgistas. Trataremos, mais adiante, dos gimnossofistas indianos e dos astrólogos caldeus. Não devemos negligenciar o estudo das grandes verdades subjacentes às mal compreendidas religiões do passado. Os quatro elementos de nossos antepassados – Terra, Ar, Água e Fogo – contêm, para o interessado em alquimia e psicologia antiga (ou, como se diz hoje, *magia*), inúmeras coisas com que nossa filosofia jamais sonhou. E convém não esquecer: aquilo que a Igreja chama de necromancia e os modernos crentes de espiritismo – incluindo-se aí a evocação de espíritos desencarnados – é uma ciência que tem sido, desde a remota Antiguidade, quase universalmente difundida pela face do globo.

Baptista Porta, o douto filósofo italiano, tentou mostrar ao mundo que eram infundadas as acusações dos críticos posteriores contra a magia, tida por eles como superstição e feitiçaria, mas foi tratado com a mesma injustiça que seus colegas. Esse famoso alquimista deixou uma obra, *Natural Magic* [Magia natural],[1] em que baseia os fenômenos ocultos possíveis ao homem na alma do mundo, que une todas as coisas. Ele mostra que a luz astral age em harmonia e simpatia com a natureza inteira, que ela é a essência a partir da qual nossos espíritos são formados e que, por atuar em uníssono com sua fonte-mãe, nossos corpos siderais se tornam capazes de produzir maravilhas mágicas. O segredo todo depende de nosso conhecimento de elementos afins. Baptista Porta acreditava na pedra filosofal, "da qual o mundo tem uma elevada opinião, que foi exaltada em muitas épocas e, felizmente, conseguida por algumas". Por fim, ele fornece valiosas informações sobre seu "significado espiritual".

Em 1643, apareceu entre os místicos um monge, padre Kircher, que ensinou uma completa filosofia de magnetismo universal. Suas numerosas obras abrangem vários dos assuntos apenas examinados de passagem por Paracelso. Define o magnetismo de maneira bastante original, pois contradiz a teoria de Gilbert de que a Terra é um grande ímã. Assegurou que, embora cada partícula de matéria e mesmo os "poderes" intangíveis, invisíveis, sejam imantados, não constituem em si mesmos um ímã. Existe apenas um ÍMÃ no universo e dele procede a magnetização de tudo o mais. Esse ímã é, obviamente, aquilo que os cabalistas chamam de Sol Espiritual central ou Deus. Para ele, o Sol, a Lua, os planetas e as estrelas são altamente magnéticos, mas ficaram assim por indução, devido ao fato de estarem mergulhados no fluido magnético universal – a luz espiritual.

Kircher fornece provas da misteriosa simpatia existente entre os corpos dos três principais reinos da natureza e reforça seu argumento com um estupendo catálogo de exemplos. Muitos destes foram constatados por naturalistas, mas um número bem maior continua sem verificação; assim, de acordo com a política tradicional e a equivocadíssima lógica de nossos cientistas, não são aceitos. Por exemplo, ele insiste na diferença entre magnetismo mineral e zoomagnetismo ou magnetismo animal. E o faz demonstrando que, exceto no caso da magnetita, todos os minerais são magnetizados pela potência superior, o magnetismo animal, ao passo que este possui o magnetismo como emanação direta da causa primeira – o Criador. Uma agulha pode ser magnetizada simplesmente permanecendo na mão de um homem de vontade forte e o âmbar libera seus poderes mais pela fricção da mão humana do que pela de qualquer outro objeto; desse modo, o homem pode transmitir sua própria vida a objetos inorgânicos e, até certo ponto, *animá-los* – o que, "aos olhos dos tolos, não passa de feitiçaria". "O sol é o mais magnético de todos os corpos", diz Kircher, antecipando a teoria do general Pleasonton em mais de dois séculos. "Os filósofos antigos nunca negaram o fato", acrescenta ele, "mas em qualquer época perceberam que as emanações do sol ligavam todas as coisas a ele. O sol transmite esse poder de união a todas as coisas sobre as quais seus raios incidem diretamente."

Kircher dá como prova a grande quantidade de plantas que se inclinam para o sol, mostrando uma irresistível simpatia por ele ao seguir seu curso nos céus. Outras são atraídas pela lua. A planta conhecida como *Tithymallus*[2] acompanha fielmente seu soberano mesmo quando ele está oculto pela névoa. A acácia abre suas pétalas quando o sol se levanta e fecha-as quando ele se põe. O mesmo acontece com o lótus egípcio e o girassol comum. A beladona mostra a mesma predileção pela lua.

Como exemplos de antipatia ou simpatia entre as plantas, Kircher ressalta a aversão da vinha pela couve e sua inclinação para a oliveira; o amor dos ranúnculos pelo nenúfar e da arruda pela figueira. A antipatia que às vezes existe mesmo entre substâncias afins é claramente observada no caso da romã mexicana, cujos brotos, quando cortados em pedaços, se repelem "com a mais extraordinária ferocidade".

Segundo Kircher, todo sentimento da natureza humana resulta de mudanças em nossa condição magnética. Raiva, ciúme, amizade, amor e ódio são modificações da atmosfera magnética que se desenvolve em nós e que de nós emana. O amor é o sentimento que mais varia, de modo que seus aspectos são inumeráveis. O amor espiritual, como o da mãe pelo filho, como o do artista por uma determinada arte ou como amizade sincera são manifestações puramente magnéticas de simpatia em naturezas semelhantes. O magnetismo do amor puro é a origem de todas as coisas criadas. Nesse sentido comum, o amor entre os sexos pode ser considerado eletricidade e ele o chama de *amor febris speciei*, a febre da espécie.

Existem dois tipos de atração magnética, simpatia e fascinação: uma, sagrada e natural; a outra, perversa e contrária à natureza. À segunda, fascinação, deve-se atribuir o poder do sapo venenoso, que só por abrir a boca obriga o réptil ou inseto de passagem a voar para dentro dela e perder-se. O veado, bem como animais menores, é atraído pelo hálito da jiboia e obrigado irresistivelmente a ficar a seu alcance. O peixe elétrico, o torpedo, repele com um choque o braço do pescador, deixando-o entorpecido por algum tempo. A fim de exercer esse poder com objetivos benéficos, o homem precisa de três condições: 1) nobreza de alma, 2) vontade forte e faculdade imaginativa, e 3) um paciente mais fraco que o magnetizador, do contrário oferecerá resistência. Um homem livre das tentações mundanas e da sensualidade pode, assim, curar as doenças mais "incuráveis" e adquirir uma visão clara e profética.

É sobretudo nos países não abençoados com a civilização que devemos buscar uma explicação para a natureza e observar os efeitos desse poder sutil que os filósofos antigos chamavam de "alma do mundo". Só no Oriente e nas vastidões inexploradas da África o estudioso de psicologia encontrará alimento abundante para sua alma com fome de verdade. A razão é óbvia. A atmosfera, em locais populosos, está viciada pela fumaça das fábricas, dos motores, das locomotivas e dos barcos, mas especialmente pelos miasmas dos vivos e dos mortos. A natureza, tanto quanto um ser vivo, depende de certas condições para trabalhar e sua poderosa respiração, por assim dizer, pode facilmente ser interrompida, entravada e detida, com a correlação de suas forças anulada em um dado ponto, como se ela fosse um homem. Tanto o clima quanto as influências ocultas, sentidas diariamente, não apenas modificam a natureza fisiopsicológica do homem como alteram a constituição da chamada matéria inorgânica num grau de que a ciência europeia ainda não teve plena consciência.

"Três espíritos vivem e atuam no homem", ensina Paracelso, "três mundos lançam seus raios sobre ele, mas todos três apenas como a imagem e o eco de um único princípio criador e unificador de produção. O primeiro é o espírito dos elementos (corpo terrestre e força vital em seu estado bruto); o segundo, o espírito das estrelas (corpo sideral ou astral, a alma); e o terceiro, o espírito divino (*augoeides*)."[3] Como nosso corpo humano é constituído de "matéria terrestre primeva", como a chama Paracelso, podemos facilmente entender a tendência da moderna pesquisa científica a considerar "os processos da vida tanto animal quanto vegetal como fenômenos puramente físicos e químicos". Essa teoria apenas corrobora as afirmações de antigos filósofos e da Bíblia mosaica, segundo as quais nossos corpos foram feitos de pó da terra e a esse pó retornarão. Mas devemos nos lembrar de que

"És pó e ao pó retornarás":
Isso não foi dito da alma.[4]

O homem é um pequeno mundo, um microcosmo dentro do grande universo. Como um feto, está suspenso, pelos seus três espíritos, no ventre do macrocosmo. Enquanto seu corpo terrestre simpatiza perpetuamente com sua terra-mãe, sua alma astral vive em uníssono com a *anima mundi* sideral. Ele está nela e ela está nele, pois o elemento que permeia o mundo preenche todo o espaço e *é* espaço, sem margens e infinito. Quanto ao terceiro espírito, o divino, que vem a ser ele senão um raio infinitesimal, uma das incontáveis radiações oriundas diretamente da Causa Suprema – a Luz Espiritual do Mundo? Essa é a trindade da natureza orgânica e inorgânica – o espiritual e o físico, que são três em um e dos quais Proclo dizia: "A primeira mônada é o Deus Eterno; a segunda, a eternidade; e a terceira, o paradigma ou padrão do universo". As três constituem a Tríade Inteligível. Tudo no universo visível é o eflúvio dessa Tríade e, por seu turno, uma tríade microcósmica. Movem-se num cortejo majestoso nos campos da eternidade, em volta do sol espiritual, assim como no sistema heliocêntrico os corpos celestes giram em torno dos sóis visíveis.

A *Mônada* pitagórica, que vive "em treva e solidão", pode permanecer na terra invisível para sempre, impalpável e fora do alcance da ciência experimental. Ainda assim o universo inteiro continuará gravitando ao seu redor, como faz desde o "início do tempo", e, a cada segundo, homens e átomos vão se aproximando do momento solene, na eternidade, em que a Presença Invisível se tornará nítida a seus olhos espirituais. Quando toda partícula de matéria, mesmo a mais sublimada, for expelida da última forma que constitui o derradeiro elo dessa cadeia de dupla evolução, que por milhões de eras e sucessivas transformações tangeu o ser para diante, e quando ela se encontrar revestida da essência primordial, idêntica à de seu Criador, então esse átomo orgânico outrora impalpável terá cumprido sua jornada e os filhos de Deus outra vez "se regozijarão" pela volta do peregrino.

"O homem", diz Van Helmont, "é o espelho do universo e sua tríplice natureza permanece em relação com todas as coisas." A vontade do Criador, por meio da qual tudo foi feito e recebeu seu primeiro impulso, constitui propriedade de cada ser vivo. O homem, provido de uma espiritualidade adicional, tem a maior parte dela neste planeta, que depende da proporção de matéria existente nele, quer ele exerça sua faculdade mágica com maior ou menor sucesso. Partilhando a divina potência com cada átomo inorgânico, o homem, consciente ou inconscientemente, a exerce ao longo de toda a sua vida. No primeiro caso, quando na posse plena de seus poderes, ele será mestre e a *magnale magnum* (a alma universal) obedecerá a seu controle e orientação. No caso dos animais, plantas, minerais e mesmo a humanidade mediana, o fluido etéreo que penetra todas as coisas não encontrará resistência quando abandonado a si mesmo e os conduzirá conforme seus impulsos. Todo ser criado nessa esfera sublunar é formado de *magnale magnum* e se relaciona com ele. O homem possui um duplo poder celestial e está ligado ao céu.

A cura, para merecer esse nome, exige a fé do paciente ou uma saúde robusta unida a uma vontade forte, no operador. Com a paciência suplementada pela fé, a pessoa pode curar a si mesma de quase todas as condições mórbidas. O túmulo de um santo, uma relíquia sagrada, um talismã, um pedaço de papel ou uma roupa manuseada pelo suposto curador, uma panaceia, uma penitência ou um cerimonial, a imposição de mãos ou algumas palavras pronunciadas com emoção – qualquer dessas coisas funcionará. É uma questão de temperamento, imaginação e autocura. Em milhares de casos, o médico, o padre ou a relíquia ganharam crédito por curas que foram unicamente devidas à vontade inconsciente do enfermo. A mulher que tinha um fluxo de sangue e atravessou a multidão para tocar a túnica de Jesus ouviu que sua "fé" a tinha curado.

Mas o que sucede quando o paciente não tem fé? Se ele for fisicamente negativo e receptivo, e o curador for forte, saudável, positivo e determinado, a doença pode ser extirpada por sua vontade imperativa, que consciente ou inconscientemente se robustece com o espírito universal da natureza e restaura o equilíbrio perturbado da aura do paciente.

Em todos esses casos, a cura é radical e real, sem efeitos secundários. Mas quando uma pessoa está, ela própria, fisicamente doente e tenta curar, não apenas falha como, muitas vezes, transmite sua doença ao paciente e rouba-lhe o resto de força que ele ainda possuía. O decrépito rei Davi restaurava seu vigor combalido recorrendo ao magnetismo saudável do jovem Abisague (I Reis, 1.1-4); e os tratados de medicina nos falam de uma senhora idosa de Bath, Inglaterra, que da mesma maneira esgotou sucessivamente duas jovens criadas. Os velhos sábios e também Paracelso extirpavam a doença aplicando um organismo sadio à parte afetada; e, nas obras do filósofo do fogo mencionado acima, suas teorias são corajosa e categoricamente expostas. Se um enfermo – médium ou não – tenta curar, sua força pode ser suficiente para deslocar a doença, arrancá-la de seu lugar atual e transferi-la para outro, no qual logo ela se manifestará, dando ao paciente a impressão de que está curado.

E se o curador for moralmente enfermo? Nesse caso, as consequências poderão ser infinitamente mais danosas, pois é mais fácil curar uma doença do corpo do que higienizar uma constituição infectada por torpezas morais. Em tais circunstâncias, o curador passa para o paciente – agora sua vítima – o veneno moral que infecta sua própria mente e coração. Seu toque magnético contamina; seu olhar profana. Contra esse mal insidioso não há proteção para o paciente indefeso e receptivo. O curador o mantém sob seu poder, enfeitiçado e impotente, como a serpente faz com o pobre pássaro frágil. O mal que o "médium de cura" pode fazer é enorme; e médiuns desses existem às centenas.

Os exemplos anteriores bastam para mostrar por que nos atemos à sabedoria secular, respeitando as leis da relação intercósmica e os poderes ocultos do homem, de preferência a quaisquer teorias que possam ter surgido com base em acontecimentos recentes. Os fenômenos de natureza física talvez tenham algum valor como meio de despertar o interesse de materialistas, confirmando – ao menos como inferência – nossa fé na sobrevivência da alma e do espírito, mas não se sabe ao certo se, em seu aspecto atual, os modernos fenômenos não estejam fazendo mais mal que bem. Muitas mentes, ávidas de provas da imortalidade, logo mergulham no fanatismo; e, como observa Stow, "os fanáticos são governados mais pela imaginação do que pelo tirocínio".

Estamos no fim de um ciclo e, sem dúvida, numa etapa transitória. Platão divide o progresso intelectual do universo, durante cada ciclo, em períodos férteis e estéreis. Nas regiões sublunares, as esferas dos vários elementos permanecem eternamente em perfeita harmonia com a natureza divina, afirma ele; "mas suas partes", devido à excessiva proximidade da terra e à conjunção com o terrestre (isto é, a matéria e, portanto, o reino do mal), "às vezes estão em concordância e às vezes em discordância com a natureza (divina)". Quando essas circulações – que Éliphas Lévi chama de "correntes da luz astral" – no éter universal, que contém em si todos os elementos, ocorrem em harmonia com o espírito divino, nossa terra e tudo quanto pertença a ela passam por um período fértil. O poder oculto de plantas, animais e minerais simpatiza magicamente com as "naturezas superiores" e a alma divina do homem está em perfeita consonância com as "inferiores". Contudo, durante os períodos estéreis, essas últimas se despojam de sua simpatia mágica e a visão espiritual da maioria da humanidade fica tão ofuscada que perde toda noção dos poderes superiores de seu próprio espírito. Estamos agora num período estéril: o século XVIII, ao longo do qual a febre maligna do ceticismo se espalhou tão incontrolavelmente, transmitiu a descrença como enfermidade hereditária ao século XIX. Um véu desceu sobre o intelecto divino do homem; só seu cérebro animal continua filosofando.

Outrora, a magia era uma ciência universal, inteiramente nas mãos do sacerdote erudito. Embora o foco fosse zelosamente guardado nos santuários, seus raios iluminavam a humanidade inteira. A não ser assim, como explicaríamos a extraordinária semelhança das "superstições", costumes, tradições e mesmo sentenças repetidas nos provérbios populares, tão amplamente disseminados de um polo a outro que encontramos exatamente as mesmas ideias tanto entre os tártaros e os lapões quanto entre as nações meridionais da Europa, os habitantes das estepes russas e os aborígines das Américas?

NOTAS

1. *Magia naturalis* [Magia natural], Lugduni, 1569, livro I.
2. Kircher. *Magnes sive de arte magnetica* [Ímã ou sobre a arte magnética], Coloniae, 1643, livros 3 e 4.
3. *Opera omnia* [Obra completa], *s.v.* "The End of Birth, and Consideration of the Stars" [O fim do nascimento e estudo das estrelas].
4. H. W. Longfellow. "A Psalm of Life" [Um salmo da vida].

7

Alguns Mistérios da Natureza

O elemento radical das religiões mais antigas era essencialmente *sabeísta*; a nosso ver, seus mitos e alegorias, se interpretados de maneira correta e detalhada, não apresentarão nenhuma divergência das noções astronômicas exatas de nossos dias. Diremos mais: dificilmente encontraremos uma lei científica – da astronomia física ou da geografia física – que não possa ser detectada com facilidade nas engenhosas combinações de suas fábulas. Elas expressaram sob a roupagem de alegorias todas as causas dos movimentos celestes, tanto as mais importantes quanto as mais insignificantes; a natureza de cada fenômeno foi personificada; e, nas biografias míticas das deusas e deuses olímpicos, o estudioso a par dos mais recentes princípios da física e da química descobrirá suas causas, interações e relações mútuas encarnadas no comportamento e nos atos daquelas divindades caprichosas. A eletricidade atmosférica, em seus estados neutro e latente, é em geral personificada por semideuses e deusas, cujo raio de ação quase não vai além da terra e que, em seus voos ocasionais às regiões divinas mais elevadas, exibem seu temperamento elétrico sempre na exata proporção do aumento da distância da superfície terrestre: as armas de Hércules e Thor eram bem mais mortais quando os deuses pairavam nas nuvens.

O mito era menos metafísico e complicado, porém mais verdadeiro e eloquente como expressão da filosofia natural. Zeus, o elemento masculino da criação, com Ctônia-Vesta (a terra) e Métis (a água), as primeiras das Oceânidas (os princípios femininos), era visto, segundo Porfírio e Proclo, como o *zôon-ek-zôôn*, o governante dos seres vivos. Na teologia órfica, a mais antiga de todas, era representado, metafisicamente falando, ao mesmo tempo como *potentia* e *actus*, a causa oculta e o Demiurgo ou criador ativo como emanação da potência invisível. Nessa última função demiúrgica e em conjunção com suas esposas, vemos nele todos os mais poderosos agentes da evolução cósmica: afinidade química, eletricidade atmosférica, atração e repulsão.

Analisando suas representações dessa função física, descobrimos quão familiarizados estavam os antigos com todas as doutrinas da ciência física atual. Mais tarde, nas especulações pitagóricas, Zeus se tornou uma trindade metafísica: a mônada que impulsiona a causa ativa, o efeito e a vontade inteligente a partir de seu Eu invisível, o todo formando a *Tetraktys*. Mais tarde ainda, encontramos os primeiros neoplatônicos deixando a mônada primordial de lado devido à sua absoluta inacessibilidade ao intelecto humano e especulando apenas sobre os efeitos visíveis e inteligíveis da tríade demiúrgica dessa divindade. Daí a retomada metafísica, por Plotino, Porfírio, Proclo e outros filósofos, dessa visão de Zeus pai, Zeus *Poseidon* ou *dynamis*, o filho e o poder, o espírito ou o *nous*. Essa tríade era também aceita, no todo, pela escola irenaica do século II; e a diferença mais substancial entre as doutrinas dos neoplatônicos e dos cristãos é o amálgama forçado, pelos últimos, da mônada incompreensível com a trindade criativa realizada.

"Zeus", reza um hino órfico, "é o primeiro e o último, a cabeça e os membros; dele procedem todas as coisas. Ele é um homem e uma ninfa imortal (elemento masculino e feminino); a alma de tudo; o principal motor do fogo; é o sol e a lua; a fonte do oceano; o demiurgo do universo; um poder, um Deus; o poderoso criador e governador do cosmos. Tudo: fogo, água, terra, éter, noite, céus, Métis, a arquiteta primordial (a *Sophia* dos gnósticos e a *Sephirah* dos cabalistas), o belo Eros, Cupido, tudo está incluído nas vastas dimensões de seu corpo glorioso!¹"

Esse curto hino laudatório contém em si o fundamento de toda concepção mitopoética. A imaginação dos antigos era ilimitada como as manifestações visíveis da própria Divindade que lhes inspirava os temas de suas alegorias. Mas estas, por exuberantes que sejam, nunca se distanciavam das duas principais ideias sempre encontradas lado a lado em sua imagética sagrada: uma estreita conexão com os aspectos tanto físicos quanto morais ou espirituais da lei natural. Suas pesquisas metafísicas nunca se opunham às verdades científicas e suas religiões podem ser legitimamente chamadas de credos psicofisiológicos dos sacerdotes e cientistas, que as basearam nas tradições do mundo ainda jovem, tais quais as mentes rudes das raças primitivas as receberam, e em seu próprio conhecimento experimental, formado pela sabedoria das eras intermediárias.

Se sua maneira de imprimir nas mentes populares as grandes verdades astronômicas diferia do "sistema de educação" de nosso século e parece ridícula a alguns, uma pergunta continua sem resposta: qual dos dois sistemas é o melhor? Antes, a ciência andava de mãos dadas com a religião e a ideia de Deus era inseparável da ideia de suas obras. Em nosso século, não há uma pessoa em dez mil que saiba, se é que alguma vez o soube, que o planeta Urano está perto de Saturno e gira em torno do sol em oitenta e quatro anos, que Saturno está próximo de Júpiter e leva vinte e nove anos e meio para completar sua órbita e que Júpiter realiza seu giro em doze anos; no entanto, as massas incultas da Babilônia e da Grécia, aprendendo que Urano era pai de Saturno e Saturno era pai de Júpiter, consideravam-nos divindades, juntamente com seus satélites e acompanhantes. Talvez possamos então inferir daí que, se os europeus só descobriram Urano em 1781, uma coincidência curiosa deve ser observada nesses mitos.

A pessoa não familiarizada com a explicação esotérica das doutrinas dos antigos achará difícil entender como eles viam os corpos celestes. A filologia e a teologia comparada iniciaram a árdua tarefa de análise, mas até agora só obtiveram resultados modestos. A forma alegórica de expressão às vezes tem levado nossos comentadores para tão longe do caminho que eles confundem causas com efeitos e vice-versa.

Na filosofia hindu, "as almas saem da alma do mundo e para ela retornam como fagulhas para o fogo".[2] Mas em outra parte se diz que "o Sol é a alma de todas as coisas; tudo proveio dele e a ele regressará";[3] isso mostra então que o sol é aqui entendido alegoricamente e se refere ao sol central e invisível, Deus, cuja primeira manifestação foi a *Sephirah*, a emanação de AIN SOPH – ou seja, a Luz.

Se o limitado espaço desta obra o permitisse, poderíamos demonstrar facilmente que nenhum dos antigos, incluindo os adoradores do sol, viam nele outra coisa senão um emblema de seu deus solar central, metafísico e invisível. Além disso, não acreditavam no que a moderna ciência nos ensina, a saber, que luz e calor procedem de nosso sol e que esse astro dispensa a vida, em sua plenitude, à nossa natureza visível. "Sua radiação é eterna", diz o Rig-Veda, "o brilho intenso, que tudo permeia, incessante e imperecível, dos raios de Agni não cessam nunca, nem de dia nem de noite." Isso se refere, evidentemente, ao sol central e espiritual, cujos raios permeiam tudo e não cessam nunca: o doador da vida, eterno e sem limites. Ele é o Ponto, o centro (que está em toda parte) do círculo (que não está em parte alguma); o fogo etéreo, espiritual; a alma e o espírito do éter misterioso, que tudo penetra; e o desespero e o enigma do materialista. Um dia, este descobrirá que a causa da manifestação das incontáveis forças cósmicas eternamente correlacionadas é, pura e simplesmente, a eletricidade divina, ou melhor, o galvanismo, e que o sol não passa de um dos inumeráveis ímãs disseminados pelo espaço – um refletor, como afirma o general Pleasonton. Que o sol não tem mais calor que a lua ou a hoste de estrelas faiscantes espalhadas pelo céu; que não existe gravitação como queria Newton, apenas atração e repulsão magnética; e que é por seu magnetismo que os planetas do sistema solar se movimentam regularmente em suas respectivas órbitas graças ao magnetismo ainda mais poderoso do Sol, não por seu peso ou gravitação – isso e muito mais o materialista descobrirá. Por enquanto, é melhor que riam de nós do que nos levem à fogueira por heresia ou nos trancafiem num hospício.

Segundo Platão, o homem é o joguete do elemento necessidade e a ele fica submetido desde que aparece neste mundo de matéria; é influenciado por causas externas e essas causas são *daimonia*, do tipo do demônio de Sócrates. Feliz é o homem fisicamente puro, pois, se sua alma externa (o corpo) for pura, fortalecerá a segunda (o corpo astral), que ele chama de *alma mortal superior* – a qual, embora possa se desgarrar devido às suas próprias motivações, sempre se aproximará da razão para combater as tendências animais do corpo. Os desejos do homem nascem em consequência de seu corpo material perecível, como também as outras paixões; mas, embora ache que o crime às vezes é involuntário, pois resulta, como a doença do corpo, de causas externas, Platão diferencia nitidamente essas causas. O fatalismo que ele impinge à humanidade não anula a possibilidade de evitá-las; com efeito, se dor, medo, ira e outros sentimentos são dados ao homem por necessidade, "caso os vença, ele viverá bem; caso seja vencido por eles, viverá mal" (*Timeu*, 42B). O homem dual, isto é, aquele cujo espírito divino imortal partiu, deixando apenas a forma e o corpo astral (a alma mortal superior de Platão), fica relegado a seus instintos, já que foi vencido por todos os males da matéria. Torna-se, com isso, um instrumento dócil nas mãos dos invisíveis – seres de matéria sublimada, que pairam em nossa atmosfera e estão sempre prontos a inspirar aqueles que foram merecidamente abandonados por seu conselheiro imortal, o Espírito Divino, chamado por Platão de "gênio" (*Timeu*, 90A).

O éter universal não era, a seu ver, simplesmente algo que se esticava, vazio, pela expansão do céu; era um oceano ilimitado, povoado como nossos mares por criaturas monstruosas, grandes e pequenas, e contendo em cada uma de suas moléculas o germe da vida. Como os cardumes que enxameiam em nossos oceanos e em pequenas porções de água, cada qual tendo em algum lugar um *habitat* a que se adapta perfeitamente, alguns amigos e outros inimigos do homem, alguns bonitos e outros espantosos de se ver, alguns buscando proteção em refúgios tranquilos ou em baías fechadas e outros atravessando grandes extensões de água, assim as diversas raças de espíritos elementais habitariam as diferentes porções do vasto oceano etéreo, também perfeitamente adaptadas às suas respectivas condições. Se tivermos em mente que a corrida dos planetas pelo espaço deve criar tanta perturbação nesse meio plástico e atenuado quanto um disparo de canhão no ar ou um barco a vapor na água, e isso em escala cósmica, entenderemos que certos aspectos planetários, admitindo-se a verdade de nossas premissas, podem produzir uma agitação muito mais violenta e provocar correntes muito mais impetuosas numa dada direção que outros. Aceitas as mesmas premissas, também é possível perceber que, graças a esses diferentes aspectos das estrelas, bandos de "elementais" amistosos ou hostis podem enxamear em nossa atmosfera ou em uma parte dela, tornando o fenômeno visível devido aos efeitos que se seguem.

Segundo as doutrinas antigas, os espíritos elementais, destituídos de alma, surgiram em consequência do movimento incessante que caracteriza a luz astral. Luz é força e essa nasce da vontade. Ora, a vontade procede de uma inteligência incapaz de errar, pois não tem em si os órgãos do pensamento humano, sendo a mais pura emanação da própria divindade superior (o "Pai" de Platão). Vem do começo do tempo, de acordo com leis imutáveis, a fim de criar o tecido elementar exigido para o surgimento de gerações subsequentes daquilo que chamamos de raças humanas. Todas estas, pertencentes ao nosso planeta ou a algum outro das miríades que existem no espaço, têm seus corpos terrestres formados na matriz de corpos de uma certa classe de seres elementais que se foram para mundos invisíveis.

Na antiga filosofia, não havia elo perdido a ser restaurado pelo que Tyndall chama de "imaginação educada" nem hiato a ser preenchido com volumes de especulações materialistas, necessárias para a tentativa absurda de resolver uma equação montada apenas com um único conjunto de quantidades. Nossos ancestrais "ignorantes" rastrearam a lei da evolução no universo inteiro. Assim como, pela progressão gradual da nebulosa ao desenvolvimento do corpo físico do homem, a regra funciona, assim, do éter universal ao espírito humano encarnado, eles detectaram uma série ininterrupta de entidades. Essa evolução se dava do mundo do espírito ao mundo da matéria tosca e desta, novamente, à fonte de todas as coisas. A "descendência das espécies" era, para eles, a passagem do espírito, fonte primária de tudo, para a "degradação da matéria". Nessa cadeia completa de desdobramentos, os seres elementares e espirituais ocupavam um lugar distinto, a meio caminho entre os extremos, tal como o elo perdido entre o macaco e o homem, do sr. Darwin.

No próximo capítulo, tentaremos explicar algumas das especulações esotéricas dos iniciados do santuário sobre quem o homem era, é e pode vir a ser. As doutrinas que eles ensinavam nos Mistérios – fonte do Antigo e, em parte, do Novo Testamento – se baseavam nas mais avançadas noções de moralidade e revelações religiosas. Enquanto o sentido literal era relegado ao fanatismo irracional das classes inferiores da sociedade, as superiores, constituídas majoritariamente por iniciados, prosseguiam seus estudos e sua adoração do Deus único do Céu na solene quietude dos templos.

As especulações de Platão sobre a criação do homem primordial, no *Banquete*, e seu ensaio sobre cosmogonia, no *Timeu*, devem ser encarados como alegorias, se tanto. O sentido pitagórico oculto no *Timeu*, *Crátilo*, *Parmênides* e mais umas poucas trilogias e diálogos é que os neoplatônicos tentaram explicar, até onde lhes permitia o voto de segredo. A doutrina pitagórica segundo a qual Deus é a mente universal, difundida por todas as coisas, e o dogma da imortalidade da alma são os aspectos mais notórios nesses ensinamentos aparentemente confusos. A religiosidade de Platão e a grande veneração que ele tinha pelos Mistérios são garantia suficiente de que ele não permitiria à sua indiscrição prevalecer sobre o profundo senso de responsabilidade que todo adepto cultiva. "Aperfeiçoando-se continuamente nos Mistérios perfeitos, só ali um homem alcança verdadeiramente a perfeição", diz ele no *Fedro* (249C).

E Platão não esconde seu desgosto com o fato de os Mistérios se terem tornado menos secretos do que antes. Em vez de profaná-los colocando-os ao alcance da multidão, ele os teria preservado ciosamente de todos, menos de seus discípulos mais honestos e dignos. Embora mencione os deuses em cada página, seu monoteísmo é inquestionável, pois a trama inteira de seu discurso revela que o termo *deuses* significa para ele uma classe de seres bem abaixo na escala das divindades, mas um grau acima do homem.

A doutrina de Deus como mente universal difundida por todas as coisas está na base de todas as filosofias antigas. Os preceitos budistas – que só são bem compreendidos quando estudamos a fundo a filosofia pitagórica, seu fiel reflexo – derivam dessa fonte, assim como a religião bramânica e o cristianismo primitivo. O processo purificador das transmigrações (as metempsicoses), embora grosseiramente antropomorfizado num período tardio, só pode ser visto como uma doutrina suplementar, desfigurada pelos sofismas teológicos com a finalidade de subjugar os crentes sob o peso de uma superstição popular. Nem Gautama Buda nem Pitágoras pretenderam ensinar essa alegoria puramente metafísica de maneira *literal*. Em termos esotéricos, ela é explicada no

"Mistério" do *Kumbum* e alude apenas às peregrinações de natureza espiritual da alma humana.

Não é na letra morta da literatura sagrada budista que os estudiosos podem encontrar a verdadeira solução de suas sutilezas metafísicas. Estas esgotam o poder de raciocínio pela inconcebível profundidade de seus pensamentos e o estudioso nunca está mais longe da verdade do que quando acredita tê-la descoberto. O domínio de cada doutrina do complicado sistema budista só pode ser obtido pela estrita observância do método pitagórico e platônico: dos universais aos particulares. A chave para isso se encontra nos preceitos refinados e místicos do influxo espiritual da vida divina. "Aquele que ignora minha lei", diz Buda, "e morre nesse estado, terá de voltar à terra até se tornar um perfeito samaneu. Para tanto, deverá destruir em seu íntimo a trindade de *Maya*.[4] Precisará extinguir suas paixões, unir-se e identificar-se com a lei (o ensino da doutrina secreta) e entender a religião do aniquilamento."

Aqui, aniquilamento se refere somente à matéria dos corpos visível e invisível (a da alma astral também é matéria, mas sublimada). Segundo o mesmo livro, Fo (Buda) queria dizer com isso que "a substância primitiva é eterna e imutável. Sua revelação mais elevada é o éter puro, luminoso, o espaço infinito, sem limites, não um vazio resultante da ausência de formas, mas, ao contrário, o fundamento de todas as formas e anterior a elas. Entretanto, a própria presença de formas indica que ele é criação de *Maya* e todas as suas obras nada significam diante do ser incriado, o Espírito, em cujo profundo e sagrado repouso todo movimento deve cessar para sempre".

Assim, *aniquilamento* quer dizer, na filosofia budista, apenas a dispersão da matéria, tenha ela a forma ou a aparência de forma que tiver. Com efeito, tudo que tem forma foi criado e, portanto, deve perecer cedo ou tarde, ou seja, mudar essa forma. Como algo temporário, embora pareça permanente, ela não passa de ilusão, *Maya*; a eternidade não tem começo nem fim, de sorte que a maior ou menor duração de uma forma passa, por assim dizer, como um clarão instantâneo de relâmpago. Antes de termos tempo de pensar que o vimos, ele se foi para sempre; desse modo, mesmo nossos corpos astrais, éter puro, são meramente ilusões de matéria enquanto conservam sua aparência terrena. A matéria muda, dizem os budistas, conforme os méritos ou deméritos da pessoa durante sua vida – e isso é metempsicose. Só depois que a entidade espiritual se liberta para sempre de cada partícula de matéria é que ela entra no Nirvana eterno e imutável. Passa a existir em espírito, em *nada*, como forma, como aparência; foi completamente aniquilada e, portanto, não morrerá mais, pois só o espírito não é *Maya* e sim a única realidade em um universo ilusório de formas transitórias.

"Mas o que é que não tem corpo ou forma; que é imponderável, invisível e indivisível; que existe e não existe?", perguntam os budistas. "O Nirvana", é a resposta. O Nada, não uma região, mas um estado. Depois que o Nirvana é alcançado, o homem se livra dos efeitos das "quatro verdades", porquanto um efeito só pode ser produzido por uma causa e, nesse estado, todas as causas foram aniquiladas.

Essas "quatro verdades" constituem o fundamento de toda a doutrina budista do Nirvana. São elas, segundo o livro de *Prajña Paramita* ou *Perfeição da Sabedoria*: (1) a existência da dor, (2) a geração da dor, (3) o aniquilamento da dor e (4) o caminho para o aniquilamento da dor. Qual é a fonte da dor? A existência. Como o nascimento existe, seguem-se a decrepitude e a morte; para tudo que tenha uma forma, há uma causa que gera dor e sofrimento. Só o espírito não tem forma e, portanto, não se pode dizer que exista. Sempre que um homem (o homem etéreo, interior) atinge esse ponto, tornando-se absolutamente espiritual e, portanto, informe, ele chega a um estado de perfeita bem-aventurança. O homem, como ser objetivo, é aniquilado; mas a entidade espiritual, com sua vida subjetiva, viverá para sempre, já que o espírito é incorruptível e imortal.

É pelo espírito dos ensinamentos tanto de Buda quanto de Pitágoras que podemos reconhecer facilmente a identidade de suas doutrinas. A alma universal que tudo permeia, a *Anima Mundi*, é o Nirvana; e Buda, como nome genérico, é a *mônada* antropomorfizada de Pitágoras. Quando repousa no Nirvana, a bem-aventurança final, Buda é a mônada silenciosa que habita a escuridão e o silêncio; é também o Brahman informe, a Divindade sublime, mas incognoscível, que ocupa sem ser vista a totalidade do universo. Sempre que se manifesta, desejando influir na humanidade com uma forma inteligível ao nosso intelecto, quer a chamemos de avatar, rei Messias, permutação do Espírito Divino, Logos ou Cristo, é tudo uma só e mesma coisa. Em qualquer desses casos, é o "Pai" no Filho e o Filho no "Pai". O espírito imortal obscurece o homem mortal. Penetra nele, apossa-se de todo o seu ser e transforma-o em deus habitante de seu tabernáculo terreno. Todo homem pode se tornar um Buda, reza a doutrina. Assim, ao longo de séries intermináveis de eras, encontramos de vez em quando homens que conseguiram, em maior ou menor grau, se "unir a Deus", conforme se diz, com *seu próprio espírito*, conforme deveria ser dito. Os budistas dão a esses homens o nome de *Arthat*. Um Arhat está bem perto de um Buda e ninguém o iguala em ciência infusa ou poderes miraculosos.

Mesmo as pretensas narrativas fabulosas de alguns livros budistas, quando despojadas de sua roupagem alegórica, surgem como as doutrinas secretas ensinadas por Pitágoras. Nos livros em páli chamados *Jatakas*, são registradas as quinhentas e cinquenta encarnações ou metamorfoses de Buda. Esses livros contam que ele apareceu sob todas as formas de vida animal e animou todo ser senciente da terra, do inseto minúsculo ao pássaro, à fera e finalmente ao homem, imagem microscópica de Deus no mundo. Devemos tomar isso ao pé da letra? É uma descrição das reais transformações e da existência de um mesmo indivíduo, imortal, espírito divino, que em sequência animou todos os tipos de seres sencientes? Não devemos, ao contrário, entender com os metafísicos budistas que, embora os espíritos humanos individuais sejam incontáveis, coletivamente são um, assim como cada gota de água tirada do oceano pode ter, metaforicamente falando, uma existência à parte e ainda assim continuar sendo uma só com o resto das gotas que formam esse oceano? Na verdade, cada espírito humano é uma centelha da luz única que tudo permeia e anima a flor, a partícula de granito na encosta da montanha, o leão e o homem.

Os hierofantes egípcios, assim como os brâmanes, os budistas orientais e alguns filósofos gregos sustentavam originalmente que o mesmo espírito que anima a partícula de pó em estado de latência anima o homem, manifestando-se nele em seu mais alto grau de atividade. A doutrina de um retorno paulatino da alma humana à essência do espírito paterno primordial existia em todos os lugares em determinada época. Entretanto, essa doutrina jamais preceituou o aniquilamento do ego espiritual superior, mas apenas a dispersão das formas externas do homem após sua morte terrestre, assim como durante sua passagem pela terra. Quem está mais qualificado para nos transmitir os mistérios do além, tão erroneamente julgado impenetrável, do que homens que, tendo conseguido se unir a seu "Deus" por meio da autodisciplina, pureza de vida e objetivos, lograram ter alguns vislumbres, embora imperfeitos, da grande verdade[5]? Esses videntes nos contam estranhas histórias sobre a variedade de formas assumidas por almas astrais desencarnadas, das quais cada uma é um reflexo espiritual, posto que concreto, do estado abstrato da mente e dos pensamentos de um homem outrora vivo.

Acusar a filosofia budista de rejeitar um Ser Supremo, Deus, e a imortalidade da alma – de ateísmo, em suma – com base em que, segundo suas doutrinas, "Nirvana" significa "aniquilamento" e *Svabhavat* não é uma pessoa, mas o nada, soa simplesmente absurdo. O *Ain* do AIN SOPH judaico também significa *nihil* ou *nada*, aquilo que não é (*quo ad nos*), mas ninguém até hoje ousou lançar contra os judeus a pecha de ateísmo. Em ambos os casos, o sentido real do termo *nada* é o de que Deus *não é uma coisa*, não é um Ser concreto nem visível a que o nome de qualquer objeto conhecido por nós possa se aplicar apropriadamente.

NOTAS

1. Estobeu. *Éclogas*. Cf. *Mystical Hymns of Orpheus* [Hinos místicos de Orfeu], trad. inglesa de Thomas Taylor. Londres, 1824, p. 48.
2. M. Duncker. *Geschichte des Alterthums* [História da antiguidade], 2:162.
3. A. Wuttke. *Geschichte des Heidenthum* [História do paganismo], 2:262.
4. "Ilusão: a matéria em sua tríplice manifestação na alma terrestre e astral, ou alma-fonte, ou no corpo, e a alma dual platônica, a racional e a irracional."
5. Porfírio dá o crédito a Plotino, seu mestre, de ter se unido a "Deus" seis vezes em vida e lamenta que ele próprio só tenha conseguido isso duas. *Plotini vita* [Vida de Plotino], p. 23.

8

Fenômenos Cíclicos

Das visões platônica e pitagórica sobre matéria e força, passaremos agora à filosofia cabalística da origem do homem, comparando-a com a teoria da seleção natural enunciada por Darwin e Wallace. Pode bem ser que encontremos tantas razões para creditar aos antigos a originalidade nesse assunto quanto nos outros que até agora examinamos. A nosso ver, não há necessidade de prova mais consistente da teoria do progresso cíclico do que a comparação das ideias antigas com as da Igreja Patrística, no que tange à forma da Terra e aos movimentos do sistema planetário. Ainda que faltassem outras evidências, a ignorância de santo Agostinho e Lactâncio, responsável por confundir toda a Cristandade nessas questões até o período de Galileu, assinalaria os eclipses pelos quais o conhecimento passa de uma época a outra.

As "túnicas de pele", dadas a Adão e Eva conforme se lê no terceiro capítulo de Gênesis, significam, para alguns filósofos antigos, os corpos de carne com os quais, na progressão dos ciclos, os progenitores da raça se vestiram. Eles sustentavam que a forma física divina foi se tornando mais e mais grosseira, até que o extremo do que chamaríamos de último ciclo espiritual fosse atingido e a humanidade entrasse no arco ascendente do primeiro ciclo humano. Começou então uma série ininterrupta de ciclos, ou *yugas*, cujo número exato de anos permanece um mistério inviolável nos santuários e só é revelado aos iniciados. Tão logo entrou em um novo ciclo (a Idade da Pedra), com o qual o anterior foi encerrado, a humanidade começou gradualmente a se mesclar com a idade seguinte e superior. A cada idade sucessiva, os homens foram se tornando mais refinados, até atingir o auge da perfeição possível nesse ciclo.

Depois, a onda do tempo, em refluxo, arrebatou os vestígios do progresso humano, social e intelectual. Os ciclos iam se sucedendo em transições imperceptíveis; nações civilizadas e florescentes alcançaram enorme poder, chegaram ao clímax do desenvolvimento, decaíram e desapareceram; e a humanidade, quando o fim do arco do ciclo mais baixo era atingido, regressava à barbárie do começo. Reinos desmoronaram e nação sucedeu a nação do início até nossos dias, com as raças, alternadamente, atingindo o ponto mais alto de desenvolvimento e logo depois descendo. John W. Draper, autor de *History of the Conflict Between Religion and Science* [História do conflito entre religião e ciência], observa que não há indícios para supor que qualquer dos ciclos se aplique à raça humana inteira. Ao contrário, enquanto o homem regride em uma parte do planeta, em outra pode estar progredindo em conhecimento e civilização.

Como essa teoria se parece com a lei do movimento planetário, que impele os orbes a girar em torno de seus eixos, os vários sistemas a mover-se em torno de seus respectivos sóis e toda a hoste das estrelas a seguir um caminho comum em volta de um centro único! Vida e morte, luz e treva, dia e noite se sucedem no planeta, enquanto ele gira em torno de seu eixo e cruza o círculo zodiacal que representa os grandes e pequenos ciclos.[1] Convém lembrar o axioma hermético: "Em cima como embaixo; no céu como na terra".

Embora não tentassem calcular a duração do "grande ciclo", os filósofos herméticos sustentavam que, de acordo com a lei cíclica, a raça humana deve, inevitável e coletivamente, retornar um dia ao ponto de partida em que o homem foi pela primeira vez vestido com "túnicas de pele"; ou, em palavras mais claras, a raça humana deve, em obediência à lei da evolução, ser um dia *fisicamente* espiritualizada.

Deve-se observar que a filosofia dos ciclos, alegorizada pelos hierofantes egípcios no "círculo da necessidade", explica ao mesmo tempo a alegoria da "queda do homem". Segundo as descrições árabes, cada uma das sete câmaras das Pirâmides – os maiores de todos os símbolos cósmicos – era conhecida pelo nome de um planeta. A arquitetura peculiar das Pirâmides revela, por si só, a tendência do pensamento metafísico de seus construtores. O vértice mergulha no claro céu azul da terra dos faraós e simboliza o ponto primordial perdido no universo invisível, de onde se originou a primeira raça dos protótipos espirituais do homem.

Toda múmia perdia, em certo sentido, sua individualidade física a partir do momento em que era embalsamada; simbolizava a raça humana. Posicionada, após cálculos meticulosos, de modo a facilitar a saída da "alma", esta devia passar pelas sete câmaras planetárias antes de sair pelo vértice simbólico. Cada câmara simbolizava também uma das sete esferas e um dos sete tipos superiores da humanidade físico-espiritual que, segundo se pensava, está acima da nossa. A cada três mil anos, a alma, representativa de sua raça, tinha de retornar a seu ponto de partida a fim de passar por uma nova evolução e sofrer uma transformação espiritual e física mais perfeita. De fato, precisamos mergulhar fundo na intricada metafísica do misticismo oriental antes de entender plenamente o grande número de assuntos que eram abarcados, de uma só vez, pelo majestoso pensamento de seus expoentes.

Começando como um ser espiritual puro e perfeito, o Adão do segundo capítulo de Gênesis (o segundo Adão, o "homem do pó"), insatisfeito com a posição a ele outorgada pelo Demiurgo (que é o primogênito, o Adam-Kadmon), tenta, em seu orgulho, tornar-se ele próprio Criador. Saído do Kadmon andrógino, esse Adão é também andrógino, pois, segundo as mais antigas crenças apresentadas alegoricamente no *Timeu* de Platão, os protótipos de nossas raças estavam todos encerrados na árvore microcósmica que nasceu e se desenvolveu dentro e sob a grande árvore cósmica ou macrocósmica. Como o espírito divino é considerado uma unidade, por mais numerosos que sejam os raios do grande sol espiritual, o homem teve sua origem, do mesmo modo que todas as outras formas (orgânicas ou inorgânicas), nessa única Fonte de Luz Eterna.

Ainda que rejeitássemos a hipótese de um homem andrógino em conexão com a evolução física, o significado da alegoria, em seu sentido espiritual, permaneceria inalterado. Dado que o primeiro homem-deus, simbolizando os dois primeiros princípios da criação, o elemento dual masculino e feminino, ignorava o bem e o mal, não poderia conceber a ideia de "mulher", pois ela estava nele como ele estava nela. Somente quando, em resultado das sugestões malévolas da serpente (matéria), essa se condensou e resfriou sob a forma de homem espiritual em seu contato com os elementos, é que os frutos da árvore-homem – ela própria a árvore do conhecimento – surgiram a seus olhos. A partir desse momento, a união andrógina cessou e o homem projetou de si mesmo a mulher, como entidade separada. Ambos romperam o laço entre o espírito puro e a matéria pura. Daí por diante, não mais criariam espiritualidade; apelando apenas para o poder de sua vontade, o homem se tornou um criador físico e o reino do espírito só pôde ser conquistado por um longo aprisionamento na matéria. Torna-se assim bem claro o significado de Gogard, a árvore da vida mazdeana, o carvalho sagrado entre cujos galhos mora a serpente que não pode ser desalojada. Esgueirando-se do *ilus* primordial, a serpente cósmica vai se tornando mais e mais material, robustecendo-se em força e poder a cada nova evolução.

O Adam Primus ou Kadmos, o Logos dos místicos judeus, é o mesmo Prometeu grego, que tenta rivalizar com a sabedoria divina. É também o Pimandro de Hermes, o Poder do Pensamento Divino em seu aspecto mais espiritual, pois os egípcios o tinham por menos concreto que os dois anteriores. Todos esses criaram o homem, mas falharam em seu objetivo final. Desejando atribuir-lhe um espírito imortal para que, unificando a trindade, ele pudesse gradualmente voltar a seu estado espiritual primitivo sem perder a individualidade, Prometeu fracassou na tentativa de roubar o fogo divino e foi sentenciado a expiar seu crime no monte Kazbek. Prometeu é também o Logos dos antigos gregos, assim como Héracles.

Todos esses Logoi procuraram dotar o homem de um espírito imortal, mas não conseguiram, e quase todos são representados como tendo sido punidos pela tentativa com sentenças severas. Os antigos Pais Cristãos que, como Orígenes e Clemente de Alexandria, conheciam bem a simbologia pagã e começaram suas carreiras como filósofos, sentiram-se bastante embaraçados. Não podiam negar a antecipação de suas doutrinas pelos mitos mais antigos. O último Logos, segundo seus ensinamentos, também veio para mostrar aos homens o caminho da imortalidade e, na ânsia de dotar o mundo com a vida eterna por meio do fogo pentecostal, sucumbiu de acordo com o esquema tradicional.

O segundo Adão, a raça primogênita que Platão chama de deuses e a Bíblia conhece como Elohim, não tinha natureza tríplice como o homem terreno, isto é, não se compunha de alma, espírito e corpo, mas era uma mescla de elementos astrais sublimados na qual o "Pai" insuflou o espírito divino imortal. Este, em virtude de sua essência semelhante à dos deuses, estava sempre procurando se libertar até dos laços dessa prisão tão frágil; assim, os "filhos de Deus", com seus esforços imprudentes, foram os primeiros a esboçar o futuro modelo da lei cíclica. Entretanto, o homem não deve "ser como nós", diz a Divindade Criadora, um dos Elohim "encarregado da fabricação do animal inferior".² Sucedeu então que, quando os homens da primeira raça alcançaram o ápice do primeiro ciclo, perderam o equilíbrio e seu segundo invólucro, a roupagem grosseira (corpo astral), arrastou-os para o arco oposto.

Desse modo, foi posto em movimento o primeiro ciclo, que em suas rotações descendentes trouxe uma parte infinitesimal das vidas criadas para nosso planeta de lama. Chegando no ponto mais baixo do arco do ciclo, que precedeu diretamente a vida na terra, a pura centelha divina ainda lampejante em Adão fez um esforço para se separar do espírito astral, pois "o homem estava caindo aos poucos na geração" e a roupagem carnal se tornava, a cada movimento, mais e mais densa.

Toda a teoria darwiniana da seleção natural está incluída nos seis primeiros capítulos do livro de Gênesis. O "Homem" do capítulo um é radicalmente diferente do "Adão" do capítulo 2, porquanto o primeiro foi criado "macho e fêmea" – ou seja, com os dois sexos – e à imagem de Deus, ao passo que o segundo, no versículo sete, foi formado do pó da terra e tornou-se "alma vivente" depois que o Senhor Deus "soprou em suas narinas o alento da vida". Além do mais, esse Adão era um ser masculino, pois, no versículo vinte, diz-se que "não se achava uma ajudante para ele". Os Adonai, sendo entidades espirituais puras, não tinham sexo, ou melhor, tinham os dois sexos juntos, como seu Criador; e os antigos entendiam isso tão bem que representavam muitas de suas divindades como bissexuais. O estudioso bíblico deve, ou aceitar essa interpretação ou reconhecer que as passagens dos dois capítulos citados se contradizem absurdamente. Foi essa aceitação literal das passagens que capacitou os ateus a cobrirem de ridículo o relato mosaico e é a letra morta do velho texto que insufla o materialismo de nossa época. Não apenas essas duas raças de seres estão assim claramente indicadas no Gênesis como até uma terceira e uma quarta são apresentadas ao leitor no capítulo 4, onde se mencionam os "filhos de Deus" e a raça dos "gigantes".

Uma coisa, pelo menos, foi mostrada no texto hebraico, a saber, que houve uma raça de criaturas puramente físicas e outra de criaturas puramente espirituais. A evolução e "transformação das espécies", exigidas para preencher a lacuna entre essas raças, ficam a cargo de antropólogos mais hábeis. Nós só podemos repetir a filosofia dos homens antigos, segundo a qual a união das duas raças produziu uma terceira: a adâmica. Participando das naturezas de seus dois ancestrais, ela está também adaptada a uma existência nos mundos material e espiritual. Apensa à metade física da natureza do homem, a razão lhe permite manter sua supremacia sobre os animais inferiores e subjugar a natureza para suas necessidades. Apensa à sua parte espiritual está a consciência, que lhe serve de guia seguro em meio às fraquezas dos sentidos; com efeito, a consciência é a percepção instantânea do certo e do errado, que só pode ser exercida pelo espírito e que, como porção da Sabedoria e da Pureza divinas, é absolutamente pura e sábia. Seus impulsos são independentes da razão e só podem se manifestar nitidamente quando imunes às tentações mesquinhas de nossa natureza dual.

A razão não pode ser uma qualidade ligada diretamente ao nosso espírito divino, pois se trata de uma faculdade de nosso cérebro físico, aquela que deduz inferências de premissas e depende por completo da evidência de outros sentidos. O espírito divino *conhece* – portanto, todo raciocínio que implica discussão e argumentação é inútil. Assim, se quisermos considerar uma entidade como emanação direta do eterno Espírito de sabedoria, deveremos conceder-lhe os mesmos atributos da essência ou do todo de que é parte. Consequentemente, não faltava certa lógica aos antigos teurgistas quando sustentavam que a parte *racional* da alma do homem (espírito) jamais penetra inteiramente em seu corpo, apenas o influencia em maior ou menor grau por intermédio da alma *irracional* ou astral, que serve de agente intermediário ou comunicação entre espírito e corpo. O homem que subjugou suficientemente a matéria para receber luz direta de seu brilhante *augoeides* sente a verdade de maneira intuitiva; não erra em seu julgamento, apesar dos sofismas sugeridos pela razão fria, pois ele é um iluminado. Portanto, a profecia, o vaticínio e a chamada inspiração divina são simplesmente efeitos dessa iluminação vinda de cima, de nosso espírito imortal.

Onde, então, reside o segredo autêntico, verdadeiro, de que tanto falam os hermetistas? Que há e sempre houve um segredo, disso nenhum estudioso sério da literatura esotérica duvida. Homens de gênio – como muitos filósofos herméticos indubitavelmente eram – não enganariam a si mesmos tentando enganar outros ao longo de milhares de anos consecutivos. Em todas as épocas, soube-se que o grande segredo comumente chamado de "pedra filosofal" possuía um sentido espiritual e físico. O autor de *Remarks on Alchemy and the Alchemists* [Observações sobre a alquimia e os alquimistas] nota, com muita propriedade, que o tema da arte hermética é o homem e que o objeto dessa arte é o aperfeiçoamento humano.[3] Mas não podemos concordar com ele quando afirma que apenas os que denomina "tolos amantes do dinheiro" tentaram levar o projeto puramente *moral* dos alquimistas para o campo da ciência física. O mero fato de o homem, a seus olhos, ser uma trindade, que eles dividem em *Sol*, água de mercúrio e enxofre (o fogo secreto) ou, para falar com mais clareza, em corpo, alma e espírito, já mostra que há um lado físico na questão. O homem é a pedra filosofal espiritualmente – "um trio ou trindade na unidade", nas palavras de Filaletes. Mas ele é também essa pedra fisicamente, o efeito da causa, e a causa é o solvente universal de tudo – o espírito divino. O homem deve ser considerado uma correlação de forças físico-químicas, tanto quanto uma correlação de poderes espirituais, que afetam os poderes físicos do homem na medida de seu desenvolvimento terreno.

No grau mais baixo da escala do ser estão as criaturas invisíveis a que os cabalistas dão o nome de "elementares". Desses, há três classes distintas. Os mais inteligentes e espertos são os chamados espíritos terrestres, dos quais falaremos mais longamente em outra parte desta obra. Por enquanto, basta dizer que eles são as *larvae* ou sombras daqueles que viveram na terra, recusaram toda luz espiritual, permaneceram e morreram imersos na ilusão da matéria, e de cujas almas pecadoras o espírito imortal foi aos poucos se separando.

A segunda classe é composta pelos antítipos invisíveis dos homens *que ainda vão nascer*. Nenhuma forma pode chegar à existência objetiva (da mais elevada à mais baixa) sem que seu ideal abstrato (ou, nas palavras de Aristóteles, a *privação* da forma) seja invocado. Antes que o artista pinte um quadro, todos os traços deste já existem em sua imaginação; o relógio que distinguimos já existia, em sua forma abstrata, na mente do relojoeiro. O mesmo se dá com os homens futuros. As formas passam; as ideias que as criaram e a matéria que lhes deu objetividade ficam. Esses modelos, ainda desprovidos de espíritos imortais, são "elementais" – mais propriamente falando, embriões psíquicos – que, chegado o seu tempo, morrem no mundo invisível e nascem em nosso mundo visível como crianças humanas, recebendo, *in transitu*, o sopro divino (o espírito) que dá completude ao homem. Essa classe não consegue se comunicar objetivamente com os humanos.

A terceira classe são os "elementais" propriamente ditos, que nunca evoluem para seres humanos, mas ocupam, por assim dizer, um degrau específico na escada do ser. Por comparação com os outros, devem mais adequadamente ser chamados de espíritos da natureza ou agentes cósmicos da natureza, cada qual confinado a seu próprio elemento e nunca ultrapassando os limites dos demais. São os que Tertuliano chamava de "príncipes das potestades do ar".

Acredita-se que os integrantes dessa classe possuam apenas um dos três atributos do homem. Não têm nem espíritos imortais nem corpos tangíveis, somente as formas astrais, que partilham em grau acentuado com o elemento ao qual pertencem e também com o éter. São uma combinação de matéria sublimada e mente rudimentar. Alguns não mudam, mas não têm individualidade separada e agem coletivamente, por assim dizer. Outros, de certos elementos e espécies, mudam de forma segundo uma lei fixa, explicada pelos cabalistas. A parte mais sólida de seus corpos é comumente imaterial o bastante para escapar à percepção de nossa visão física, mas não tão insubstancial que não possa ser perfeitamente reconhecida pela visão interior ou clarividência.

Eles não apenas existem e podem viver no éter como conseguem manipulá-lo e direcioná-lo à produção de efeitos físicos, tão facilmente quanto conseguimos comprimir o ar ou a água, para os mesmos fins, com aparelhos pneumáticos e hidráulicos. Nessa ocupação, são pressurosamente auxiliados pelos "elementares humanos". Mais: logram condensar o éter a tal ponto que chegam a fabricar corpos tangíveis para si mesmos e, graças a seus poderes de Proteu, assumem a aparência desejada, tomando por modelos os retratos que encontram estampados na memória dos presentes. Não é necessário que alguém esteja, no momento, pensando na pessoa representada. Sua imagem talvez tenha se desvanecido há anos. A mente acolhe impressões indeléveis mesmo de encontros casuais ou de indivíduos vistos apenas uma vez. Uns poucos segundos de exposição da chapa fotográfica sensibilizada são tudo quanto se exige para preservar indefinidamente a imagem de uma pessoa e o mesmo ocorre com a mente.

Éliphas Lévy expõe com razoável clareza, em seu *Dogma e Ritual da Alta Magia*, a lei das influências recíprocas entre os planetas e seu efeito combinado sobre os reinos mineral, vegetal e animal, e também sobre nós. Sustenta que a atmosfera astral está constantemente mudando de dia para dia e de hora para hora, assim como o ar que respiramos. Cita, com aprovação, a doutrina de Paracelso segundo a qual todo homem, animal e planta apresenta indícios internos e externos das influências dominantes na fase do desenvolvimento germinal. Repete a velha doutrina cabalística de que nada deixa de ter importância na natureza: até um episódio menor como o nascimento de uma criança em nosso planeta insignificante afeta o universo inteiro, do mesmo modo que este exerce sua própria influência de reação sobre ele.

Quanto ao espírito humano, as noções dos filósofos antigos e dos cabalistas medievais, embora divergentes em certos aspectos, concordam no todo, de modo que a doutrina de um pode ser vista como a doutrina de outro. A principal diferença consiste na localização do espírito imortal ou divino do homem. Enquanto os antigos neoplatônicos explicavam que o *augoeides* nunca desce hipostaticamente sobre o homem vivo, mas apenas projeta uma quantidade maior ou menor de seus raios no homem interior (a alma astral), os cabalistas da Idade Média garantiam que o espírito, desligando-se do oceano de luz espiritual, penetra na alma do homem, onde permanece durante toda a sua vida aprisionado na cápsula astral.

Essa discrepância era o resultado da crença dos cabalistas cristãos, maior ou menor, na letra morta da alegoria da queda do homem. A alma, diziam eles, devido à queda de Adão, ficou contaminada pelo mundo da matéria ou Satã. Antes de aparecer com seu espírito divino aprisionado na presença do Eterno, ela precisa se livrar das impurezas das manchas da escuridão. Comparavam "o espírito aprisionado dentro da alma a uma gota de água aprisionada dentro de uma cápsula de gelatina e atirada ao mar; enquanto a cápsula permanece íntegra, a gota fica isolada; quando o invólucro se rompe, a gota se torna parte do oceano: sua existência individual cessou. Assim ocorre com o espírito. Enquanto está enclausurado em seu mediador plástico, ou alma, possui existência individual. Destruída a cápsula, resultado que pode ocorrer devido às agonias da consciência atormentada, do crime e da doença moral, e o espírito retorna à sua morada primitiva. Sua individualidade se foi".

Por outro lado, os filósofos que à sua maneira explicaram a "queda na geração" viam o espírito como algo totalmente distinto da alma. Aceitavam sua presença dentro da cápsula astral apenas na medida em que se levassem em conta as emanações espirituais ou raios "daquele que brilha". Homem e alma tinham de conquistar sua imortalidade ascendendo à unidade com a qual, caso fossem bem-sucedidos, finalmente se amalgamavam e pela qual eram, por assim dizer, absorvidos. A individualização do homem após a morte dependia do espírito, não da alma ou do corpo. Embora a palavra "personalidade", no sentido comum, seja um absurdo quando aplicada literalmente à nossa essência imortal, essa ainda é uma entidade distinta, imorredoura e eterna por si mesma. Como no caso de criminosos irrecuperáveis, quando o fio brilhante (que liga o espírito à alma a partir do nascimento da criança) é violentamente rompido e a entidade desencarnada fica sozinha para compartilhar o destino dos animais inferiores, para se dissolver aos poucos no éter e ter sua individualidade aniquilada – mesmo então o espírito permanece como ente distinto. Torna-se um espírito planetário, um anjo; pois os deuses dos pagãos ou os arcanjos dos cristãos, emanações diretas da Causa Primeira, nunca foram e nunca serão homens (pelo menos em nosso planeta), apesar da ousada afirmação de Swedenborg.

O esoterismo todo da filosofia budista se baseia nesse misterioso ensinamento, entendido por pouquíssimas pessoas e erroneamente representado por alguns dos mais eruditos estudiosos. Mesmo os metafísicos tendem a confundir o efeito com a causa. Uma pessoa pode conquistar sua vida imortal e continuar, por toda a eternidade, com o eu interior que teve na terra, mas isso não quer dizer necessariamente que deverá permanecer sendo o sr. Smith ou o sr. Brown que foi na terra ou que perderá sua individualidade. Portanto, a alma astral e o corpo terrestre do homem podem, na escuridão do além, ser absorvidos pelo oceano cósmico de elementos sublimados e cessar de sentir seu ego, caso esse ego não mereça voar mais alto; o espírito divino continuará sendo uma entidade imutável, embora a experiência terrena de suas emanações talvez fique totalmente obliterada no instante da separação do veículo indigno.

Se o "espírito", a porção divina da alma, preexiste como ser distinto desde toda a eternidade, como Orígenes, Sinésio e outros teólogos e filósofos cristãos ensinaram, e nada mais é que a alma metafisicamente objetiva, poderia ser outra coisa senão eterno? E que importa, nesse caso, se o homem leva uma vida animal ou pura e se, faça o que fizer, nunca perderá sua individualidade? Essa doutrina é tão perniciosa em suas consequências quanto a da expiação vicária. Caso este último dogma, juntamente com a falsa ideia de que somos todos imortais, fosse revelado ao mundo sob sua luz verdadeira, a humanidade se aperfeiçoaria graças à sua propagação. O crime e o pecado seriam evitados, não por medo do castigo terreno ou de um inferno ridículo, mas por causa daquilo que jaz mais profundamente enraizado em nossa natureza íntima: o desejo de uma vida individual e separada no além, a garantia positiva de que não podemos conquistá-la exceto se "tomarmos o reino dos céus pela violência" e a certeza de que nem as preces humanas nem o sangue de outro homem nos salvarão da destruição individual após a morte, a menos que nos liguemos firmemente, durante nossa vida na terra, ao nosso próprio espírito imortal – nosso Deus.

A doutrina da possibilidade de perder a alma e, portanto, a individualidade, milita contra as teorias ideais e as ideias progressistas de alguns espíritas, embora Swedenborg as adote plenamente. Eles jamais aceitarão a doutrina cabalística segundo a qual é apenas por meio da observância da lei da harmonia que a vida individual, no além, pode ser obtida e que, quanto mais o homem interior e exterior se desviar dessa fonte de harmonia, cuja fonte jaz em nosso espírito divino, mais difícil será recuperar o terreno.

Todavia, enquanto os espíritas e outros cristãos fazem pouca ou nenhuma ideia da possível morte e fim da personalidade pela separação da parte imortal da parte perecível, os adeptos de Swedenborg entendem-na perfeitamente. Um dos mais respeitados ministros da New Church, o reverendo Chauncey Giles, doutor em Teologia, de Nova York, elucidou recentemente o assunto em discurso público nos seguintes termos: a morte física, ou do corpo, foi um dispositivo da economia divina em benefício do homem, um dispositivo por meio do qual ele atinge os objetivos superiores de seu ser.

Entretanto, há outra morte: a interrupção da ordem divina e a destruição de cada elemento humano na natureza do homem, o que torna impossível sua felicidade. Essa morte espiritual ocorre antes da dissolução do corpo. "Pode haver um considerável desenvolvimento da mente natural do homem sem que esse desenvolvimento seja acompanhado por uma partícula do amor de Deus ou do amor desinteressado do ser humano." Quando a pessoa se apaixona por si mesma e pelos prazeres do mundo, ignorando o amor a Deus e a seu próximo, ela passa da vida para a morte. Os princípios superiores que constituem os elementos essenciais de sua humanidade perecem e ela vive apenas no plano natural de suas faculdades. Fisicamente, existe; espiritualmente, morreu. Para tudo quanto pertence à fase superior (e única duradoura) da existência, ela está tão morta quanto seu corpo o está para todas as atividades, prazeres e sensações do mundo depois que o espírito o deixou.

A morte do espírito resulta da desobediência às leis da vida espiritual e é seguida pela mesma penalidade infligida ao desacato das leis da vida natural. Mas a pessoa espiritualmente morta ainda tem seus prazeres, seus dons e poderes intelectuais, e uma atividade intensa. Tem todas as satisfações animais e, para a maior parte dos homens e mulheres, essas constituem o ideal supremo da felicidade humana. A busca infatigável de dinheiro, diversão e entretenimentos na vida social, o cultivo de boas maneiras, de bom gosto no vestir, de destaque na sociedade e de prestígio científico intoxica e subjuga esses mortos-vivos. Mas o pregador eloquente adverte: "Tais criaturas, com toda a sua elegância, com todos os seus belos trajes e com todas as suas brilhantes realizações estão mortas aos olhos do Senhor e dos anjos. Quando avaliadas pelo único padrão verdadeiro e imutável, não têm mais vida genuína do que esqueletos cuja carne se desfez em pó". Um alto desenvolvimento das faculdades intelectuais não implica uma vida espiritual e verdadeira. Muitos de nossos maiores cientistas não passam de cadáveres animados – carecem de visão espiritual porque seus espíritos os deixaram. Se atravessarmos todas as eras, examinarmos todas as ocupações, avaliarmos todas as conquistas humanas e investigarmos todas as formas de sociedade, encontraremos essas criaturas espiritualmente mortas por toda parte.

Após a morte, chega o momento crítico para os maus e depravados. Se, durante a vida, o último e desesperado esforço do eu interior para se reunir com o raio débil de seu pai divino foi esquecido e se esse raio ficou gradativamente mais bloqueado pela crosta cada vez mais grossa de matéria, a alma, ao se libertar do corpo, cede aos atrativos terrenos e é magneticamente absorvida pela densa neblina da atmosfera material. Ela começa então a descer, a descer... até que por fim se encontra, quando retoma a consciência, no lugar que os antigos chamavam de *Hades*. O aniquilamento de uma alma dessas nunca é instantâneo; pode levar séculos, às vezes, pois a natureza não avança aos saltos e, como a alma astral é formada de elementos, a lei da evolução exige seu tempo. Entra então em cena a temível lei da compensação, o *yin-yang* dos budistas.

Essa classe de espíritos é chamada de "terrestres" ou "elementares terrestres", para não ser confundida com outras. No Oriente, recebe o nome de "Irmãos da Sombra". Astutos, vis, abjetos e ávidos por lançar sobre a humanidade a culpa por seus próprios sofrimentos, esses espíritos se tornam, antes do aniquilamento final, vampiros, fantasmas e rematados atores. São as "estrelas" maiores no grande palco espiritual da "materialização", cujos fenômenos impulsionam graças à ajuda dos autênticos "elementais", mais inteligentes, que os rodeiam e acolhem com gosto em suas próprias esferas. Heinrich Khunrath, o grande cabalista alemão, mostrou as quatro classes desses "espíritos elementares" humanos numa gravura de sua obra rara, *Amphiteatrum Sapientiae Aeternae* [Anfiteatro da sabedoria eterna]. Uma vez cruzado o limiar do santuário iniciático, depois de erguer o "Véu de Ísis", a deusa misteriosa e ciumenta, ele nada tem a recear; mas, até então, está em constante perigo.

Dificilmente haverá uma fase da mediunidade, de qualquer tipo, que não tenhamos visto exemplificada nos últimos vinte e cinco anos em diversos países. Índia, Tibete, Bornéu, Sião, Egito, Ásia Menor, América (do Norte e do Sul) e outras partes do mundo nos revelaram sua fase peculiar de fenômenos mediúnicos e poderes mágicos. Nossa variada experiência nos ensinou duas verdades importantes, a saber, que para o exercício dos poderes mágicos são indispensáveis a pureza pessoal e a aplicação de uma força de vontade adestrada e indomável; e que os espíritas jamais conseguem ter certeza quanto à autenticidade das manifestações mediúnicas, caso não ocorram em um local iluminado e sob condições de teste que tornariam a fraude imediatamente reconhecível.

Para não sermos mal interpretados, acrescentaremos que se, como regra, fenômenos físicos são produzidos voluntariamente pelos espíritos da natureza a fim de satisfazer à sua fantasia, bons espíritos humanos desencarnados, em circunstâncias excepcionais (como a aspiração de um coração puro ou uma situação favorável), podem manifestar sua presença mediante qualquer fenômeno – menos a *materialização pessoal*. Mas terá de ser muito forte a atração capaz de tirar um espírito puro desencarnado de sua morada radiosa e trazê-lo para a atmosfera doentia que ele deixou ao se separar de seu corpo terreno.

Magos e filósofos teúrgicos fazem severas objeções à "evocação de almas". "Não tragas (a alma), do contrário ela levará algo ao partir", diz Psellus.[4]

> Não as contemples antes que teu corpo tenha sido iniciado,
> Pois, sempre encantando, elas seduzem a alma de quem não se iniciou...

diz o filósofo Proclo em outra passagem.[5]

Eles faziam objeções a isso por várias e boas razões: (1) "É extremamente difícil distinguir um bom demônio de um mau demônio", adverte Jâmblico. (2) Ainda que a alma humana consiga penetrar a densa camada da atmosfera terrestre – sempre opressiva para ela, quando não odiosa –, resta o perigo de que contamine sua pureza ao se aproximar do mundo material; "ela levará algo" e sofrerá em maior ou menor grau após sua partida. Por isso o verdadeiro teurgista evitará causar a esse puro cidadão da esfera superior mais sofrimento do que seja absolutamente necessário aos interesses da humanidade. Só o praticante da magia negra invoca, por meio de poderosos encantamentos de necromancia, a presença de almas maculadas, como as das pessoas que viveram vidas malfazejas e estão sempre prontas a ajudá-lo em seus desígnios egoístas.

O que sobrevive como individualidade após a morte do corpo é a alma astral, chamada por Platão, no *Timeu* e no *Górgias*, de *alma mortal*. Com efeito, segundo a doutrina hermética, ela se despoja de suas partículas mais materiais a cada mudança progressiva, no caminho de uma esfera superior. Sócrates narra a Cálicles (*Górgias*, 524) que a alma mortal retém todas as características do corpo após a morte deste, a tal ponto que um homem marcado pelo chicote exibirá um corpo astral "cheio de pisaduras e cicatrizes". O espírito astral é uma duplicata fiel do corpo, no sentido tanto físico quanto espiritual.

O Divino, o espírito superior e imortal, não pode ser nem punido nem recompensado. Cultivar essa doutrina seria ao mesmo tempo um absurdo e uma blasfêmia, já que ele não é apenas uma chama acesa na fonte central e inexaurível de luz, mas uma porção dela e da mesma essência. O espírito assegura imortalidade ao ser astral individual na proporção em que este se dispõe a recebê-lo. Enquanto o homem duplo, isto é, o homem de carne e espírito se mantiver nos limites da lei da continuidade espiritual e enquanto a centelha divina rebrilhar nele, embora debilmente, esse homem estará no caminho da imortalidade em um estado futuro. Mas aqueles que se resignarem a uma existência materialista – repelindo a fulgurância divina lançada por seu espírito no início da jornada terrena e calando a voz de advertência dessa senda confiável, a consciência, que serve de foco para a luz na alma –, tais criaturas, tendo deixado para trás a consciência e o espírito antes de cruzar as fronteiras da matéria, terão necessariamente de seguir suas leis.

A matéria é tão indestrutível e eterna quanto o próprio espírito imortal – mas apenas em suas partículas, não como formas organizadas. Quando o corpo de uma pessoa tão grosseiramente materialista como as descritas acima foi abandonado por seu espírito antes da morte física, o material plástico ou alma astral, seguindo as leis da matéria cega, molda-se no cadinho que o vício foi aos poucos preparando para ele durante a vida terrena do indivíduo. Então, como diz Platão (*Timeu*, 42C), assume a forma do "animal ao qual se assemelhava" em vida. "Segundo um antigo ditado", conta ele (*Fédon*, 70C, 114B, C), "as almas que partem vão viver no Hades e voltam para cá, sendo produzidas pelos mortos [...]. Mas quem viveu uma vida eminentemente santa vai para uma morada SUPERIOR e SE INSTALA NAS PARTES MAIS ELEVADAS da terra" (a região etérea). No *Fedro* (249B), Platão repete que, quando encerram sua primeira vida (na terra), alguns homens vão para lugares de castigo subterrâneos. Os cabalistas não entendem essa região subterrânea como um lugar dentro da terra, mas como uma esfera bem inferior em perfeição e muito mais material.

Entre os modernos pesquisadores das pretensas incongruências do Novo Testamento, só os autores de *O Universo Invisível* parecem ter tido um vislumbre de suas verdades cabalísticas com respeito à geena do universo.[6] A geena, que os ocultistas classificam como oitava esfera (em contagem inversa), não passa de um planeta como o nosso, ligado a ele e seguindo-o em sua sombra; é uma espécie de lata de lixo, um "lugar onde todos os dejetos e sujeira são consumidos", para retomar uma expressão dos autores mencionados acima, e onde todos os resíduos, toda a imundície da matéria cósmica existente em nosso planeta estão em perpétuo estado de reforma.

A Doutrina Secreta ensina que o homem, caso se torne imortal, permanecerá para sempre a trindade que é em vida e continuará assim ao longo de todas as esferas. O corpo astral, que nesta vida é revestido por um espesso invólucro físico, torna-se – depois de despojado desse invólucro pelo processo da morte corporal –, por seu turno, a concha de outro corpo, mais etéreo. Isso começa a acontecer logo após a morte e se completa quando o corpo astral da forma terrena finalmente se separa dela. É um processo que, conforme dizem, se repete a cada nova transição entre esferas.

Avancemos mais um passo em nosso raciocínio. Se há mesmo existência no mundo espiritual após a morte do corpo, isso deve ocorrer segundo a lei da evolução. O homem passa de seu lugar no ápice da pirâmide material para uma esfera de existência onde vigora a mesma lei inexorável. E se essa lei continua vigorando para ele, por que não vigorará para o resto da natureza? Por que não vigorará para os animais e as plantas, animados por um princípio vital e cujas formas grosseiras decaem como a dele quando esse princípio vital os abandona? Se o astral do homem se torna mais etéreo em outra esfera, por que o deles não se tornará também?

Antropólogos, fisiologistas e psicólogos se sentem igualmente perplexos ao considerar as causas primeiras e últimas, descobrindo na matéria inúmeras semelhanças em todas as suas formas, mas, no espírito, um enorme abismo de diferenças. Isso se dá, talvez, porque suas pesquisas se limitam ao nosso globo visível e eles não querem ou não ousam ir além. O espírito de um mineral, planta ou animal pode começar a se formar agora e atingir seu completo desenvolvimento milhões de eras depois, em outros planetas, conhecidos ou desconhecidos, visíveis ou invisíveis para os astrônomos. De fato, quem contestará a teoria previamente aventada de que a própria Terra, como as criaturas vivas a que ela deu nascença, acabará, depois de atravessar sua fase de morte e dissolução, se tornando um planeta astral eterificado? "Em cima como embaixo": a harmonia é a grande lei da natureza.

Harmonia, no mundo físico e matemático, é *justiça* no mundo espiritual. Justiça produz harmonia; injustiça produz discórdia; e discórdia, na escala cósmica, significa caos: aniquilamento.

Se existe um espírito imortal desenvolvido no homem, esse espírito deve estar também nas outras criaturas, pelo menos em estado latente ou germinal, e é só uma questão de tempo para que cada um desses germes se desenvolva em sua plenitude. Seria grande injustiça que um criminoso empedernido, responsável por um assassinato brutal no exercício de seu livre-arbítrio, possuísse um espírito imortal que, com o tempo, se lavasse do pecado e gozasse perfeita bem-aventurança enquanto um pobre cavalo, inocente de todo crime, devesse se esfalfar e padecer sob a impiedosa tortura do chicote de seu dono durante uma vida inteira e fosse aniquilado na morte. Semelhante crença implica uma tremenda injustiça e só é possível entre pessoas a quem se impôs o dogma de que tudo foi criado para o homem, de que só ele é o soberano do universo, tão poderoso que, para salvá-lo das consequências de seus próprios pecados, não foi demais o Deus do universo ter decidido morrer a fim de aplacar sua própria cólera justa.

NOTAS

1. Diz-se que Orfeu atribuiu ao grande ciclo 120 mil anos de duração e Cassandro, 136 mil. Ver Censorino, *De die natali* [Sobre o dia do nascimento], p. 18.

2. Ver Platão, *Timeu*, pp. 41, 42, 69.

3. E. A. Hitchcock. Boston, 1857, p. IV.

4. "Chaldean Oracles" [Oráculos Caldeus], 3; em *Ancient Fragments* [Fragmentos antigos], p. 270.

5. *On the First Alcibiade* [Sobre o primeiro Alcibíades], em Cory, p. 270.

6. Balfour Stewart e P. G. Tait. *The Unseen Universe* [O universo invisível]. Nova York, 1875, cap. 7.

9

O Homem Interior e Exterior

O nome dado pelos físicos ao princípio energizador não importa. Ele é algo sutil, separado da matéria e, como não pode ser detectado, não deve ser material. Se se admite que a lei da atração governa a matéria, por que não governaria o espírito? Deixando à lógica o cuidado de responder a essa pergunta e voltando-nos para a experiência comum da humanidade, aí encontraremos incontáveis testemunhos que corroboram a imortalidade da alma, caso raciocinemos a partir de analogias. E não é só: contamos com o inatacável testemunho de milhares e milhares de estudiosos, segundo os quais há uma ciência da alma que, embora ainda não lhe tenha sido concedido um lugar entre as outras ciências, *é* uma ciência. Essa ciência, penetrando nos arcanos da natureza muito mais fundo do que nossa moderna filosofia jamais achou possível, ensina-nos como obrigar o invisível a se fazer visível; a existência de espíritos elementares; a natureza e as propriedades mágicas da luz astral; e os poderes dos homens vivos de se comunicarem com aqueles por meio desta.

A presença do espírito no mediador comum, o éter, é negada pelo materialismo, ao passo que a teologia o considera um deus pessoal. O cabalista sustenta que ambos estão errados, explicando que, no éter, os elementos representam apenas a matéria, as forças cósmicas cegas da natureza: o espírito é a inteligência que os dirige. As doutrinas cosmogônicas hermética, órfica e pitagórica, bem como as de Sanchoniathon e Beroso, se baseiam todas numa fórmula irrefutável, isto é, que o éter e o caos (ou, na linguagem platônica, a mente e a matéria) são os dois princípios primordiais e eternos do universo, absolutamente independentes de qualquer outra coisa. O primeiro foi o princípio intelectual que deu vida a tudo; o caos era um princípio líquido e vago, sem "forma ou sentido". Da união de ambos, surgiu o universo, ou melhor, o mundo universal, a primeira divindade andrógina, com a matéria caótica se tornando seu corpo e o éter, sua alma. Segundo a fraseologia de um *Fragmento* de Hérmias, "o caos, graças a essa união com o espírito, adquiriu sentido, brilhou de prazer e, assim, se produziu a luz *Protogonos* ('que nasceu primeiro')". Essa é a trindade universal baseada nas concepções metafísicas dos antigos, que, raciocinando por analogia, fizeram do homem, composto de intelecto e matéria, o microcosmo do macrocosmo ou grande universo.

Esse universo visível de espírito e matéria, dizem eles, é apenas a imagem concreta da abstração ideal e foi moldado a partir da primeira Ideia divina. Assim, nosso universo existiu desde a eternidade em estado latente. A alma que anima esse universo puramente espiritual é o sol central, a divindade superior. Não foi ele que criou a forma concreta de sua ideia, mas o seu primogênito; essa forma foi feita à imagem da figura geométrica do dodecaedro (Platão, *Timeu*, 55C).

Os antigos, que só nomeavam quatro elementos, reconheceram o éter como o quinto. Dado que sua essência se tornou divina por obra da presença invisível, ele passou a ser considerado um meio entre este mundo e o próximo. Afirmavam os antigos que, quando as inteligências orientadoras se retiravam de qualquer porção do éter, um de nossos quatro reinos que elas deviam supervisionar, o espaço caía nas garras do mal. O adepto que se prepara para conversar com os "invisíveis" tem de conhecer bem esse ritual e estar perfeitamente familiarizado com as condições exigidas para o correto equilíbrio entre os quatro elementos na luz astral. Antes de tudo, deve purificar a essência e, dentro do círculo para o qual quer atrair espíritos puros, equilibrar os elementos a fim de impedir o ingresso dos elementares em suas respectivas esferas. Mas ai do curioso imprudente que, por ignorância, ultrapassar os limites proibidos: o perigo o rondará a cada passo! Estará evocando poderes que não pode controlar e abrindo caminhos que só seus mestres conseguem percorrer.

Nas palavras do célebre rosa-cruz, "Se resolveres colaborar com o espírito do Deus *vivo*, cuida para não O atrapalhares em Sua obra; pois, se teu calor exceder a proporção natural, espicaçarás a ira das naturezas *úmidas*:[1] elas se insurgirão contra o fogo central e o fogo central se insurgirá contra elas, ocorrendo assim uma terrível divisão no caos".[2] O espírito de harmonia e união desertará os elementos, perturbados pela mão imprudente; e os fluxos de forças cegas ficarão logo infestados por incontáveis criaturas de matéria e instinto – os demônios maus dos teurgistas, os diabos da teologia. Gnomos, salamandras, sílfides e ondinas cairão sobre o tosco operador sob formas aéreas variadas. Incapazes de inventar seja lá o que for, esmiuçarão sua memória até o fundo; daí a exaustão nervosa e a opressão mental de certas naturezas sensíveis em círculos espíritas. Os elementais trarão à luz reminiscências há muito esquecidas: formas, imagens, momentos agradáveis e frases familiares apagadas de nossa lembrança, mas vividamente preservadas nas profundezas inescrutáveis de nossa memória e nas páginas astrais do imperecível "Livro da Vida".

Todas as coisas organizadas neste mundo, visíveis ou invisíveis, têm seu elemento apropriado. O peixe vive e respira na água; a planta consome gás carbônico, que mata homens e animais; alguns seres ficam à vontade nas camadas rarefeitas do ar e outros sobrevivem apenas nas mais densas. Uns dependem da luz solar; outros, da escuridão. E, assim, a sábia administração de recursos da natureza adapta cada forma viva a uma determinada condição. Essas analogias sustentam a conclusão de que não existem partes vazias da natureza universal e de que, para tudo quanto possui vida, condições especiais são proporcionadas, tornando-se necessárias.

Assumindo-se, pois, que exista um lado invisível do universo, o hábito fixo da natureza nos leva à conclusão de que essa metade, como a outra, está ocupada e de que cada grupo de ocupantes é suprido com as condições indispensáveis para sua existência. Imaginar que condições idênticas são fornecidas a todos seria tão ilógico quanto presumir que uma teoria dessas se aplica aos habitantes do domínio da natureza visível. Se há espíritos, há diversidade de espíritos; pois os homens diferem e os espíritos humanos são apenas homens desencarnados.

Dizer que todos os espíritos são iguais, adaptados à mesma atmosfera, providos dos mesmos poderes ou governados pelas mesmas atrações – elétrica, magnética, ódica, astral, não importa qual – é tão absurdo quanto afirmar que todos os planetas possuem a mesma natureza, que todos os animais são anfíbios ou que todos os homens podem se nutrir do mesmo alimento. É razoável supor que, entre os espíritos, as naturezas mais grosseiras se abismem nas profundezas da atmosfera espiritual – ou seja, ficando bem perto da terra. Inversamente, as mais puras ficarão bem longe. Naquilo que, se tivéssemos de cunhar uma palavra, chamaríamos de *Psicomática* do ocultismo, é tão impensável presumir que qualquer desses graus de espíritos possam ocupar o lugar ou subsistir nas condições de outro quanto, em hidráulica, esperar que dois líquidos de densidades diferentes possam trocar suas marcas na escala do hidrômetro de Baumé.

Assim como um relógio passa de mão em mão e de sala em sala numa fábrica, uma peça sendo acrescentada aqui e outra ali, até que o delicado maquinismo fique pronto conforme o desenho concebido na mente do engenheiro antes do início do trabalho, assim, de acordo com a antiga filosofia, a primeira concepção divina do homem toma forma aos poucos, nos vários departamentos da oficina universal, até que o homem completo apareça finalmente em cena.

Essa filosofia ensina que a natureza nunca deixa seu trabalho inacabado; se falha na primeira tentativa, recomeça. Quando ela cria um embrião, sua finalidade é obter um homem perfeito – física, intelectual e espiritualmente. O corpo desse homem deve amadurecer, desgastar-se e morrer; sua mente deve expandir-se, amadurecer e tornar-se harmoniosamente equilibrada, com seu espírito se iluminando e se mesclando facilmente com o homem interior. Ninguém completa seu grande ciclo ou "círculo da necessidade" antes que tudo isso esteja feito. Assim como os retardatários, em uma corrida, se esfalfam para ir em frente ainda no início, enquanto o vencedor já cruzou velozmente a linha de chegada, assim, na corrida da imortalidade, algumas almas superam o resto e alcançam a meta final, deixando para trás suas miríades de competidores que arquejam ao peso da matéria, mal saídos do ponto de partida. Alguns infelizes caem e perdem toda oportunidade de ganhar o prêmio; outros se põem de pé e recomeçam. É isto que mais apavora os hindus: a *transmigração* e a *reencarnação*[3] em formas inferiores neste planeta.

Entretanto, há um meio de evitá-las e Buda o prescreve em sua doutrina da pobreza, restrição dos sentidos, perfeita indiferença aos objetos deste vale de lágrimas terreno, libertação das paixões e intercomunicação frequente com o Atma – contemplação da alma. A causa da reencarnação é a ignorância de nossos sentidos, além da ideia de que existe mesmo uma realidade no mundo e não apenas uma existência abstrata. Dos órgãos dos sentidos vem a "alucinação" que chamamos de "contato"; "do contato, o desejo; do desejo, a sensação (que é também uma ilusão do corpo); da sensação, o apego a outros corpos; do apego a outros corpos, a reprodução; e da reprodução, a doença, a decadência e a morte".

"Assim, tal como os giros de uma roda, há uma sucessão regular de morte e nascimento, cuja causa moral é o apego a objetos existentes, enquanto a causa instrumental é o *karma* (o poder que controla o universo, impelindo-o para a atividade, o mérito e o demérito). Portanto, o maior desejo de todos os seres que querem se livrar das tribulações dos nascimentos sucessivos é perseguir a destruição da causa moral [...] o apego a objetos existentes ou mau desejo [...] Aqueles e quem o mau desejo foi inteiramente destruído são chamados de *Arhat* [...] A libertação do mau desejo acarreta a posse de um poder miraculoso. Depois da morte [...] o Arhat nunca se reencarna, pois invariavelmente atinge o Nirvana".[4] Nirvana: palavra, digamos de passagem, erroneamente interpretada pelos eruditos cristãos e os comentadores céticos. Nirvana é o mundo da causa, onde desaparecem os efeitos enganosos ou ilusões de nossos sentidos. Nirvana é a esfera mais alta que se pode alcançar. Os *pitris* (espíritos pré-adâmicos) são considerados pelo filósofo budista como criaturas reencarnadas, mas num grau bem superior ao dos homens da terra. Eles não morrem também? Seus corpos astrais não sofrem e gozam, não têm os mesmos sentimentos ilusórios, essa maldição dos encarnados?

O que Buda ensinou no século VI a.C. na Índia, Pitágoras ensinou no século V a.C. na Grécia e na Itália. Gibbon mostra que os fariseus estavam profundamente imbuídos dessa crença na transmigração das almas.[5] O círculo da necessidade egípcio está indelevelmente estampado nos vetustos monumentos da Antiguidade.

Um artista oriental tentou dar expressão pictórica à doutrina cabalística dos ciclos. A pintura cobre toda uma parede interna de um templo subterrâneo, perto de um grande pagode budista, e é extremamente sugestiva. Tentaremos dar alguma ideia do desenho, tal qual nos lembramos dele.

Imagine um dado ponto no espaço como o ponto primordial; em seguida, com um compasso, trace um círculo em volta desse ponto. Onde o começo e o fim se tocam, a emanação e a reabsorção se encontram. O círculo é composto de inumeráveis círculos menores, como os anéis de um bracelete, e cada um deles forma o cinto da deusa que representa essa esfera. À medida que o arco se aproxima do último ponto do semicírculo – o nadir do grande ciclo –, onde o pintor místico colocou nosso planeta, a face de cada deusa sucessiva vai se tornando mais sombria e assustadora do que a imaginação europeia poderia conceber. Cada cinto é coberto por representações de plantas, animais e seres humanos integrantes da fauna, flora e antropologia daquela esfera em particular. Há uma certa distância entre as esferas, deixada propositalmente. É que, com o final dos círculos após várias transmigrações, dá-se à alma um tempo de nirvana temporário, durante o qual o atma perde toda lembrança de sofrimentos passados. O espaço etéreo intermediário está preenchido por estranhas criaturas. As que se veem entre o éter, em cima, e a terra, embaixo, são as de "natureza média", espíritos da natureza ou, como os cabalistas às vezes as chamam, os elementais.

Essa pintura é, ou uma cópia da que foi descrita para a posteridade por Beroso, o sacerdote do templo de Belo na Babilônia, ou o próprio original. Deixamos a solução para a sagacidade dos arqueólogos modernos. Contudo, o que se vê na parede são exatamente as criaturas descritas pelo semidemônio ou semideus Oanes, o homem-peixe caldeu:[6] "seres assustadores, engendrados por um princípio duplo" – a luz astral e a matéria grosseira.

Apresentaremos agora alguns fragmentos da misteriosa doutrina da reencarnação – que se distingue da metempsicose –, extraídos de uma autoridade. A reencarnação, isto é, o surgimento do mesmo indivíduo (ou antes, de sua mônada astral) duas vezes no mesmo planeta, não é uma regra na natureza; é uma exceção, como o fenômeno teratológico de uma criança com duas cabeças. Precede a uma violação das leis da harmonia da natureza, que só acontece quando esta, procurando restaurar seu equilíbrio perturbado, arremessa violentamente de volta para a vida na terra a mônada astral expelida do círculo da necessidade por um crime ou um acidente. Assim, em casos de aborto, de crianças que morrem antes de uma certa idade ou de fraqueza mental congênita e incurável, o desígnio original da natureza, de produzir um ser humano perfeito, é interrompido. Então, enquanto a matéria grosseira de cada uma dessas várias identidades se dispersa, na morte, pelo vasto reino do ser, o espírito imortal e a mônada astral do indivíduo – uma separada para animar um esboço, o outro para lançar sua luz divina na organização corpórea – têm de fazer uma segunda tentativa para realizar o propósito da inteligência criadora.

Se a razão se aprimorou a ponto de se tornar ativa e discriminativa, não ocorre reencarnação imediata nesta terra, pois as três partes do homem triplo se uniram e ele é capaz de prosseguir em sua jornada. Entretanto, se o novo ser não foi além da condição de mônada ou, sendo mentalmente fraco, sua trindade não se completou, a centelha imortal que o ilumina precisa voltar ao plano terreno depois de se frustrar na primeira tentativa. De outro modo, as almas mortal (ou astral) e imortal (ou divina) não poderiam progredir juntas e ganhar a esfera imediatamente superior. O espírito segue uma linha paralela à da matéria e a evolução espiritual avança de mãos dadas com a física.

Resumindo: a mônada antes aprisionada no ser elementar – a forma astral mais tosca e inferior do futuro homem –, depois de atravessar e deixar a forma física mais elevada de um animal (digamos, um orangotango ou um elefante, que é um dos animais mais inteligentes), essa mônada não pode saltar por cima da esfera física e intelectual do homem terrestre para, de repente, se ver no alto, na esfera espiritual. Que recompensa ou punição pode haver, nessa esfera de entidades humanas desencarnadas, para um feto ou embrião humano que não teve sequer tempo de respirar na terra e muito menos a oportunidade de exercer as faculdades divinas do espírito? Ou, no caso de uma criança irresponsável, cuja mônada insensível permanecesse adormecida no invólucro astral e físico, poder-se-ia evitar que queimasse a si própria ou a outrem até a morte? E que dizer de uma pessoa com deficiência mental desde o nascimento, cujo número de circunvoluções cerebrais equivale a apenas vinte ou trinta por cento das de uma pessoa sã e que, portanto, não pode ser responsabilizada nem por suas disposições e atos nem pelas imperfeições de seu intelecto erradio e pouco desenvolvido?

Mas a mesma doutrina oculta reconhece outra possibilidade, embora tão rara e tão vaga que nem valeria a pena mencioná-la. Até os modernos ocultistas ocidentais negam essa doutrina, que, no entanto, é universalmente aceita nos países orientais. Quando, em consequência dos vícios, dos crimes hediondos e das paixões animais, um espírito desencarnado decaiu para a oitava esfera, a mais próxima de nossa terra – o alegórico Hades e a *geena* da Bíblia –, ele pode, com o auxílio do lampejo de razão e consciência que lhe foi deixado, arrepender-se; ou seja, ele pode, colocando em jogo os restos de sua força de vontade, esforçar-se para subir e, como um homem que se afoga, conseguir chegar de novo à superfície.

Uma forte aspiração a livrar-se de seus males e um ardente desejo de consegui-lo o levarão outra vez para a atmosfera da Terra. Aqui, perambulará e sofrerá muito ou pouco, em melancólica solidão. Seus instintos o induzirão a buscar, avidamente, a companhia de outras pessoas. Esses espíritos são os vampiros magnéticos, invisíveis, mas tangíveis, os demônios subjetivos tão conhecidos das freiras e monges extáticos da Idade Média; das "bruxas", que *The Witches' Hammer* [O martelo das bruxas][7] tornou famosas; e de alguns clarividentes sensitivos, de acordo com suas próprias crenças. São os demônios sanguinolentos de Porfírio, as larvas e lêmures dos antigos, os instrumentos diabólicos que enviaram tantas vítimas frágeis e desafortunadas ao cavalete e à fogueira. Segundo Orígenes, todos os demônios que atormentavam os possessos mencionados no Novo Testamento eram "espíritos" humanos. Moisés promulgou a lei cruel e assassina contra as chamadas "feiticeiras" por saber muito bem quem elas eram e como sofreriam terrivelmente as pessoas fracas que cedessem à sua influência. Mas Jesus, cheio de justiça e amor divino à humanidade, curou-as em vez de matá-las. Mais tarde, nossos clérigos, pretensos representantes dos princípios cristãos, seguiram a lei de Moisés, tacitamente ignoraram o exemplo daquele que chamam seu "Deus vivo" e queimaram dezenas de milhares dessas pretensas "bruxas".

Esses demônios procuram se introduzir nos corpos dos pobres de espírito e dos deficientes mentais, ali permanecendo até serem desalojados por uma vontade poderosa e *pura*. Jesus, Apolônio e alguns dos apóstolos tinham o poder de expulsar demônios purificando a atmosfera dentro e fora do paciente, de modo a forçar o ocupante indesejável a fugir. Alguns sais voláteis são particularmente desagradáveis para eles. Espíritos humanos puros ou apenas inofensivos não temem nada, pois, livres da matéria terrestre, nenhum composto terrestre pode afetá-los: esses espíritos são como um sopro. Não se pode dizer o mesmo das almas presas à terra e dos espíritos naturais.

Foi para essas larvas carnais terrestres, espíritos humanos degradados, que os antigos cabalistas alimentaram a esperança de reencarnação. Mas quando e como? No momento certo, se ajudados por um sincero desejo de reabilitação e arrependimento por parte de alguma pessoa forte e interessada, pela vontade de um adepto ou mesmo pela intercessão de um espírito erradio, desde que seja suficientemente poderoso para fazê-los lançar fora o fardo da matéria pecaminosa. Perdendo por completo a consciência, a mônada outrora brilhante é atirada outra vez no vórtice da evolução terrena, percorre de novo os reinos inferiores e volta a respirar como uma criança viva. Calcular o tempo para a finalização desse processo não é possível. Como não há percepção de tempo na eternidade, a tentativa seria trabalho perdido.

NOTAS

1. Damos a grafia e as palavras desse cabalista que viveu e publicou suas obras no século XVII. Ele é geralmente considerado um dos alquimistas mais famosos entre os filósofos herméticos.

2. Os mais ferrenhos filósofos materialistas concordam em um ponto: tudo que existe evoluiu a partir do éter. Portanto, o ar, a água, a terra e o fogo (os quatro elementos primordiais) devem ter surgido do éter e do caos, a primeira *Díada*; os imponderáveis, já conhecidos ou não, procedem da mesma fonte. Ora, se existe uma essência espiritual na matéria e essa essência obriga-a a se moldar em milhões de formas individuais, por que seria ilógico afirmar que cada um desses reinos espirituais da natureza está povoado de seres plasmados de seu próprio material?

3. Originalmente, essa frase era "somente em outros planetas, inferiores, nunca neste". A autora, porém, sugeriu mais tarde que a frase deveria ser como está aqui e os editores fizeram a alteração porque ela explica melhor a visão hindu. Ver "Theories About Reincarnation and Spirits" [Teorias da reencarnação e dos espíritos], *The Path*. Nova York, nov. 1886, p. 237. (N. O.)

4. R. Spence Hardy. *Eastern Monachism* [O monasticismo oriental]. Londres, 1860, p. 6.

5. *Decline and Fall of the Roman Empire* [Declínio e queda do império romano], cap. 15.

6. Beroso, fragmento preservado por Alexander Polyhistor, em Cory, *Ancient Fragments* [Fragmentos antigos], p. 24.

7. Jacob Sprenger. *Malleus maleficarum* [O Martelo das Bruxas], 1487.

10

Maravilhas Psicológicas e Físicas

Todas as pessoas se deleitam com a música. Um assobio melodioso, uma bela canção ou os sons de uma flauta atraem invariavelmente répteis em países onde eles existem. Testemunhamos e constatamos esse fato inúmeras vezes. No Alto Egito, sempre que nossa caravana parava, um viajante jovem, que se julgava exímio na flauta, tocava para divertir os demais. Os cameleiros e outros árabes invariavelmente o interrompiam, pois em várias ocasiões tinham sido molestados pela irrupção inesperada de várias famílias da tribo dos répteis, que em geral evitam o contato com homens. Finalmente, nossa caravana se juntou a um grupo no qual se encontravam alguns encantadores de serpentes e o artista foi convidado, à guisa de experiência, para exibir seus talentos.

Mal ele começara e ouviu-se um leve ruído; o músico ficou horrorizado ao ver, de súbito, uma cobra enorme se aproximando perigosamente de suas pernas. O animal, de cabeça erguida e olhos fixos nele, se esgueirava devagar e como que inconsciente, ondulando com suavidade o corpo e seguindo cada movimento do artista. Logo, a certa distância, apareceram uma segunda cobra, uma terceira e uma quarta, rapidamente seguidas por outras, até que nos vimos em uma companhia das mais seletas. Vários viajantes correram para trás dos camelos, enquanto outros buscavam refúgio na tenda da cantina. Mas era um alarme falso. Os encantadores, em número de três, iniciaram seus cantos e encantamentos e, atraindo os répteis, logo estavam cobertos por eles da cabeça aos pés. As serpentes, quando se aproximavam dos homens, davam sinais de torpor e não tardavam a mergulhar num profundo estado de catalepsia. De olhos semicerrados e vidrados, deixavam pender a cabeça. Só havia uma recalcitrante, grande e de pele negra luzidia, coberta de manchas. Esse *melômano* do deserto se balançava e saltitava como se houvesse feito isso a vida inteira, acompanhando as notas da flauta. Não parecia enfeitiçada pelo "encanto" dos árabes e foi se aproximando lentamente do flautista, que por fim saiu em disparada. O moderno *psylliense* tirou então de sua mochila uma planta meio seca, que começou a agitar na direção da cobra. Essa planta tinha um forte cheiro de hortelã e, logo que o sentiu, ela foi atrás do árabe, ainda ereta sobre a cauda, mas querendo se aproximar da planta. Segundos depois, a "tradicional inimiga" do homem estava enrolada no braço do encantador, agora também entorpecida. Todas foram a seguir decapitadas e jogadas num buraco.

Muitos acreditam que essas cobras são preparadas e treinadas para dar espetáculo e que os encantadores removem suas presas ou costuram suas bocas. Deve haver, sem dúvida, alguns prestidigitadores de baixo nível cujos truques deram origem a essa desconfiança. Mas o genuíno encantador de serpentes já estabeleceu sua reputação no Oriente e não precisa recorrer a fraudes baratas. Ele conta com testemunhos suficientes, nesse assunto, de inúmeros viajantes confiáveis, inclusive alguns cientistas, para não ser acusado de semelhante charlatanismo. Forbes verificou que as serpentes, encantadas para dançar e se tornar inofensivas, conservam seu veneno. "Quando a música parou de súbito", diz ele, "ou por qualquer outro motivo", a serpente, que estivera dançando dentro de um círculo de camponeses, lançou-se contra os espectadores e infligiu uma ferida "na garganta de uma jovem, que meia hora depois morreu em agonia".[1]

Na Índia, conhecemos uma pequena confraria de faquires instalada em torno de um pequeno lago, ou melhor, de um profundo poço de água, cujo fundo estava literalmente atapetado de enormes crocodilos. Esses monstros anfíbios se arrastam para fora e aquecem-se ao sol a poucos metros dos faquires, alguns dos quais permanecem imóveis, absortos em preces e contemplação. Enquanto esses mendigos sagrados estão à vista, os crocodilos se mostram inofensivos como gatinhos. Mas nós não aconselharíamos nenhum estranho a arriscar-se sozinho a poucos passos desses monstros.

Quando Jâmblico, Heródoto, Plínio ou algum outro escritor antigo nos falam de sacerdotes que faziam áspides se esgueirarem para fora do altar de Ísis ou de taumaturgos que domavam animais ferozes com o olhar, são considerados mentirosos ou imbecis ignorantes. Quando viajantes modernos relatam os mesmos prodígios realizados no Oriente, nós os consideramos tagarelas entusiastas ou escritores pouco dignos de crédito.

Mas, a despeito do ceticismo materialista, o homem possui realmente os poderes que vimos manifestados nos casos acima. Quando a psicologia e a fisiologia se tornam dignas de ostentar o nome de ciências, os europeus ficam convencidos do estranho e formidável poder existente na vontade e na imaginação humanas, seja ele exercido conscientemente ou não. No entanto, como é fácil constatar esse poder espiritual se apenas pensarmos no grande truísmo da natureza segundo o qual o átomo mais insignificante é movido pelo espírito, que é um em essência, porquanto cada partícula dele representa o todo, essa matéria não passa, afinal de contas, da cópia da ideia abstrata. A esse respeito, citemos uns poucos exemplos do poder imperioso de criar que até mesmo a vontade inconsciente possui, conforme a imaginação, ou antes, a faculdade de discernir imagens na luz astral.

O poder da imaginação sobre nossa condição física, mesmo depois da maturidade, é evidenciado de muitos modos bastante conhecidos. Na medicina, o médico inteligente nunca hesita em atribuir a ela uma força curativa ou patogênica superior às suas pílulas e poções. Chama-a de *vis medicatrix naturae*, o poder de cura da natureza, e sua primeira providência é conquistar a confiança do paciente de modo tão completo que possa forçar a natureza a extirpar a doença. O medo às vezes mata e o sofrimento exerce tamanha influência sobre os fluidos sutis do corpo a ponto de não apenas prejudicar os órgãos internos como até de embranquecer os cabelos. O hermeticista da Renascença Marsilio Ficino menciona *signature* de fetos com marcas de cerejas e várias frutas, cores, cabelos e excrescências, reconhecendo que a imaginação da mãe pode transformá-los em imagens de macaco, porco, cão ou qualquer outro animal desse tipo.

Qualquer anatomista que tenha feito do desenvolvimento e crescimento do embrião e do feto "um tema de estudo especial" pode dizer, sem muito esforço, o que a experiência diária e a evidência de seus próprios olhos lhe mostram: que até determinado período, o embrião humano é a cópia de um filhote de batráquio ao sair do ovo – um girino. Contudo, nenhum fisiologista ou anatomista parece ter tido a ideia de aplicar, ao desenvolvimento do ser humano – do primeiro instante de sua aparição física como germe até sua formação final e nascimento –, a doutrina esotérica pitagórica da metempsicose, tão erroneamente interpretada pelos críticos. O significado do axioma cabalístico "Uma pedra se torna uma planta; uma planta, um animal; um animal, um homem" etc., já foi aqui mencionado com relação à evolução física e espiritual do homem na terra. Acrescentaremos agora mais algumas palavras para deixar a ideia ainda mais clara.

Qual é a forma primitiva do homem futuro? Um grão ou corpúsculo, dizem alguns fisiologistas; uma molécula, um óvulo do óvulo, dizem outros. Se essa molécula pudesse ser examinada, ao microscópio ou por qualquer outro meio, que composição esperaríamos que ela tivesse? Analogicamente, diríamos, essa composição seria um núcleo de matéria inorgânica depositado pela circulação no ponto germinativo e ali unido a um depósito de matéria orgânica. Ou seja, o núcleo infinitesimal do homem futuro é composto dos mesmos elementos de uma pedra – dos mesmos elementos da terra que ele habitará. Moisés é citado pelos cabalistas como autoridade, pois observou que a terra e a água são necessárias para criar um ser humano: consequentemente, pode-se dizer que o homem apareceu primeiro como uma pedra.

No fim de três ou quatro semanas, o óvulo tem a aparência de uma planta, com uma extremidade esferoidal e a outra cônica como uma cenoura. Na dissecação, descobriu-se que é composto, como uma cebola, de lâminas ou películas muito delicadas que encerram um líquido. As lâminas se aproximam uma da outra na extremidade inferior e o embrião pende da raiz do umbigo quase como uma fruta do galho. A pedra agora foi transformada, por metempsicose, em planta. Então, a criatura embrionária começa a projetar seus membros de dentro para fora e a definir seus traços. Os olhos parecem dois pontos negros; as orelhas, o nariz e a boca ainda são depressões, como na casca de um abacaxi, mas logo depois começam a formar protuberâncias. O embrião se transforma num feto animal – assumindo o aspecto de um girino – e, como um réptil anfíbio, vive na água e da água. Sua mônada ainda não é nem humana nem imortal, pois os cabalistas afirmam que isso só acontece na "quarta hora". Aos poucos, o feto vai assumindo as características do ser humano; o primeiro estremecimento do sopro imortal percorre seu corpo; ele se move; a natureza abre o caminho para ele e lança-o no mundo; e a essência divina se estabelece no corpo infantil, que habitará até o momento da morte física, quando então se tornará espírito.

A esse misterioso processo de formação, que dura nove meses, os cabalistas chamam a conclusão do "ciclo individual de evolução". Assim como o feto se desenvolve a partir do *liquor amnii* no útero, assim os mundos germinam a partir do éter universal, ou fluido astral, no ventre do universo. As crianças cósmicas, como seus habitantes pigmeus, são primeiramente núcleos e depois óvulos que amadurecem aos poucos para se tornarem mães por sua vez, desenvolvendo formas minerais, vegetais, animais e humanas. Do centro à circunferência, da bolha imperceptível aos derradeiros limites concebíveis do cosmos, esses gloriosos pensadores, os cabalistas, traçam ciclos que imergem em ciclos, uns contendo os outros em uma série infinita. O embrião se desenvolve em sua esfera pré-natal; o indivíduo, na família; a família, no Estado; o Estado, na humanidade; a Terra, em nosso sistema; nosso sistema, em seu universo central; o universo, no cosmos; e o cosmos, na Causa Primeira – o Ilimitado, o Infinito. Assim reza sua filosofia da evolução:

> Todos são parte de um todo admirável,
> cujo corpo é a Natureza; e Deus, a alma.[2]

> Mundos incontáveis
> Repousam em seu regaço como crianças.

Jornais americanos relataram o caso de um menino que foi morto por um raio. Despido o corpo, encontrou-se impressa em seu peito a imagem fiel de uma árvore que crescia perto da janela onde ele estava na hora da catástrofe e que também fora atingida pelo raio. Essa "fotografia elétrica", tirada pelas forças cegas da natureza, fornece uma analogia graças à qual podemos entender como as imagens mentais da mãe são transmitidas à criança em seu ventre. Os poros dela se abrem e dali sai uma emanação ódica que é apenas outra forma do *akasa*, a eletricidade ou princípio vital que, de acordo com Reichenbach, induz o sono mesmérico e é, consequentemente, magnetismo. As correntes magnéticas se transformam em eletricidade depois que saem do corpo. A imagem de um objeto que causar uma impressão violenta na mente da mãe será instantaneamente projetada na luz astral, ou éter universal, que Jevons e Babbage, bem como os autores de *O Universo Invisível*, nos dizem ser o repositório das imagens *espirituais* de todas as formas e até de pensamentos humanos. Suas emanações magnéticas atraem, unindo-se a ela, a corrente descendente que já traz a imagem consigo. Ela ricocheteia e, repercutindo com maior ou menor força, imprime-se no feto, segundo a própria fórmula da fisiologia que mostra como cada sentimento materno afeta a criança.

Éliphas Lévi, que é certamente uma das maiores autoridades sobre certos assuntos entre os cabalistas, afirma: "As mulheres grávidas estão, mais que os outros, sob maior influência da luz astral, que concorre para a formação dos seus filhos, e que lhes apresenta, sem cessar, as reminiscências de formas de que está cheia. É assim que mulheres muito virtuosas enganam por semelhanças equívocas a malignidade dos observadores. Elas imprimem, muitas vezes, ao fruto do seu casamento uma imagem que as comoveu em sonho, e é assim que as mesmas fisionomias se perpetuam, de século em século".[3]

Se a alma do homem é realmente o produto da essência dessa alma universal, um fragmento mínimo do primeiro princípio criador, ela deve necessariamente partilhar até certo ponto todos os atributos do poder demiúrgico. Do mesmo modo que o criador, rompendo a massa caótica da matéria morta e inativa, deu-lhe forma, o homem, caso conheça seus poderes, pode, em certa medida, fazer o mesmo. Assim como Fídias, juntando partículas soltas de argila e mergulhando-as em água, podia dar forma plástica à ideia sublime evocada por sua faculdade criadora, assim a mãe que conhece seu poder pode dar à criança por nascer a forma que desejar. Ignorando seus poderes, o escultor produz apenas uma figura inanimada, embora impressionante, de matéria inerte; já a alma da mãe, fortemente afetada por sua imaginação, projeta de maneira involuntária, na luz astral, uma imagem do objeto que a afetou e que, por repercussão, fica estampada no feto.

A ciência nos ensina que, segundo a lei da gravidade, qualquer deslocamento registrado no próprio centro da Terra é sentido em todo o universo "e podemos então concluir que a mesma coisa se aplica aos movimentos moleculares provocados pelo pensamento".[4] Falando da transmissão de energia por meio do éter universal ou luz astral, a mesma autoridade diz: "Fotografias contínuas de todas as ocorrências são assim produzidas e conservadas. Uma boa porção da energia do universo pode, dessa forma, se encontrar nessas imagens".

Filósofos como Demócrito, Aristóteles, Eurípides, Epicuro (ou antes, seu biógrafo Lucrécio), Ésquilo e outros escritores antigos, a quem os materialistas tão apressadamente citam como adversários prestigiosos dos platônicos sonhadores, eram apenas teóricos, não adeptos. Estes, quando escreviam, viam suas obras queimadas pelas turbas cristãs ou as expressavam de um modo só inteligível aos iniciados. Quem, entre seus modernos detratores, pode asseverar que sabe *tudo* o que eles sabiam? Só Diocleciano incinerou bibliotecas inteiras de obras sobre as "artes secretas"; sequer um manuscrito que tratava da arte de fabricar ouro e prata escapou à ira desse tirano ignaro.

Que foi feito de todos esses livros e quem sabe os tesouros de conhecimento que eles continham? Apenas de uma coisa temos certeza: vândalos tanto cristãos quanto pagãos destruíam esses tesouros literários sempre que os encontravam. O imperador Alexandre Severo andou por todo o Egito recolhendo livros sagrados sobre misticismo e mitologia e pilhando todos os templos; os etíopes – tão antigos quanto os egípcios nas artes e ciências – reivindicaram para si a primazia na

Antiguidade e no conhecimento, o que bem poderiam fazer, pois eram conhecidos na Índia já nos albores da história.

Sabemos também que Platão aprendeu mais segredos no Egito do que estava autorizado a revelar; e que, segundo Champollion, tudo que é realmente bom e científico nas obras de Aristóteles – tão apreciado hoje por nossos modernos inducionistas – se deve a seu divino Mestre. Dedução lógica: como Platão transmitiu, oralmente, os segredos profundos que aprendera junto aos sacerdotes egípcios a seus discípulos iniciados – os quais, por seu turno, os passaram de uma geração a outra de adeptos –, estes sabem mais a respeito dos poderes ocultos da natureza do que nossos filósofos contemporâneos.

Aqui podemos, igualmente, mencionar as obras de Hermes Trismegisto. Quantos tiveram a oportunidade de lê-las nos santuários egípcios? Em seu *De Mysteriis*, Jâmblico atribui a Hermes 1.100 livros e Seleuco conta nada menos que 20 mil trabalhos seus antes do período de Menés. Eusébio só viu quarenta e dois deles "em seu tempo", segundo afirma, e os últimos dos seis livros sobre medicina abordavam essa arte tal qual era exercida nas idades de trevas; enfim, Diodoro informa que o mais antigo dos legisladores, Mnevis, terceiro sucessor de Menés, foi quem os recebeu de Hermes.

Dos manuscritos que chegaram até nós, muitos são traduções latinas de traduções gregas, feitas principalmente pelos neoplatônicos a partir dos livros originais preservados por alguns adeptos. Marsilio Ficino, o primeiro a publicá-los em Veneza, em 1488, nos forneceu meros extratos: as partes mais importantes parecem ter sido menosprezadas ou propositalmente omitidas devido ao perigo de publicá-las naqueles tempos de *autos de fé*. De sorte que, hoje, quando um cabalista que passou a vida inteira estudando ocultismo e descobriu o grande segredo se arrisca a observar que só a Cabala leva ao conhecimento do Absoluto no Infinito e do Infinito no Finito, é ironizado por aqueles que, incapazes de resolver o problema da quadratura do círculo no sentido físico, negam a possibilidade de resolvê-lo no sentido metafísico.

Diz-se que o testemunho unânime da humanidade é uma prova irrefutável da verdade. Ora, haverá a respeito de qualquer outra coisa um testemunho mais unânime do que a firme e inabalável crença na magia, por milhares de anos e entre todos os povos civilizados ou bárbaros?

NOTAS

1. J. Forbes. *Oriental Memoirs*. Londres, 1813, 1:44; 2:387.
2. Pope. *Essay on Man*, 1:267.
3. *Dogme et rituel de la haute magie*, 1:113. [*Dogma e Ritual da Alta Magia*. São Paulo, Cultrix, 2017, p. 91.]
4. E. Fournié. *Physiologie du système nerveux cérebro-spinal*. Paris, 1872.

11

O "Abismo Intransponível"

Os filósofos esotéricos sustentaram que tudo na natureza é materialização do espírito. A Eterna Causa Primeira não passa de espírito latente, diziam eles, e é matéria desde o começo. "No princípio, era o Verbo... e o Verbo era Deus." Aceitando embora que a ideia de um Deus assim constitui uma abstração inapreensível pela razão humana, afirmavam que o instinto dos homens, infalível, capta-a como reminiscência de algo concreto, posto que intangível para nossos sentidos físicos. Com a primeira ideia, emanada de uma Divindade de sexo duplo e até então inativa, o primeiro movimento foi comunicado ao universo inteiro e a vibração elétrica foi instantaneamente sentida através do espaço ilimitado. O espírito gerou a força, a força gerou a matéria – e, desse modo, a divindade latente se manifestou como energia criadora.

Quando? Em que ponto da eternidade? E como? Essas perguntas permanecerão para sempre sem respostas, pois a razão humana é incapaz de apreender o grande mistério. Entretanto, apesar de o espírito--matéria existir desde a eternidade, ele permanecia em estado latente e a evolução para nosso universo visível deve ter tido um começo. Para nosso fraco intelecto, esse começo pode parecer tão remoto quanto a própria eternidade – um período que não se consegue exprimir em números ou palavras.

O mistério da primeira criação, desespero sem remédio da ciência, é insondável, a menos que aceitemos a doutrina dos hermetistas. Embora a matéria seja coeterna com o espírito, ela não é certamente nossa matéria visível, tangível e divisível, mas sua sublimação extrema. O espírito puro está um grau acima. Exceto se atribuirmos ao homem uma evolução a partir desse espírito-matéria primordial, como chegaremos a uma hipótese razoável sobre a gênese dos seres animados? Darwin inicia sua evolução das espécies no ponto mais baixo e vai subindo. Seu único equívoco é, talvez, aplicar tal sistema à extremidade errada. Caso pudesse transferir sua pesquisa do universo visível para o invisível, estaria no bom caminho. Mas, então, apenas seguiria as pegadas dos hermetistas.

Já mostramos, em outra parte, que a Doutrina Secreta não concede a imortalidade, igualmente, a todos os homens. Se a alma humana negligenciou, em vida, receber a iluminação de seu Espírito Divino (nosso Deus pessoal), então se torna difícil, para o homem tosco e sensual, sobreviver à morte física por muito tempo. Assim como a criança malformada não vive muito após seu nascimento físico, a alma, caso se tenha tornado excessivamente material, pouco sobreviverá a seu nascimento no mundo espiritual. A viabilidade da forma astral é tão frágil que as partículas não conseguem se unir firmemente depois de expelidas da cápsula grosseira do corpo externo: obedecendo, pouco a pouco, à atração desorganizadora do espaço universal, elas perdem por fim toda possibilidade de reorganizar-se. Ocorrendo essa catástrofe, o indivíduo deixa de existir; seu glorioso *augoeides* o deixou. Durante o período entre a morte corporal e a desintegração da forma astral, esta, presa pela atração magnética ao cadáver repugnante, vagueia e suga a vitalidade de vítimas suscetíveis. O homem, tendo expulsado de si mesmo todos os raios da luz divina, perde-se nas trevas e, assim, agarra-se à terra e ao que é terreno.

Nenhuma alma astral, nem mesmo a de um homem puro, bom e virtuoso, é imortal no sentido estrito da palavra; "dos elementais foi formado, aos elementais retornará". Todavia, enquanto a alma dos maus se desvanece e é absorvida sem redenção, as das outras pessoas, ainda que moderadamente puras, apenas transformam suas partículas etéreas em outras mais etéreas ainda; e, como nelas ainda permanece uma centelha do Divino, o homem individual (ou antes, seu ego pessoal) não pode morrer. "Após a morte", assegura Proclo, "a alma (o espírito) continua ligada ao corpo aéreo (forma astral) até ficar totalmente purificada das paixões violentas e voluptuosas [...] em seguida, elimina o corpo aéreo por uma segunda morte, como fizera com o corpo terreno. Por isso, os antigos diziam que existe sempre, unido à alma, um corpo celeste imortal, luminoso e estelar."

Mas agora deixaremos nossa digressão e voltaremos a tratar do tema da *razão* e do *instinto*. Este, segundo os antigos, procede do puramente humano; aquela, do divino. Um (o instinto) é produto dos sentidos, uma sagacidade compartilhada pelos animais inferiores, mesmo aqueles que são destituídos de razão; a outra provém das faculdades reflexivas – *noêtikon*, que significa capacidade de julgar e intelectualidade humana. Portanto, um animal desprovido de poderes de raciocínio possui, em seu instinto inerente, uma judiciosa faculdade que é a centelha do divino ligada a cada partícula da matéria inorgânica – ela própria, espírito materializado. Na Cabala judaica, os capítulos 2 e 3 do Gênesis são explicados assim: quando o segundo Adão foi criado "do pó", a matéria se tornou tão grosseira que passou a reinar soberana. De seus desejos surgiu a mulher (Lilith), dona da maior parte do espírito. O Senhor Deus, "passeando pelo jardim no frescor da tarde" (o crepúsculo do espírito ou luz divina obscurecida pelas sombras da matéria), amaldiçoa não apenas aqueles que pecaram, mas até a própria terra e todos os seres vivos – sobretudo a serpente-matéria tentadora.

Quem, exceto os cabalistas, é capaz de explicar esse ato aparentemente injusto? Como entenderemos uma maldição lançada sobre todas as criaturas, inocentes de qualquer crime? A alegoria nos parece bastante clara. A maldição é inerente à matéria. Essa, portanto, foi condenada a combater sua própria grosseria a fim de se purificar. A centelha latente de espírito divino, embora enfraquecida, continua lá; e sua tendência invencível para o alto compele-a a lutar, esfalfar-se e sofrer para libertar-se.

A lógica preceitua que, se toda matéria tem uma origem comum, deve possuir atributos em comum; e que, como a centelha vital e divina está no corpo material do homem, deve, necessariamente, estar também em toda espécie subordinada. A mentalidade latente, que nos reinos inferiores é reconhecida como em estado de semiconsciência, consciência e instinto, é muito moderada no homem. A razão, produto do cérebro físico, desenvolve-se às custas do instinto – a vaga lembrança de uma onisciência outrora divina, isto é, o espírito. A razão, símbolo da soberania do homem físico sobre todos os outros organismos físicos, costuma ser às vezes humilhada pelo instinto de um animal. Como seu cérebro é mais perfeito que o de qualquer outra criatura, suas emanações devem naturalmente produzir os melhores resultados da ação mental; mas a razão se ocupa apenas das coisas materiais e não é capaz de ajudar seu possuidor a conhecer o espírito.

Ao perder o instinto, o homem perde sua intuição, que é o coroamento e o suprassumo do instinto. A razão é a arma embotada do cientista; a intuição é o guia seguro do vidente. O instinto prescreve à planta e ao animal as estações para a procriação de sua espécie e orienta o animal bruto na busca do remédio apropriado às suas doenças. A razão, orgulho do homem, não consegue conter as propensões de sua matéria nem restringir a gratificação desenfreada de seus sentidos. Longe de ensiná-lo a ser seu próprio médico, com frequência o arrasta, por meio de sofismas, à destruição.

A prece aguça o olhar espiritual do homem, pois prece é desejo e desejo é alimento da vontade; as emanações magnéticas oriundas do corpo a cada esforço – mental ou físico – geram automagnetização e êxtase. Plotino recomenda a solidão para a prece como o meio mais eficaz de obter o que se pede; e Platão aconselha os que oram a "permanecerem em silêncio na presença das divindades, até que elas removam a nuvem de seus olhos e os capacitem a enxergar a luz que emana deles mesmos". Apolônio sempre se isolava dos homens durante a "conversa" que mantinha com Deus; e, quando sentia necessidade de prece e contemplação divina, envolvia-se da cabeça aos pés nas dobras de seu manto imaculado de lã. "Para orar, entra em tua casa, fecha a porta e fala com o Pai em segredo", diz o Nazareno, discípulo dos essênios.

Todo homem nasce com os rudimentos do sentido interior chamado *intuição* e esta pode evoluir para o que os escoceses conhecem como "segunda visão". Grandes filósofos como Plotino, Porfírio e Jâmblico se valiam dessa faculdade, conforme reza a doutrina.

Se não houvesse visão interior ou intuição, os judeus não teriam a Bíblia e os cristãos não teriam Jesus. Moisés e Jesus deram ao mundo o fruto de sua intuição ou iluminação. Mas o que seus discípulos e anciãos permitiram ao mundo conhecer foram interpretações errôneas, dogmáticas, para não dizer blasfemas.

Por mais de quinze séculos, graças às cegas e brutais perseguições daqueles dois grandes vândalos da história primitiva do cristianismo, Constantino e Justiniano, a antiga sabedoria foi aos poucos degenerando até afundar no pântano profundo da ignorância e superstição dos monges. O "conhecimento das coisas que são" pitagórico; a vasta erudição dos gnósticos; os ensinamentos dos grandes filósofos, reverenciados no mundo inteiro e em todos os tempos – tudo isso foi rejeitado como doutrinas do Anticristo e do paganismo, e condenado às chamas. Com os sete últimos sábios do Oriente, o grupo restante dos neoplatônicos – Hermeias, Prisciano, Diógenes, Eulâmio, Damáscio, Simplício e Isidoro, que fugiram das perseguições fanáticas de Justiniano para a Pérsia –, o reino da sabedoria chegou ao fim. Os livros de Thoth (ou Hermes Trismegisto), que contêm em suas páginas sagradas a história espiritual e física da criação e evolução do mundo, foram condenados a mofar no desdém e no esquecimento por séculos.

O que é hoje chamado de palavrório supersticioso e disparatado de meros pagãos e selvagens, composto há milhares de anos, pode conter a chave-mestra de todos os sistemas religiosos. A cautelosa sentença de santo Agostinho, "não existe religião falsa sem algum elemento de verdade", deve ser triunfalmente considerada correta, tanto mais que o bispo de Hipona, longe de criá-la, tirou-a das obras de Amônio Saccas, o grande mestre alexandrino.

Foi Amônio quem primeiro ensinou que toda religião se baseia em uma só e mesma verdade, encontrada nos livros de Thoth (Hermes Trismegisto), nos quais Pitágoras e Platão aprenderam sua filosofia. Ele afirma que as doutrinas de Pitágoras eram idênticas aos ensinamentos originais dos brâmanes – ensinamentos agora reunidos nos Vedas mais antigos. "O nome Thoth", explica o professor Wilder, "significa colegiado ou assembleia. E não é improvável que os livros tenham recebido esse título por serem uma coletânea de oráculos e doutrinas da fraternidade sacerdotal de Mênfis."[1]

Uma coisa, porém, se sabe com certeza e é que, antes de a palavra "filósofo" ser cunhada por Pitágoras, na corte dos fliasianos, a Doutrina Secreta ou sabedoria era a mesma em todos os países. Portanto, é nos textos mais antigos – os menos poluídos por falsificações posteriores – que devemos procurar a verdade.

Há, na natureza, um fenômeno desconhecido e, consequentemente, rejeitado pela fisiologia e a psicologia em nossa época de incredulidade: o estado de "semimorte". O corpo está virtualmente morto; mas, nos casos de pessoas em que a matéria não predomina sobre o espírito e a maldade não é grande a ponto de destruir a espiritualidade, sua alma astral se desprende aos poucos, por seus próprios esforços, e, quando o último vínculo se rompe, vê-se separada para sempre do corpo terreno. A polaridade magnética igual repelirá violentamente o homem etéreo da massa orgânica em decadência. A dificuldade toda reside em que (1) o derradeiro momento de separação entre os dois sobrevém, presumivelmente, quando o corpo é declarado morto pela ciência e (2) essa mesma ciência insiste em descrer da existência tanto da alma quanto do espírito no homem.

Se formos induzidos a crer no vampirismo, nós o faremos com base em duas proposições indiscutíveis da ciência psicológica oculta: (1) a alma astral é uma entidade separável, distinta de nosso ego, e pode voar para longe do corpo sem romper os laços da vida e (2) o corpo não está "totalmente" morto; embora possa ser reocupado por seu morador, este às vezes lhe retira emanações materiais suficientes para aparecer numa forma semiterrestre.

Portanto, o Diabo, em suas várias transformações, deve ser apenas uma falácia. Quando imaginamos vê-lo, ouvi-lo e senti-lo, isso não passa, o mais das vezes, de reflexo de nossa própria alma pervertida, depravada e poluída. O semelhante atrai o semelhante, segundo dizem; assim, dependendo da disposição em que nossa forma astral se acha quando escapa durante as horas de sono, de acordo com nossos pensamentos, anseios e ocupações diárias (indelevelmente impressos na cápsula plástica chamada "alma humana"), essa mais tarde atrai para junto de si seres espirituais parecidos com ela. Por isso alguns sonhos e visões são puros e belos; outros, atemorizadores e animalescos. A pessoa, ao acordar, corre para o confessionário ou ri com empedernida indiferença desse pensamento.

Se o estudioso das ciências ocultas tornar sua natureza tão pura e seus pensamentos tão elevados quanto os dos videntes indianos, poderá dormir sem ser molestado por vampiros, íncubos ou súcubos. Em volta da forma insensível desse homem adormecido, o espírito imortal espalha um poder divino que o protege de incursões malévolas, como se erguesse ao seu redor uma muralha de cristal.

NOTA

1. *New Platonism and Alchemy*. Albany, NY, 1869, p. 6.

12

Realidades e Ilusão

Muitos são os mistérios inexplicáveis da natureza; e, dos que foram presumivelmente explicados, quase nenhum é inteligível por completo. Não existe sequer uma planta ou animal que haja revelado todas as suas propriedades aos cientistas. Que sabem os naturalistas da realidade íntima dos reinos vegetal e mineral? Como podem se sentir confiantes em que, para cada uma das propriedades descobertas, não existam inúmeros poderes escondidos no *âmago* da planta ou pedra, apenas à espera de serem postos em relação com outra planta, pedra ou força da natureza a fim de se manifestarem do chamado "modo sobrenatural"?

Os cientistas se perguntam, desde tempos imemoriais, o que é força vital ou princípio vital. A nosso ver, apenas a Doutrina Secreta pode fornecer a pista. A ciência exata só reconhece cinco poderes na natureza: um molar e quatro moleculares. Já os cabalistas falam em sete e, nesses dois adicionais, está compreendido todo o mistério da vida. Um deles é o espírito imortal, cujo reflexo se conecta por laços invisíveis até mesmo à matéria inorgânica; o outro, cada pessoa deve descobrir por si.

A ciência vê o homem como um agregado de átomos temporariamente unidos por uma força misteriosa chamada princípio vital. Para o materialista, a única diferença entre um corpo vivo e um corpo morto é que, no primeiro caso, a força está ativa e, no segundo, latente. Quando essa força se extingue ou permanece em estado total de latência, as moléculas obedecem a uma atração superior, que as separa e dispersa pelo espaço.

A dispersão deve ser a morte, se esta pode ser concebida quando as próprias moléculas do corpo morto se manifestam como intensa energia vital. Se for apenas a parada de uma máquina que digere, anda e pensa, por que a morte será absoluta e não relativa, antes que a máquina se quebre por inteiro e suas partículas se dispersem? Enquanto algumas destas permanecerem unidas, a força vital centrípeta sobrepujará a ação centrífuga dispersiva. Diz Éliphas Lévi: "Mudança implica movimento e movimento revela apenas vida. O corpo não se decomporia se estivesse morto; todas as moléculas que o compõem estão vivas e lutam para separar-se. Seria de crer que o espírito se livrasse primeiro para logo em seguida deixar de existir? Que pensamento e amor podem morrer quando as formas mais grosseiras de matéria não morrem? Se dermos à mudança o nome de morte, então morremos e renascemos todos os dias, pois a cada dia nossas formas sofrem mudança".[1]

Os cabalistas afirmam que um homem não pode ser considerado morto quando seu corpo está na sepultura. A morte nunca é súbita, pois, segundo Hermes, nada na natureza sofre transições violentas. Tudo se faz de maneira gradual e, assim como se exige um longo e paulatino desenvolvimento para produzir um ser humano vivo, assim algum tempo é exigido para a vitalidade abandonar completamente a carcaça. "A morte não é um fim absoluto, do mesmo modo que o nascimento não é um começo verdadeiro. O nascimento prova a preexistência do ser e a morte prova sua imortalidade", diz o cabalista francês citado.

Para os cabalistas, a morte ocorre no instante em que tanto o corpo astral (ou princípio vital) quanto o espírito se separam para sempre do corpo físico. O médico científico que nega o corpo astral e o espírito, admitindo apenas a existência do princípio vital, julga que a morte ocorre quando a vida está aparentemente extinta. Quando as batidas do coração e a ação dos pulmões cessam, ocorrendo em seguida o *rigor mortis*, mas especialmente quando a decomposição tem início, eles declaram o paciente morto. Entretanto, não faltam nos anais da medicina exemplos de "animação suspensa" em resultado de asfixia por afogamento, inalação de gases e outras causas; a vida tem sido restaurada em afogados mesmo depois de eles estarem aparentemente mortos há doze horas.

Nas circunstâncias que os fisiologistas denominam "morte real", mas em que ela de fato não ocorreu, o corpo astral se retirou e, talvez, a decomposição local já tenha começado. Como poderia o homem ser trazido de volta à vida? A resposta é que o corpo interior precisa ser forçado a reentrar no corpo exterior e a vitalidade ser restaurada neste último. O relógio parou e deve estar quebrado. Se a morte for absoluta, se os órgãos não apenas deixaram de agir como perderam a suscetibilidade para agir de novo, então o universo inteiro teria de mergulhar no caos para ressuscitar o cadáver: seria necessário um milagre.

Todavia, como já dissemos, o homem não deve ser considerado morto quando está frio, rígido, sem pulso, sem respiração e mesmo com sinais de decomposição; não deve ser considerado morto quando na sepultura nem depois, até que se atinja um determinado ponto. Esse ponto é o momento em que os órgãos vitais se decompuseram tanto que, se forem reanimados, não conseguirão desempenhar suas funções costumeiras; quando a mola principal e as rodas dentadas ficaram, por assim dizer, tão roídas pela ferrugem que se quebrariam ao primeiro giro da chave. Até então, o corpo astral pode ser coagido, sem milagre, a reentrar no antigo tabernáculo, ou pelo exercício de sua própria vontade ou pelo impulso irresistível da vontade de outra pessoa que conheça as forças da natureza e o modo de comandá-las. A centelha não se extinguiu, está apenas latente – como o fogo na pederneira ou o calor no ferro frio.

Os cabalistas, tais quais interpretados por Éliphas Lévi em seu *A Ciência dos Espíritos* (parte 2, capítulo 2), dizem: "Quando o homem vai para seu último sono, mergulha primeiro numa espécie de sonho antes de recobrar a consciência no outro lado da vida. Contempla então, numa bela visão ou num terrível pesadelo, o paraíso ou o inferno em que acreditou durante sua existência mortal. Por isso, muitas vezes, sucede que a alma assustada retorne impetuosamente para a vida terrestre que acabou de deixar e algumas pessoas realmente mortas, isto é, que se deixadas em paz permaneceriam tranquilamente, e para sempre, em um estado de letargia inconsciente, voltem à vida no túmulo, quando sepultadas cedo demais".

Lévi garante que a ressuscitação não é impossível quando o organismo vital permanece intacto e o espírito astral continua ao alcance. "A natureza", diz ele, "não faz nada aos saltos e a morte eterna é sempre precedida de um estado que lembra a letargia. Esse torpor pode ser sacudido por um choque violento ou pelo magnetismo de uma vontade poderosa." É assim que ele explica a ressurreição do homem morto depositado sobre os ossos de Eliseu: a alma flutuava, nesse momento, perto do corpo; os presentes no enterro, conforme se conta, foram atacados por assaltantes e seu medo se comunicou a ela por simpatia; a alma, tomada de horror à ideia de seus restos serem profanados, "regressou com força ao corpo a fim de erguê-lo e salvá-lo". Quem acredita na sobrevivência da alma não verá nesse incidente nada de sobrenatural – trata-se apenas da manifestação perfeita de uma lei da natureza. Contar esse caso bem atestado a um materialista seria perda de tempo; o teólogo, sempre buscando além da natureza uma providência especial, o vê como prodígio. Éliphas Lévi diz: "Eles atribuíram a ressurreição ao contato com os ossos de Eliseu, de modo que, logicamente, o culto das relíquias deve datar dessa época" (*A Ciência dos Espíritos*, parte 3, capítulo 2).

As circunstâncias, tanto no nascimento quanto depois, podem modificar a aura de uma pessoa independentemente de sua volição, de sorte que estranhas manifestações físicas ou mentais, diabólicas ou angélicas costumam ocorrer. Essa mediunidade, não menos que a mediação, existe na terra desde o surgimento do homem vivo. A primeira é a submissão da carne fraca e mortal ao controle e às sugestões de espíritos e inteligências que nada têm a ver com o demônio imortal da pessoa. Há aí, literalmente, a obsessão e a possessão; e os médiuns orgulhosos de serem os escravos fiéis de seus "guias", sempre repudiando com indignação a ideia de que "controlam" as manifestações, não podem negar o fato sem revelar inconsistência. Essa mediunidade é exemplificada na história de Eva sucumbindo às falácias da serpente; de Pandora abrindo a caixinha proibida e soltando no mundo o sofrimento e o mal; e de Maria Madalena que, depois de obsedada por "sete demônios", foi finalmente redimida pela luta triunfante de seu espírito imortal, estimulado pela presença de um mediador divino, contra a obsessão. Essa mediunidade, não importa se benigna ou maligna, é sempre passiva. Felizes os puros de coração que, devido à própria virtude de sua natureza íntima, inconscientemente repelem os espíritos das trevas. Com efeito, não dispõem de outras armas de defesa exceto essa bondade e pureza inatas. A mediunidade, tal qual praticada em nossos dias, é um dom mais indesejável que a túnica de Nesso.

"Conhece-se a árvore por seus frutos." Ao longo da história, lado a lado com os médiuns passivos, aparecem os mediadores ativos. Nós lhes damos esse nome à falta de outro melhor. Os antigos feiticeiros e feiticeiras, bem como aqueles que tinham um "espírito familiar", geralmente transformavam seus dons em comércio; e a mulher Obeah de Endor – tão bem definida por Henry More –, embora tenha oferecido uma bezerra a Saul, aceitava dinheiro de outros consulentes. Na Índia, os prestidigitadores exercem seu mister por dinheiro (mas, diga-se de passagem, não tanto quanto muitos médiuns modernos), da mesma forma que os *essaoua* ou feiticeiros e encantadores de serpentes da Ásia e da África.

Não é assim com os mediadores ou hierofantes. Buda era um mendigo que recusou o trono do pai. "O Filho do Homem não tem onde pousar a cabeça"; os apóstolos escolhidos não traziam "nem ouro, nem prata nem bronze em suas bolsas". Apolônio doou metade de sua fortuna aos parentes e a outra metade aos pobres; Jâmblico e Plotino eram renomados pela caridade e o desprendimento; os faquires ou mendigos santos da Índia são descritos com simpatia por Jacolliot; os essênios pitagóricos e os terapeutas achavam que suas mãos secariam ao contato com moedas. Quando alguém ofereceu dinheiro aos apóstolos para que partilhassem seus poderes espirituais, Pedro, embora a Bíblia o mostre covarde e por três vezes renegado, repeliu com indignação a oferta, bradando: "O teu dinheiro seja contigo para perdição, pois julgaste adquirir, por meio dele, o dom de Deus" (Atos 8,20). Esses homens eram mediadores, guiados unicamente por seu espírito pessoal ou alma divina e aceitando a ajuda dos espíritos apenas até onde estes permaneciam no caminho certo.

Não é correto dizer que um médium desenvolveu *poderes*. Médiuns passivos não têm poder nenhum. Acham-se, isso sim, numa condição moral e física que induz emanações ou uma aura na qual suas inteligências controladoras podem viver e por meio da qual se manifestam. São meramente o veículo utilizado por elas a fim de exibirem seu poder. Essa aura se modifica de dia para dia, como demonstram os experimentos do sr. Crookes, e até mesmo de hora em hora. Trata-se de um efeito externo, resultante de causas internas. O estado moral do médium determina o tipo de espíritos que vêm; e, por sua vez, os espíritos que vêm influenciam o médium intelectual, física e moralmente. A proficiência de sua mediunidade está na razão direta de sua passividade – e o perigo que o ronda obedece à mesma equação. Quando ele se acha plenamente "desenvolvido" – perfeitamente passivo –, seu próprio espírito astral pode ficar paralisado ou até ser expelido do corpo, que é então ocupado por um elemental ou, pior ainda, por um demônio humano da oitava esfera, que passa a usá-lo à vontade. Muitas vezes, a causa de crimes que deram o que falar deve ser buscada nessas possessões.

A mediunidade física, dependente da passividade, tem um antídoto natural que por si mesmo se impõe: o médium deve deixar de ser passivo. Os espíritos jamais controlam pessoas de caráter positivo que não aceitam sucumbir a influências estranhas.

Um axioma dos hermetistas sustenta que apenas a Causa Primeira e suas emanações diretas (nossos espíritos, essas fagulhas do eterno sol central que serão reabsorvidas por ele no fim dos tempos) são incorruptíveis e eternas. E, conhecedores das forças naturais ocultas, ainda ignoradas pelos materialistas, eles asseguram que tanto a vida física quanto o movimento mecânico podem ser prolongados indefinidamente. A pedra filosofal tinha mais de um sentido ligado à sua origem misteriosa.

Élie de Beaumont, há pouco, reafirmou a antiga teoria de Hermes segundo a qual existe uma circulação terrestre comparável à do sangue no homem.[2] Ora, se nos termos de uma doutrina tão velha quanto o tempo a natureza está constantemente recorrendo à fonte energética a fim de renovar, por absorção, suas energias perdidas, por que o filho diferiria do pai? Por que o homem, descobrindo a fonte e a natureza de suas energias recuperáveis, não extrairia da própria terra o sumo ou a quintessência com a qual poderá restaurar suas forças? Esse talvez tenha sido o grande segredo dos alquimistas. Se a circulação dos fluidos terrestres for interrompida, veremos estagnação, putrefação, morte; se a circulação dos fluidos do homem cessar, veremos estagnação, absorção, calcificação devido à idade avançada e morte. Caso os alquimistas houvessem simplesmente descoberto algum composto químico capaz de manter os canais de nossa circulação desobstruídos, o resto não se seguiria com a maior facilidade? As águas de superfície de certas fontes minerais têm a virtude de curar doenças e restaurar o vigor físico. Perguntamos: seria então ilógico dizer que, se pudéssemos recolher as primeiras gotas do alambique da natureza nas entranhas da terra, talvez constatássemos que a fonte da juventude não é, afinal de contas, nenhum mito?

"Deus é geômetra", disse Platão.[3] "As leis da natureza são os pensamentos de Deus", exclamou Oersted dois mil anos depois. "Seus pensamentos são imutáveis", repetiu o solitário estudioso da tradição hermética, "e, consequentemente, é na perfeita harmonia e equilíbrio de todas as coisas que devemos procurar a verdade." Assim, partindo da unidade indivisível, ele encontrou duas forças contrárias que emanam dela, uma agindo por intermédio da outra e produzindo equilíbrio, de sorte que as três eram apenas uma, a Mônada Pitagórica Eterna. Esse ponto primordial é um círculo; o círculo, tornando-se quadrado a partir dos quatro pontos cardeais, é o quaternário, o quadrado perfeito, apresentando em cada um de seus quatro ângulos uma letra do nome mirífico, o sagrado Tetragrama. Temos aí os quatro Budas que vieram e se foram; e a *tetraktys* pitagórica, absorvida e processada pelo eterno Não Ser.

Reza a tradição que, junto ao cadáver de Hermes, no Hebrom, um *ozarim* (iniciado) encontrou a tabuinha conhecida como *Smaragdine*. Ela contém, em poucas frases, a essência da sabedoria hermética. Àqueles que leem, mas com os olhos do corpo, os preceitos não sugerem nada de novo ou extraordinário, pois já se diz de início que ali não há ficções, mas verdades e certezas.

> O que está embaixo é como o que está em cima e o que está em cima é igual ao que está embaixo, para realizar as maravilhas de uma só coisa.

Todas as coisas foram produzidas por intermédio de um único ser e dele surgiram por adaptação.

Seu pai é o sol, sua mãe é a lua.

Ele é a causa de todas as perfeições da terra inteira.

Seu poder é perfeito quando se transforma em terra.

Separai a terra do fogo, o sutil do grosseiro, mas com prudência e discernimento.

Subi com grande argúcia da terra ao céu e depois descei de novo à terra; uni o poder das coisas inferiores e superiores; assim, possuireis a luz do mundo inteiro e toda treva fugirá de vós.

Isso que digo é mais forte que a própria força porque subjugará tudo que for sutil e penetrará tudo que for sólido.

Por ele, o mundo foi formado.

Essa coisa misteriosa é o agente universal e mágico, a luz astral que, nas correlações de suas forças, fornece o *alkahest*, a pedra filosofal e o elixir da vida. A filosofia hermética chama-a de Azoth, a alma do mundo, a virgem celestial, o grande Magnes etc. A ciência física dá-lhe os nomes de "calor", "luz", "eletricidade" e "magnetismo", mas, ignorando suas propriedades espirituais e a potência oculta no éter, rejeita tudo aquilo que ignora.

A cruz filosófica, duas linhas avançando em direções opostas, a horizontal e a perpendicular, a altura e a largura, que a Divindade geometrizante divide no ponto de interseção e que forma o quaternário tanto mágico quanto científico ao ser este inscrito no quadrado perfeito, é a base do ocultista. Em seu espaço místico encontra-se a chave-mestra que abre a porta de todas as ciências, físicas e espirituais. Simboliza a existência humana, pois o círculo da vida circunscreve as quatro pontas da cruz, que representam sucessivamente o nascimento, a existência, a morte e a imortalidade. Tudo neste mundo é uma trindade completada por um quaternário[4] e todo elemento é divisível segundo esse mesmo princípio. A fisiologia pode dividir o homem *ad infinitum*, assim como a ciência física dividiu os quatro elementos primários e principais em dezenas de outros. Não conseguirá modificar nenhum deles. Nascimento, vida e morte sempre serão uma trindade completada apenas no final cíclico. Mesmo que a ciência conseguisse transformar a sonhada imortalidade em aniquilamento, o quaternário permaneceria, pois Deus é um "geômetra"!

O presente trabalho é um protesto contra essa maneira leviana de julgar os antigos. A fim de ser competente para criticar suas ideias e concluir que elas eram diferentes e "apropriadas aos fatos", a pessoa tem de, primeiro, absorvê-las por completo. Nem é preciso repetir aquilo que já dissemos muitas vezes e que todo estudioso precisa saber: a quintessência de seus conhecimentos estava nas mãos dos sacerdotes, que não os punham nunca por escrito, e nas de "iniciados" como Platão, que se abstinham de escrevê-los. Por isso as poucas especulações sobre os universos material e espiritual que eles registraram não permitiram à posteridade julgá-los corretamente, mesmo que os primitivos vândalos cristãos, os cruzados e os fanáticos da Idade Média não houvessem destruído a maior parte do que restara da biblioteca alexandrina e suas escolas posteriores.

Quem, então, entre aqueles que se afastam da Doutrina Secreta classificando-a como "não filosófica" e, portanto, indigna do pensamento científico, tem o direito de afirmar que estudou os antigos e, conhecendo agora muito, conhece mais do que eles conheciam, se é que conheciam alguma coisa? A Doutrina Secreta contém o alfa e o ômega da ciência universal; nela estão a pedra angular e a chave de todo conhecimento antigo e moderno; e só nessa doutrina "não filosófica" permanece encerrado o *absoluto* na filosofia dos problemas obscuros da vida e da morte.

NOTAS

1. *La Science des Esprits*, Paris, 1865.
2. *Recherches*, Paris, 1829-30.
3. Ver Plutarco. *Simposíacas*, 8.2.1.
4. Nas nações antigas, a Divindade era um trio suplementado por uma deusa – *Arba-il*, ou Deus quádruplo.

13

Sabedoria Egípcia

Qual a origem dos conhecimentos do Egito? Quando raiou essa civilização cuja maravilhosa perfeição se vê nas ruínas e fragmentos trazidos até nós pelos arqueólogos? Ai, os lábios de Mêmnon estão cerrados e já não proferem oráculos! A Esfinge se tornou, com seu silêncio, um enigma maior que o proposto a Édipo!

O que o Egito ensinou aos outros, ele certamente não adquiriu pelo intercâmbio internacional de ideias e descobertas com seus vizinhos semitas e não recebeu destes seu estímulo. "Quanto mais aprendemos sobre os egípcios", observa o autor de um artigo recente, "mais maravilhosos eles nos parecem!" De quem poderiam ter aprendido essas artes espetaculares, cujo segredo morreu com eles? O Egito não enviava agentes pelo mundo a fim de aprender o que os outros sabiam; ao contrário, os sábios das nações próximas é que recorriam ao conhecimento do Egito. Resguardando-se orgulhosamente em seu domínio encantado, a bela rainha do deserto criou maravilhas como que num passe de mágica. "Nada", observa o mesmo autor, "prova que a civilização e o saber surgiram e evoluíram entre eles como entre outros povos. Tudo parece se referir, com a mesma perfeição, a datas mais antigas. Nenhuma nação conheceu tanto quanto o Egito: esse é um fato demonstrado pela história."

Não podemos considerar, como motivo dessa observação, o fato de que até recentemente se sabia muito pouco sobre a Antiga Índia? De que essas duas nações, Índia e Egito, eram aparentadas? De que foram as mais antigas entre todas? De que os etíopes orientais, esses fantásticos construtores, vieram da Índia como povo já amadurecido, trazendo consigo a civilização indiana e colonizando o território egípcio provavelmente desabitado na época?

Até onde podemos remontar na história – ao reino de Menés, o mais antigo dos reis sobre o qual sabemos alguma coisa –, encontramos provas de que os egípcios estavam muito mais familiarizados com a hidrostática e a engenharia hidráulica do que nós. A gigantesca obra de desviar o curso do Nilo – ou melhor, de seus três braços principais – para levá-lo até Mênfis foi realizada durante o reinado desse monarca, que nos parece tão distante no abismo do tempo quanto uma longínqua estrelinha bruxuleante na abóbada celeste. Wilkinson afirma que Menés avaliou cuidadosamente a resistência que tinha de vencer e construiu um dique "cujos paredões altíssimos e aterros enormes canalizaram a água para leste", contendo o rio no novo leito onde está até hoje.[1] Heródoto nos deu uma descrição poética, mas pouco acurada, do lago Moeris, nomeado a partir do faraó responsável pela formação desse lençol de água artificial.

Se nos voltamos para a arquitetura, assomam diante de nossos olhos portentos que desafiam qualquer descrição. Referindo-se aos templos de Filas, Abu Simbel, Dendera, Edfu e Karnak, o professor Carpenter observa que "essas estupendas e belas construções [...] essas gigantescas pirâmides e templos" possuem "uma vastidão e beleza" que "continuam impressionantes após um lapso de milhares de anos". Ele se diz perplexo ante "o admirável caráter do acabamento, pois as pedras, na maioria dos casos, se ajustam com uma precisão tamanha que dificilmente se conseguiria inserir uma lâmina de faca entre as junturas".[2]

Segundo o barão Christian C. J. von Bunsen, considerado o autor dos cálculos mais exatos, a massa de alvenaria da Grande Pirâmide de Quéops mede 25.027.000 metros e pesa 6.316.000 toneladas. O número imenso de pedras quadradas mostra a habilidade sem paralelo dos canteiros egípcios. Referindo-se à Grande Pirâmide, Kenrick diz: "As junturas são quase imperceptíveis, não mais largas que a espessura de uma folha de papel prateado, e o cimento é tão tenaz que pedaços das pedras de revestimento ainda permanecem na posição original, apesar do decurso de muitos séculos e da violência com que elas foram arrancadas".[3] Algum de nossos modernos arquitetos e químicos redescobrirá o cimento indestrutível das mais antigas construções egípcias?

"A habilidade dos antigos na técnica da cantaria", diz Bunsen, "revela-se sobretudo na extração de blocos enormes, a partir dos quais foram talhados obeliscos e estátuas colossais – obeliscos com 27 metros de altura e estátuas com 12 metros, feitos de uma só pedra!"[4] E há mais. Os canteiros egípcios não arrebentavam os blocos para esses monumentos, mas adotavam o seguinte método científico: "Em vez de usar grossas cunhas de ferro, que poderiam rachar a pedra, abriam um pequeno sulco por uma extensão de, digamos, 3 metros e nele inseriam, bem juntos, um grande número de pinos de madeira seca; em seguida, despejavam água no sulco e os pinos, inchando e estourando ao mesmo tempo, o que liberava uma força tremenda, partiam a pedra gigantesca, mais ou menos do modo como um diamante corta uma placa de vidro".

Os modernos geógrafos e geólogos demonstraram que esses monólitos foram trazidos de distâncias enormes, mas não sabem explicar como se fazia o transporte. Antigos manuscritos afirmam que era por trilhos móveis, pousados sobre bolsas infladas, de couro curtido pelo mesmo processo de preservação das múmias, o que as tornava extremamente resistentes. Esses engenhosos colchões de ar impediam que os trilhos afundassem na areia cediça. Manetô os menciona e observa que eram tão bem-preparados que podiam resistir por séculos.

As datas das centenas de pirâmides existentes no Vale do Nilo não podem ser fixadas por nenhuma das regras da ciência moderna. Contudo, Heródoto nos informa que cada rei erigia uma para lhe servir de túmulo e conservar a memória de seu reinado. Mas Heródoto não disse tudo, embora soubesse que a verdadeira finalidade da pirâmide era bem outra. Não fossem seus escrúpulos religiosos, poderia ter acrescentado que, exteriormente, ela simbolizava o princípio criativo da natureza, além de ilustrar os conceitos da geometria, matemática, astrologia e astronomia. Interiormente, era um templo majestoso, em cujos recessos sombrios se celebravam os Mistérios e cujas paredes testemunharam inúmeras vezes as cerimônias de iniciação de membros da família real. O sarcófago de pórfiro, que o professor Piazzi Smyth, Astrônomo Real da Escócia, degrada em caixote de cereais, era a pia batismal de onde o neófito emergia "renascido" para se tornar um adepto.

Antes que a Grécia existisse, as artes do Egito já estavam maduras e vetustas. A agrimensura, baseada na geometria, era obviamente bastante conhecida dos egípcios. E como poderia um povo tão versado em filosofia natural como eles não o ser proporcionalmente em psicologia e filosofia espiritual? O templo era o viveiro da civilização superior e só ele possuía o conhecimento profundo de magia que constituía, em si mesmo, a quintessência da filosofia natural. Os poderes ocultos da natureza eram ensinados no mais escrupuloso segredo; as curas mais maravilhosas eram realizadas durante a celebração dos Mistérios. Heródoto (*História*, 2.50) reconhece que os gregos haviam aprendido tudo que sabiam, inclusive os serviços sagrados do templo, dos egípcios, e por isso seus principais templos eram consagrados a divindades egípcias.

Wilkinson, mais tarde corroborado por outros, afirma que os egípcios dividiam o tempo e conheciam a duração exata do ano, além da precessão dos equinócios. Registrando a ascensão e a declinação das estrelas, perceberam as influências particulares que procedem das posições e conjunções de todos os corpos celestes, de sorte que seus sacerdotes, profetizando mudanças meteorológicas tão acuradamente quanto nossos astrônomos modernos, podiam, além disso, praticar astrologia por meio dos movimentos astrais. Embora o escrupuloso e eloquente Cícero possa estar parcialmente certo em sua indignação contra os exageros dos sacerdotes babilônios, que asseguravam ter "preservado, em monumentos, observações a respeito de um período de 470 mil anos" (*Da Divinação*, 2.46), ainda assim a época a que a astronomia remontou com exatidão está além do cálculo moderno.

O Egito é a pátria e o berço da química. A química das cores parece ter sido muito conhecida nesse país. Fatos são fatos. Algum de nossos artistas consegue decorar paredes com cores imperecíveis? Muito tempo depois de nossos edifícios de pigmeus se transformarem em pó e as cidades onde se erguem não serem mais, elas próprias, que amontoados informes de tijolos e cimento, com nomes esquecidos – muito depois disso as naves de Karnak e Luxor (El-Uxor) ainda estarão de pé, com suas magníficas pinturas, sem dúvida, tão brilhantes e vívidas daqui a quatro mil anos quanto eram há quatro milênios e são hoje.

Relativamente à sua proficiência em medicina, agora que um dos *Livros de Hermes* perdidos foi encontrado e traduzido por Ebers (*Papyros Ebers*, Leipzig, 1875), os egípcios poderão falar por si mesmos. Que eles conheciam a circulação do sangue, parece certo pelas manipulações de cura dos sacerdotes, que sabiam fazer o sangue descer, interromper a circulação por algum tempo etc. Um estudo mais meticuloso de seus baixos-relevos com cenas que aconteciam nos salões de cura de vários templos mostrará isso facilmente. Tinham seus dentistas e oculistas, e nenhum médico podia praticar mais de uma especialidade, o que decerto confirma a crença de que perdiam menos pacientes na época do que seus colegas hoje. Algumas autoridades sustentam também que os egípcios foram o primeiro povo do mundo a introduzir o julgamento por júri, mas disso nós próprios duvidamos.

Os egípcios não foram, contudo, o único povo de eras remotas que, com suas realizações, assumiu posição de destaque perante os olhos da posteridade. Além de outros cuja história continua envolta nas névoas da antiguidade – como as raças pré-históricas das duas Américas, de Creta, da Tróade, dos lacustrianos, do continente submerso da fabulosa Atlântida, hoje classificadas como míticas –, os fenícios, graças a seus feitos, nos parecem quase semideuses.

Na *National Quarterly Review* (dezembro de 1875, 32:124), um articulista sustenta que os fenícios foram os mais antigos navegadores do mundo, fundaram a maioria das colônias do Mediterrâneo e conheceram todas as outras regiões habitadas. Visitaram as terras do Ártico, de onde trouxeram relatos de dias eternos, sem noites, que Homero preservou na *Odisseia*. Das Ilhas Britânicas, levavam estanho para a África, e a Espanha era seu sítio favorito para fundar colônias. A passagem sobre Caríbdis descreve tão bem o sorvedouro que, como diz o articulista citado, "é difícil imaginar outro protótipo para ela". As explorações dos fenícios, ao que tudo indica, se deram em todas as direções, com suas velas singrando tanto o oceano Índico quanto os fiordes noruegueses. Diferentes autores concordam em atribuir-lhes a colonização de localidades remotas, além de toda a costa sul do Mediterrâneo, ocupada por suas cidades. Alguns supõem que esses ousados navegadores dos oceanos Ártico e Antártico foram os ancestrais das raças que construíram os templos e palácios de Palenque e Uxmal, Copán e Arica.[5]

A perfeita identidade de ritos, cerimônias, tradições e mesmo nomes de divindades, entre os mexicanos e os antigos babilônios e egípcios, é prova suficiente de que a América do Sul foi povoada por colonizadores que, não se sabe como, cruzaram o Atlântico. Quando? Em que período? A história nada diz sobre esse ponto; mas quem sustenta que não existem tradições, sacralizadas pelo tempo, sem alguma base de verdade acredita na lenda da Atlântida.

Há, espalhados pelo mundo, inúmeros estudiosos sérios e solitários que passam a vida na obscuridade, longe de rumores, analisando os grandes problemas dos universos físico e espiritual. Possuem registros secretos nos quais preservam os frutos dos trabalhos escolásticos da longa linhagem de reclusos dos quais são os sucessores. O conhecimento de seus ancestrais, os sábios da Índia, Babilônia, Nínive e a imperial Tebas; as lendas e tradições comentadas pelos mestres de Sólon, Pitágoras e Platão nos saguões de mármore de Heliópolis e Saís, tradições que, já em seus dias, apenas bruxuleavam atrás da cortina de névoa do passado – tudo isso, e muito mais, está gravado em pergaminho imortal e vai passando, com zeloso cuidado, de um adepto a outro.

Esses homens acreditam que a história da Atlântida não é nenhuma fábula, mas sustentam que, em diferentes épocas do passado, grandes ilhas e mesmo continentes existiram onde hoje só se vê a turbulenta vastidão das águas. Naquelas bibliotecas e templos submersos, o arqueólogo encontraria, caso conseguisse explorá-los, material para preencher todas as lacunas existentes naquilo que imaginamos ser história. Dizem eles que, em época remota, um viajante poderia cruzar quase toda a extensão do atual oceano Atlântico por terra ou passar de uma ilha a outra de canoa, atravessando os apertados estreitos que então existiam.

No âmbito da civilização e do refinamento, os astecas se pareciam em mais de um aspecto com os egípcios antigos. Ambos os povos cultivavam a magia e a filosofia natural secreta no mais alto grau. Acrescente-se que a Grécia, "o novo berço das artes e ciências", e a Índia, berço das religiões, eram e ainda são devotadas a seu estudo e prática – e quem ousaria desacreditar sua dignidade como estudo e sua profundidade como ciência?

Nunca houve e não pode haver mais que uma religião universal, pois uma só, e não muitas, é a verdade concernente a Deus. Como uma imensa cadeia cuja extremidade superior, o alfa, emana invisivelmente de uma Divindade – em *statu absconso*, segundo as teologias primitivas –, ela envolve o globo em todas as direções, não deixando intocado o mínimo recanto, antes que a outra extremidade refaça seu caminho e seja de novo recebida no lugar de onde emanou. Dessa cadeia divina foi suspensa a simbologia exotérica de todos os povos. A variedade de formas não chega a afetar a substância e, sob os diversos tipos ideais do universo da matéria, que simbolizam seus princípios vivificantes, a figura imaterial incorruptível do espírito do ser que guia esses povos é a mesma.

Assim é que todos os monumentos religiosos do passado, em qualquer terra ou clima, são a expressão de pensamentos idênticos e a chave para o conteúdo da doutrina esotérica. Seria inútil, sem o estudo desta última, tentar descobrir os mistérios ocultos por séculos nos templos e ruínas do Egito e da Assíria, e nos da América Central, Colúmbia Britânica e Nagkon-Wat do Camboja. Se cada um destes foi construído por uma nação diferente e nenhuma nação teve contato com as outras por séculos, também é certo que todos foram planejados e erigidos sob a supervisão direta dos sacerdotes. O clero de cada nação, embora praticasse ritos e cerimônias que diferiam exteriormente, foi, sem dúvida, iniciado nos mesmos mistérios tradicionais ensinados no mundo inteiro.

A fim de estabelecer uma comparação melhor entre os estilos de arquitetura pré-histórica encontrados em pontos opostos do globo, basta-nos observar as grandiosas ruínas hindus de Ellora, no Decã, as mexicanas de Chichén-Itzá, no Iucatã, e as ainda impressionantes de Copán, na Guatemala. Esses edifícios apresentam tantos aspectos semelhantes que parece impossível evitar a conclusão de que foram construídos por povos inspirados pelas mesmas ideias religiosas e que alcançaram igualmente um alto nível de civilização nas artes e ciências.

Que explicação para isso podem nos dar os arqueólogos e filólogos, isto é, o grupo de elite dos acadêmicos? Nenhuma. No máximo, sugerem hipóteses, cada qual a ser descartada por outra – essa também, quase sempre, uma pseudoverdade como a primeira. As chaves para os milagres bíblicos da antiguidade e para os fenômenos dos dias atuais, a solução dos problemas de psicologia, de fisiologia e dos muitos "elos perdidos" que tanto intrigam os cientistas de hoje, tudo isso está nas mãos das fraternidades secretas. Esses mistérios serão sem dúvida desvendados no futuro. Mas, até lá, o negro ceticismo vai interpor constantemente sua sombra feia e ameaçadora entre as verdades de Deus e a visão espiritual da humanidade; e muitos são os que, infectados pela epidemia mortal de nosso século – o materialismo desesperançado –, permanecerão em dúvida e agonia mortal quanto à sobrevivência do homem após a morte, embora esse problema já tenha sido resolvido por gerações de sábios há muito desaparecidas.

As respostas estão nas páginas graníticas, desgastadas pelo tempo, dos subterrâneos dos santuários, nas esfinges, nos propileus e nos obeliscos. Permanecem ali desde eras imemoriais e nem o assalto rude do tempo nem o assalto ainda mais rude das mãos cristãs conseguiram obliterar seus registros. Todos estão cobertos de problemas resolvidos provavelmente pelos ancestrais dos construtores. A solução é dada para cada pergunta e disso os cristãos não conseguiram se apropriar, pois ninguém, exceto os iniciados, poderia entender a escrita mística. A chave estava em poder daqueles que sabiam como comungar com a Presença invisível e haviam recebido, dos lábios da própria Natureza, suas grandes verdades. Assim, esses monumentos são como sentinelas mudas e esquecidas do umbral de um mundo invisível, cujos portões só se abrem para uns poucos eleitos.

Desafiando a mão do tempo, a vã pesquisa da ciência profana e os insultos das religiões reveladas, eles desvendarão os enigmas apenas para os herdeiros daqueles a quem foi confiado o Mistério. Os frios lábios de pedra do outrora eloquente Mêmnon e das esfinges imóveis preservam bem seus segredos. Quem os decifrará? Quem, entre nossos modernos anões materialistas e saduceus descrentes, conseguirá erguer o Véu de Ísis?

NOTAS

1. *Manners and Customs of the Ancient Egyptians.* Londres, 1837, 1:89.

2. W. B. Carpenter. *Ancient and Modern Egypt.* Londres, 1866.

3. J. Kenrick. *Ancient Egypt under the Pharaohs.* Londres, 1850, 1:124.

4. *Egypt's Place,* 2:155.

5. Essa não é a nossa opinião. Foram construídos, provavelmente, pelos atlantes.

14

Índia: O Berço da Raça

A Doutrina Secreta tem sido, por séculos, como o simbólico "homem de dores" do profeta Isaías (53.1-3). "Quem deu ouvidos à nossa pregação?", repetiram seus mártires de uma geração a outra. A doutrina cresceu, a despeito de seus perseguidores, "como tenra planta e raiz em terra seca; não tinha parecer nem formosura [...] era desprezada e rejeitada pelos homens; escondia deles o rosto e eles não faziam dela caso algum".

Nem se discute se essa doutrina concorda ou não com a tendência iconoclasta dos céticos de nosso tempo. Ela concorda com a verdade e isso basta. Não seria mesmo de esperar que fosse acatada por seus detratores e caluniadores. Entretanto, a tenaz vitalidade que ela exibe em todo o globo, onde quer que haja um grupo de homens dispostos a discuti-la, é a melhor prova de que a semente plantada por nossos pais "no outro lado do dilúvio" era a de um vigoroso carvalho, não o esporo de uma teologia frágil como o cogumelo. Nenhum raio disparado pelo ridículo humano pode cair no chão, nenhum raio forjado pelos Vulcanos da ciência é suficientemente poderoso para fulminar o tronco, ou mesmo chamuscar os galhos, dessa árvore mundial do Conhecimento.

Se as alegorias contidas nos primeiros capítulos do Gênesis fossem mais bem entendidas, mesmo em seu sentido geográfico e histórico (que nada tem de esotérico), as declarações de seus verdadeiros intérpretes, os cabalistas, dificilmente teriam sido rejeitadas por tanto tempo. Todo estudioso da Bíblia deve estar cônscio de que o primeiro e o segundo capítulos do Gênesis não foram escritos pela mesma pessoa. São, sem nenhuma dúvida, alegorias e parábolas,[1] pois as duas narrativas da criação e povoação da terra se contradizem diametralmente em quase todos os detalhes relativos à ordem, tempo, lugar e métodos empregados para a chamada criação.

Aceitando as narrativas ao pé da letra e como um todo, rebaixamos a dignidade do Deus desconhecido. Ele é trazido para o nível da humanidade e dotado da personalidade peculiar ao homem: precisa da "viração do dia" para se refrescar, descansa de seus trabalhos e é sujeito à cólera e à vingança, tendo, além disso, de tomar precauções a fim de impedir que o homem "estenda a mão e tome também da árvore da vida" (uma admissão tácita, da parte de Deus, de que o homem podia fazer isso caso não fosse detido pela força). Contudo, ao reconhecer o colorido alegórico daquilo que podemos chamar de fatos históricos, encontramo-nos instantaneamente em chão firme.

Para começar, o jardim do Éden como localidade não é de forma alguma um mito, mas um desses marcos da história que ocasionalmente revelam ao estudioso que a Bíblia não é mera alegoria. "Éden, ou o hebraico *gan-eden*, que significa parque ou jardim do Éden, é o nome arcaico do país banhado pelo Eufrates e seus muitos afluentes, da Ásia e Armênia ao mar da Eritreia." No *Livro dos Números* dos caldeus, sua localização é dada por algarismos e, no manuscrito rosa-cruz cifrado, escrito pelo conde de St. Germain, sua descrição é completa. Nas tabuinhas assírias, lê-se *gan-dunias*.[2]

Os *Elohim* do Gênesis dizem: "Eis que o homem se tornou um de nós". Podemos entender os Elohim como deuses ou poderes, num sentido; em outro, como os *Aleim*, ou sacerdotes, os hierofantes iniciados no bem e no mal deste mundo. Com efeito, existiu um colégio de sacerdotes chamados *Aleim* e o chefe de sua casta, ou dos hierofantes, era conhecido como *Yava Aleim*. Em vez de se tornar um neófito e, aos poucos, obter seu conhecimento esotérico por meio de uma iniciação regular, um *Adão*, ou homem, usa sua intuição e, instigado pela Serpente – *Mulher* e matéria –, degusta o fruto da Árvore da Sabedoria, a Doutrina Secreta ou esotérica, contrariando a lei.

Embora contenha o mesmo fundo de verdade esotérica como qualquer outra cosmogonia antiga, a Escritura Hebraica traz no rosto as marcas de sua dupla origem. Seu Gênesis é pura reminiscência do cativeiro de Babilônia. Os nomes de lugares, homens e mesmo objetos podem ser rastreados do texto original até os caldeus e acadianos, seus progenitores e instrutores arianos. Discute-se acirradamente se as tribos acadianas da Caldeia, Babilônia e Assíria eram, de algum modo, parentes dos brâmanes do Hindustão, mas as provas em favor dessa tese são mais numerosas. Eles eram simplesmente emigrantes originários da Índia, berço da humanidade, a caminho da Ásia Menor e seus adeptos sacerdotais se esforçavam para civilizar e iniciar um povo bárbaro. A civilização babilônica não nasceu nem evoluiu nessa região. Foi importada da Índia e os importadores eram brâmanes hindus.

Nenhum povo no mundo jamais atingiu tamanha grandeza de pensamento em concepções ideais da Divindade e sua prole, o homem, como os teólogos e metafísicos sânscritos. "Minha queixa contra vários tradutores e orientalistas", diz Jacolliot, "embora admire seu profundo conhecimento, é que, não tendo vivido na Índia, mostram-se imprecisos na expressão e compreensão do sentido simbólico dos cantos poéticos, orações e cerimônias, de sorte que não raro cometem erros formais, de tradução ou julgamento."[3] Esse autor, que após uma longa residência na Índia e o estudo de sua literatura está mais bem qualificado para testemunhar do que quem nunca foi lá, acrescenta: "A vida de várias gerações não seria suficiente sequer para lermos as obras deixadas pela antiga Índia sobre história, ética (*moral*), poesia, filosofia, religião, várias ciências e medicina".

É para com a Índia, o menos explorado e conhecido dos países, que todas as outras grandes nações estão em débito por suas línguas, artes, legislatura e civilização. Seu progresso foi interrompido alguns séculos antes de nossa era – pois, como mostra Jacolliot, "A Índia já não estava mais no período de seu esplendor" na época do grande conquistador macedônio [Alexandre] –, mas ela foi amplamente estudada em épocas subsequentes. A evidência de suas glórias passadas está em sua literatura. Que povo no mundo pode se gabar de uma literatura dessa, a qual, fosse o sânscrito menos difícil, seria mais estudada do que é? Por enquanto, o público geral tem de confiar, para sua informação, em uns poucos eruditos que, apesar de seu grande conhecimento e confiabilidade, só estão qualificados para traduzir e comentar uns poucos livros entre os inumeráveis que, a despeito do vandalismo dos missionários, ainda engrossam o formidável acervo da literatura sânscrita. E apenas isso já consumiria os labores da vida inteira de um erudito europeu. Daí que as pessoas julguem apressadamente e cometam os erros mais ridículos.

Afirmamos que, se o Egito deu à Grécia sua civilização e esta, por sua vez, civilizou Roma, o próprio Egito, nas eras desconhecidas em que reinava Menés,[4] recebeu suas leis, suas instituições sociais e suas ciências da Índia pré-védica.[5] Portanto, é nessa velha iniciadora de sacerdotes – adeptos oriundos de todos os outros países – que devemos procurar a chave dos grandes mistérios da humanidade.

Quando dizemos "Índia", não nos referimos à Índia moderna, mas à do período arcaico. Nessa época, países atualmente conhecidos por outros nomes eram todos chamados de Índia. Havia a Índia Superior, a Índia Inferior e a Índia Ocidental, que é hoje a Pérsia (Irã). O Tibete, a Mongólia e a Grande Tartária também eram considerados Índia pelos escritores antigos. Mencionaremos agora uma lenda referente aos lugares que a ciência agora reconhece, sem hesitar, terem sido o berço da humanidade.

Reza a tradição, e os registros do *Grande Livro* explicam, que muito antes dos dias de Ad-am e sua esposa curiosa, He-va, onde hoje só se encontram lagos salgados e desertos ressequidos, estéreis, existiu um vasto mar interior que se estendia pela Ásia Central, ao norte da portentosa cadeia do Himalaia e seu prolongamento ocidental. Uma ilha, que por sua beleza incomparável não encontra rival no mundo, era habitada pelos remanescentes da raça que precedeu a nossa. Essa raça podia viver com igual desenvoltura na água, no ar ou no fogo, pois exercia um controle ilimitado sobre os elementos. Eram os "Filhos de Deus" – não aqueles que viram as filhas dos homens, mas os verdadeiros *Elohim*, embora na Cabala Oriental tenham outro nome. Foram eles que revelaram aos homens os segredos mais abstrusos da Natureza e comunicaram-lhes a "palavra" inefável e hoje perdida.

Essa palavra, que não é palavra, viajou outrora pelo mundo e ainda permanece como um eco longínquo no coração de algumas pessoas privilegiadas. Os hierofantes de todos os colégios sacerdotais sabiam da existência dessa ilha, mas a "palavra" só era conhecida do *Yava--Aleim* ou chefe de cada colégio, sendo passada a seu sucessor apenas no momento da morte. Havia muitos desses colégios e os antigos autores clássicos falam deles.

Já vimos que uma das tradições universais, aceitas pelos povos antigos, aludia à existência de muitas raças de homens anteriores à nossa. Cada qual era distinta da precedente; e cada qual desaparecia quando a seguinte aparecia. Em *Manu*, seis delas são claramente mencionadas como se sucedendo uma à outra.

Não havia, por mar, nenhuma comunicação com a bela ilha, mas passagens subterrâneas, conhecidas hoje apenas pelos chefes, davam acesso a ela em todas as direções. A tradição menciona muitas das majestosas ruínas da Índia, Ellora, Elefanta e cavernas de Ajanta (cadeia Chandor), que pertenciam a esses colégios e às quais estavam conectados os caminhos subterrâneos. Quem afirmará que a perdida Atlântida – mencionada também no *Livro Secreto*, mas com outro nome, pronunciado na língua sagrada – não existia naquele tempo? O grande continente desaparecido talvez se situasse ao sul da Ásia, estendendo-se da Índia à Tasmânia. Se a hipótese tão sujeita a dúvidas hoje em dia e tão desdenhosamente repelida por alguns autores eruditos, que a encaram como uma invencionice de Platão, for confirmada no futuro, possivelmente os cientistas venham a acreditar que a descrição do continente habitado por deuses não era de modo algum uma fábula. E talvez percebam então que as alusões veladas do filósofo e o fato de ele atribuir a narrativa a Sólon e aos sacerdotes egípcios foram apenas uma maneira prudente de comunicar o acontecimento ao mundo e, graças à hábil combinação de verdade e ficção, isolar-se de uma história que as obrigações impostas na iniciação o proibiam de divulgar.

Ainda na esfera da tradição, devemos acrescentar que a classe dos hierofantes era dividida em duas categorias distintas: os instruídos pelos "Filhos de Deus" da ilha, iniciados na doutrina divina da revelação pura, e os habitantes da Atlântida perdida – se esse for mesmo seu nome –, os quais, sendo de outra raça, haviam nascido com uma visão que abarcava todas as coisas ocultas e eram independentes tanto da distância quanto dos obstáculos materiais. Em suma, eram a quarta raça de homens mencionada no *Popol Vuh*, raça de visão ilimitada e capaz de conhecer todas as coisas ao mesmo tempo. Seriam, digamos, o que hoje chamamos de "médiuns natos": não lutavam nem sofriam para obter seus conhecimentos e não os adquiriam com sacrifício.

Assim, enquanto os primeiros percorriam o caminho de seus instrutores divinos, adquirindo conhecimento por etapas e aprendendo, ao mesmo tempo, a discernir o bem do mal, os adeptos nascidos na Atlântida acatavam cegamente as insinuações do "Dragão" formidável e invisível, o rei *Thevetat* (a Serpente do Gênesis?). Thevetat não estudou nem adquiriu conhecimento, mas, para tomar de empréstimo uma expressão do dr. Wilder a respeito da Serpente tentadora, era "uma espécie de Sócrates que *conhecia* sem ser iniciado". Desse modo, devido às más insinuações de Thevetat, seu demônio, a raça atlante se tornou uma nação de magos perversos. Em consequência, foi declarada uma guerra cuja história seria longa demais narrar, mas cuja substância se encontra nas alegorias desfiguradas da raça de Caim, dos gigantes e de Noé com sua família virtuosa. O conflito terminou pela submersão da Atlântida, imitada nas histórias do dilúvio babilônico e mosaico: os gigantes, os magos e "toda carne pereceu [...] e todos os homens". Todos, menos Xisutro e Noé, que são substancialmente idênticos ao grande Pai dos thlinkithianos no *Popol Vuh*, o livro sagrado dos guatemaltecos, que também relata sua fuga num grande barco, como fez o Noé hindu, Vaivasvata.

A crermos na tradição, devemos aceitar a história posterior de que a união dos descendentes dos hierofantes da ilha com os descendentes do Noé atlante deu origem a uma raça mista, de homens bons e maus. Por um lado, o mundo teve Enoque, Moisés, Gautama Buda, os inúmeros "Salvadores" e os grandes hierofantes; por outro, os "magos naturais" que, sem o poder coercitivo da correta iluminação espiritual e por causa da fraqueza das organizações físicas e mentais, perverteram involuntariamente seus dons, usando-os para fins condenáveis. Moisés não recriminava os adeptos possuidores do dom da profecia (e outros poderes) que haviam sido instruídos nos colégios da sabedoria esotérica[6] mencionados na Bíblia. Ele se insurgia contra aqueles que, voluntariamente ou não, conspurcavam os poderes herdados de seus ancestrais atlantes servindo os maus espíritos e prejudicando a humanidade. Sua cólera recaía sobre o espírito de *Ob*, não sobre o de *Od*.

As ruínas que cobrem ambas as Américas e são encontradas em muitas ilhas da Índia Ocidental são todas atribuídas aos atlantes submergidos. Assim como os hierofantes do velho mundo (que, nos dias da Atlântida, estava quase conectado ao novo por terra), os magos do país ora submerso tinham uma rede de passagens subterrâneas que corriam em todas as direções.

A respeito de nenhuma outra localidade, inclusive o Peru, circulam tantas tradições quanto a respeito do deserto de Gobi. Na Tartária independente, essa ululante vastidão de areia móvel, existiu outrora, se o relato é verdadeiro, um dos impérios mais ricos que o mundo já viu. Sob a superfície, ao que se diz, jaz uma enorme quantidade de ouro, joias, estátuas, armas, utensílios e tudo quanto caracteriza a civilização, o luxo e as artes requintadas – riqueza que nenhuma capital da Cristandade pode exibir atualmente. A areia do deserto de Gobi se move regularmente de leste a oeste ante o impacto aterrorizante dos ventos que sopram o tempo todo. Às vezes, alguns dos tesouros ocultos ficam descobertos, mas nenhum nativo ousa tocá-los, pois o distrito todo está sob a maldição de um poderoso encantamento. A morte é o castigo. Os *bahti* – gnomos ameaçadores, mas confiáveis – guardam os tesouros escondidos desse povo pré-histórico, esperando o dia em que a revolução dos períodos cíclicos tornará conhecida de novo sua história, para instrução da humanidade.

Segundo a tradição local, a tumba de Gênghis Khan ainda existe perto do lago Tabasun Nor. Dentro dela jaz o Alexandre mongol, como que adormecido. Decorridos mais três séculos, ele despertará e conduzirá seu povo a novas vitórias e a outra colheita de glórias. Embora essa tradição profética deva ser recebida com reservas, podemos afirmar com segurança que a tumba em si não é fictícia e que sua impressionante riqueza não foi exagerada.

O distrito que engloba as solidões do Gobi e, na verdade, toda a área da Tartária independente e do Tibete, é zelosamente protegido de intrusões estrangeiras. Quem recebe permissão para atravessar essas regiões fica sob proteção e orientação especiais de alguns agentes da autoridade maior e promete não informar nada sobre lugares e pessoas ao mundo exterior. Não fosse essa restrição, poderíamos contribuir aqui com relatos de exploração, aventura e descoberta que seriam lidos com interesse. Mas, cedo ou tarde, tempo virá em que a areia medonha do deserto revelará seus segredos há muito sepultados e, então, a vaidade moderna se sentirá grandemente mortificada.

Para que se torne universal, uma crença deve fundar-se em um imenso acúmulo de fatos, capazes de robustecê-la de geração em geração. A maior dessas crenças é a magia ou, se o leitor preferir, a psicologia oculta. Quem, entre aqueles que avaliam esses tremendos poderes mesmo a partir de seus efeitos débeis e contidos em nossos países civilizados, ousaria descrer atualmente das asserções de Porfírio e Proclo, segundo as quais até objetos inanimados, como estátuas de deuses, podem ser induzidos a mover-se e exibir uma vida artificial por alguns momentos?

Mas, seja como for, a religião dos antigos é a religião do futuro. Decorridos mais alguns séculos e não restarão crenças sectárias em nenhuma das grandes religiões da humanidade. Bramanismo e budismo, cristianismo e islamismo desaparecerão diante da poderosa avalanche de fatos. "Derramarei meu espírito sobre toda a carne", escreve o profeta Joel (2,28). "Em verdade, em verdade vos digo [...] obras maiores que estas fareis", promete Jesus (João 14,12). Entretanto, isso só acontecerá quando o mundo voltar à grande religião do passado, ao conhecimento dos majestosos sistemas que precederam de muito o bramanismo e até o monoteísmo primitivo dos antigos caldeus. Por enquanto, devemos lembrar os efeitos diretos do mistério revelado. O único meio pelo qual os sábios sacerdotes da Antiguidade conseguiam imprimir nos sentidos grosseiros das multidões a ideia da onipotência da vontade criadora ou Causa Primeira era a animação divina da matéria inerte – a alma infundida nela pela vontade de potência do homem, imagem microcósmica do grande Arquiteto – e o transporte de objetos pesados através do espaço e de obstáculos materiais.

Sabemos que, em eras remotas, existiu uma ciência misteriosa e assustadora chamada *theopoiia*. Ela ensinava a arte de dotar os vários símbolos dos deuses de vida e inteligência temporárias. Estátuas e blocos de matéria inerte se tornavam animados ante a vontade poderosa do hierofante. O fogo roubado por Prometeu havia, na luta, caído por terra; abarcou as regiões inferiores do céu e firmou-se nas ondas do éter universal como o *akasa* dos ritos hindus. A cada bocado de ar fresco que inalamos, trazemos esse fogo para dentro de nosso sistema orgânico. Nosso organismo está repleto dele desde o instante do nascimento. Mas ele se torna poderoso apenas sob o influxo da vontade e do espírito.

Abandonado a si mesmo, esse princípio vital obedece cegamente às leis da natureza e, conforme as condições, produz saúde e exuberância de vida ou provoca morte e dissolução. Contudo, se guiado pela vontade do adepto, obedece; suas correntes restauram o equilíbrio em corpos orgânicos e realiza milagres físicos ou psicológicos, bem conhecidos dos mesmerizadores. Infundido na matéria inorgânica e inerte, cria uma aparência de vida e, portanto, movimento. Se a essa vida falta uma inteligência individual, uma personalidade, então o operador pode enviar seu *scin-lac*, seu próprio espírito astral, a fim de animá-la ou utilizar seu poder sobre a região dos espíritos da natureza para forçar um deles a infundir sua entidade no mármore, madeira ou metal. Pode também recorrer a espíritos humanos, mas estes – exceto os da classe viciosa, presa à terra[7] – *jamais* infundirão sua essência em objetos inanimados. Deixam aos de tipo inferior a tarefa de produzir o simulacro de vida e animação, e apenas enviam sua influência através das esferas intermediárias, como um raio de luz divina, quando o chamado "milagre" é exigido para bons propósitos. A condição – e isso é lei na natureza espiritual – é a pureza das intenções, a pureza da atmosfera magnética do ambiente e a pureza pessoal do operador. Assim, um "milagre" pagão pode ser muito mais santo que um cristão.

Desse modo, gradual, mas seguramente, toda a antiguidade será resgatada. A verdade será depurada do exagero; muito do que hoje é considerado ficção será visto como realidade inequívoca e os "fatos e leis" da ciência moderna irão para o limbo dos mitos desacreditados.

Às poucas mentes elevadas que interrogam a natureza em vez de lhe prescrever leis, que não limitam as possibilidades do mundo natural pela medida das imperfeições de seus próprios poderes e que só descreem porque não conhecem, lembraremos este apotegma de Narada, o antigo filósofo hindu:

> "Não digas nunca 'Se não sei uma coisa, ela é falsa'.
> É preciso estudar para saber, saber para compreender, compreender para julgar."

NOTAS

1. Ver a Epístola de Paulo aos Gálatas 4,24, e Mateus 13,10-15.
2. A. Wilder afirma que "Gan-dunias" é um dos nomes da Babilônia.
3. *La Bible dans l'Inde*, Paris, 1869, trad. Londres, 1870, p. 16.
4. Bunsen dá como o primeiro ano de Menés 3645 a.C. e como o de Manetô 3892 a.C. (*Egypt's Place*, 5:33-34).
5. Louis Jacolliot, em *La Bible dans l'Inde*, parte 1, capítulo 6, diz o mesmo.
6. II Reis, 22,14; II Crônicas, 34,22.
7. Estes, após a morte do corpo, incapazes de voar mais alto e presos às regiões terrestres, se deleitam na companhia dos elementais que, por sua afinidade com o vício, mais os atraem. Identificam-se com os elementais a tal ponto que logo perdem a própria identidade e se tornam parte deles, pois precisam de sua ajuda para se comunicar com os mortais. Entretanto, assim como os espíritos da natureza não são imortais, também os elementares humanos que perderam seu guia divino – o espírito – só sobrevivem enquanto a essência dos elementos que compõem seus corpos astrais os mantém unidos.

PARTE DOIS

Religião

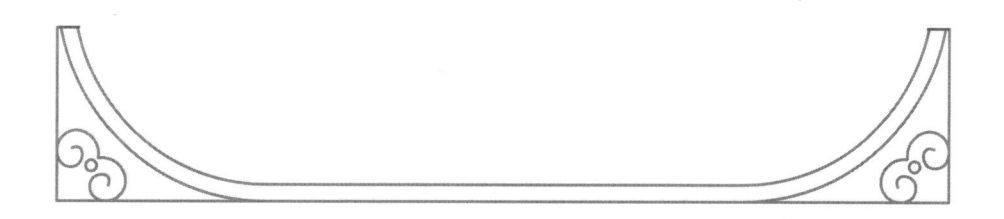

15

A Igreja: Onde Ela Está?

O Deus dos unitaristas é celibatário. A Divindade dos presbiterianos, metodistas, congregacionistas e outras seitas protestantes ortodoxas é um Pai sem esposa com um Filho único igual a ele. No afã de se superarem umas às outras construindo suas 62 mil e tantas igrejas, casas de oração e salas de encontro para ensinar essas doutrinas teológicas conflitantes, 354.485.581 dólares foram gastos. Somente o valor dos presbitérios protestantes, onde moram os pastores e suas famílias, foi calculado por alto em 54.115.297 dólares. Além disso, apenas às denominações protestantes, 16.179.887 dólares são ofertados todos os anos para as despesas correntes. Uma igreja presbiteriana em Nova York custa um milhão; um altar católico, um quarto disso![1]

Não mencionaremos a profusão de seitas menores, comunidades e pequenas heresias extravagantemente originais que brotam neste país hoje para morrer amanhã, como esporos de fungos após uma chuvarada. Não nos deteremos sequer para considerar os pretensos milhões de espíritas, pois a maioria não tem coragem para romper com suas respectivas denominações religiosas. Eles são os Nicodemos clandestinos.

E agora, como Pilatos, perguntemos: "Que é a verdade?". Onde achá-la em meio à barafunda de seitas conflitantes? Cada qual alega se basear na revelação divina, cada qual pretende possuir as chaves das portas do céu. Alguma delas estará mesmo de posse dessa verdade rara? Ou devemos exclamar, como o filósofo budista: "Só há uma verdade no mundo e ela é imutável: não há verdade nenhuma no mundo"?

Embora não estejamos dispostos a arar uma terra exaustivamente explorada pelos eruditos que viram em todos os dogmas cristãos uma origem pagã, ainda assim os fatos por eles exumados desde a libertação da ciência não perderão nada caso sejam repetidos. Além disso, propomos examinar tais fatos de um ponto de vista diferente e talvez novo: o das antigas filosofias entendidas esotericamente, que só tratamos por alto na primeira parte. Vamos usá-las como padrão para comparar dogmas e milagres cristãos com doutrinas e fenômenos da magia antiga. Uma vez que os materialistas negam fenômenos sem investigação, e uma vez que os teólogos, admitindo-os, oferecem-nos a pobre escolha de dois absurdos notórios – o Diabo e os milagres –, pouco perderemos recorrendo aos teurgistas, que podem realmente nos ajudar a lançar luz sobre um assunto muito obscuro.

A única diferença característica entre o cristianismo moderno e as antigas fés pagãs é a crença do primeiro em um diabo pessoal e no inferno. "As nações arianas não têm diabo", diz Max Müller. "Plutão, embora de caráter sombrio, era uma personagem muito respeitável; Loki, o escandinavo, era uma criatura malévola, mas não propriamente um demônio."[2]

O mesmo se pode dizer do inferno. O Hades era um lugar muito diferente do nosso local de danação eterna e deveríamos chamá-lo, com mais propriedade, de um estado intermediário de purificação. O *Hel* ou *Hela* escandinavo também não é um estado ou lugar de castigo. Quando Frigga, a mãe inconsolável de Balder, o deus branco que morreu e se viu na morada das sombras (Hades), enviou Hermod (um filho de Thor) à procura de seu amado filho, o mensageiro encontrou-o na inexorável região, mas... sentado confortavelmente numa pedra e lendo um livro.³ Não bastasse isso, o reino nórdico dos mortos se situa nas maiores altitudes das regiões polares; é um lugar frio e desolado, mas nem os gélidos salões do Hela nem o lazer de Balder apresentam a menor semelhança com o inferno de chamas eternas e os miseráveis pecadores "danados" com que a Igreja tão generosamente o povoa. Acontece o mesmo com o Amenti egípcio, o local de julgamento e purificação, e com o Andhera – o abismo de trevas dos hindus. De fato, até os anjos lá arremessados por Shiva têm permissão de Parabrahman para considerá-lo uma etapa intermediária, onde lhes é concedida a oportunidade de se preparar para graus superiores de purificação e redenção de seu tristíssimo estado.

A Geena do Novo Testamento era uma localidade fora das muralhas de Jerusalém e Jesus a mencionava apenas como uma metáfora comum. Terá vindo daí o dogma sombrio do inferno, essa alavanca de Arquimedes da teologia cristã, com a qual ela conseguiu manter em sujeição milhões de fiéis por dezenove séculos? Seguramente, não se pode dizer isso das escrituras judaicas e invocamos para corroborar essa afirmação qualquer estudioso de hebraico bem-informado. A única palavra que se aproxima um pouco de "inferno" na Bíblia é Geena ou Hinnom, um vale perto de Jerusalém onde se situava o Tophet, um lugar onde o fogo era mantido perpetuamente por questões sanitárias.

Há estranhas tradições ainda vivas em várias partes do Oriente – no monte Atos e no deserto de Nítria, por exemplo –, entre alguns monges e rabinos eruditos da Palestina que passam a vida comentando o Talmude. Dizem eles que nem todos os rolos e manuscritos queimados, segundo a história, por César, pela turba cristã em 389 e pelo general árabe Amru desapareceram como geralmente se acredita. A história que contam é a seguinte.

Em 51 a.C., ao tempo da disputa do trono entre Cleópatra e seu irmão Dionísio Ptolomeu, o Bruchion, que continha mais de 700 mil rolos, todos encadernados em madeira e pergaminho à prova de fogo, passou por reparos; boa parte dos manuscritos originais, entre os mais preciosos e sem cópias, estava guardada na casa de um dos bibliotecários. Como o incêndio que consumiu o resto foi acidental, não se tomou nenhuma precaução naquele momento. Entretanto, afirmam que várias horas se passaram entre o incêndio da frota, ordenado por César, e o instante em que os primeiros edifícios situados perto do porto pegaram fogo também e todos os bibliotecários, auxiliados por centenas de escravos ligados ao museu, conseguiram salvar os rolos mais preciosos. Tão perfeito e sólido era o material do pergaminho que, embora em alguns rolos as páginas internas e a madeira das guarnições ficassem reduzidas a cinzas, em outros as guarnições do pergaminho permaneceram intactas.

Esses detalhes foram consignados em grego, latim e dialeto siríaco--caldaico por Teodas, um dos escribas ligados ao museu. Diz-se que um desses manuscritos ainda está preservado em um mosteiro grego; a pessoa que nos narrou a tradição viu-o com seus próprios olhos. Afirmou que muitos mais o verão e aprenderão a procurar documentos importantes quando uma certa profecia for cumprida, acrescentando que várias dessas obras podem ser encontradas na Tartária e na Índia.[4]

O monge nos mostrou uma cópia do original, que obviamente mal conseguimos ler, pois nosso conhecimento de línguas mortas é limitado. Entretanto, impressionou-nos a tal ponto a tradução vívida e pitoresca do piedoso padre que nos lembramos perfeitamente de alguns parágrafos curiosos, que diziam isto, pelo que podemos nos lembrar: "Quando a Rainha do Sol (Cleópatra) foi trazida de volta à cidade meio arruinada, depois que o incêndio devorou a Glória do Mundo; e quando ela viu os montões de livros – ou rolos – cobrindo os degraus meio consumidos da *estrada*; e quando percebeu que a parte interna se fora, restando apenas as capas indestrutíveis, ela chorou de raiva e fúria, e amaldiçoou a mesquinhez de seus ancestrais, que não quiseram adquirir a verdadeira mercadoria de Pérgamo tanto para a parte interna quanto para a capa dos preciosos rolos". Além disso, nosso autor, Teodas, se dá a liberdade de pilheriar com a rainha por ela supor que quase toda a biblioteca fora queimada, quando, na verdade, centenas ou milhares dos livros mais preciosos estavam guardados em segurança em sua própria casa e nas de outros escribas, bibliotecários, estudantes e filósofos.

Muitos coptas eruditos, espalhados por todo o Oriente, na Ásia Menor, Egito e Palestina, também não acreditam na destruição total das bibliotecas posteriores. Dizem, por exemplo, que da biblioteca de Átalo III de Pérgamo, presenteada por Marco Antônio a Cleópatra, nenhum volume foi destruído. Na época, segundo suas afirmações, a partir do momento em que os cristãos começaram a ganhar poder em Alexandria – lá pelo fim do século IV – e Anatólio, bispo de Laodiceia, resolveu insultar os deuses nacionais, os filósofos pagãos e os teurgistas instruídos adotaram medidas efetivas para preservar os repositórios de seu conhecimento sagrado. Mas a história está longe de conhecer a fundo os pobres remanescentes dos livros que, atravessando tantas eras, chegaram até nosso século esclarecido; ignora, por exemplo, os fatos relativos aos cinco primeiros séculos do cristianismo, que estão preservados nas numerosas tradições ainda vivas no Oriente. Embora sua autenticidade talvez seja duvidosa, existem ainda, no restolho, sementes muito boas.

Que essas tradições nem sempre sejam transmitidas aos europeus é compreensível, se considerarmos a firme disposição de nossos viajantes a desafiar os nativos com suas atitudes céticas e, ocasionalmente, sua intolerância dogmática. Quando homens excepcionais, como alguns arqueólogos que sabem captar a confiança e mesmo a amizade de certos árabes, conseguem obter documentos preciosos, isso é declarado "mera coincidência". No entanto, há tradições amplamente disseminadas da existência de imensas galerias subterrâneas nas vizinhanças de

Ishmonia – a "cidade petrificada" –, onde estão entesourados inúmeros manuscritos e rolos. Por dinheiro nenhum os árabes se aproximariam desse local. À noite, dizem eles, das fendas das desoladas ruínas embebidas profundamente nas areias crestadas do deserto, projetam-se raios de luzes levadas de uma galeria a outra por mãos não humanas. Os afrites estudam a literatura das eras antediluvianas, conforme sua crença, e os djins aprendem nos rolos mágicos a lição do dia seguinte.

Sem dúvida, parece que os eventos dos primeiros séculos do cristianismo foram apenas o reflexo das imagens lançadas pelo espelho do futuro, na época do Êxodo. Nos dias tempestuosos de Irineu, a filosofia platônica, com sua submersão mística na Divindade, não era afinal de contas tão repugnante à nova doutrina a ponto de impedir os cristãos de adotarem sua metafísica abstrusa de todas as maneiras. Aliando-se aos terapeutas ascetas – precursores e modelos dos monges e eremitas cristãos –, eles lançaram os primeiros alicerces da pura doutrina trinitária platônica em Alexandria, convém não nos esquecermos disso. Mais tarde, tornou-se a doutrina platônico-filônica que conhecemos hoje.

Platão via a natureza divina como uma tríplice modificação da Causa Primeira, a razão ou Logos e a alma ou espírito do universo. "Os três princípios árquicos ou originais", diz Gibbon, "eram representados no sistema platônico por três deuses unidos por uma misteriosa e inefável geração."[5] Misturando essa ideia transcendental com a figura mais hipostática do Logos de Fílon, cuja doutrina era a da antiga Cabala e que via o rei Messias como o Metatron ou "anjo do Senhor" (o *Legatus* que se fizera carne, mas não o próprio Ancião dos Dias), os cristãos vestiram Jesus, filho de Maria, com essa representação mística do Mediador para a raça decaída de Adão. Sob essa roupagem inesperada, sua personalidade quase se perdeu. No moderno Jesus da Igreja Cristã encontramos o ideal do fantasioso Irineu, não o adepto dos essênios, o obscuro reformador galileu. Vemo-lo com a desfigurada máscara platônico-filônica, não como os discípulos o viam no monte.

Assim, a filosofia pagã ajudou os cristãos a construir seu dogma principal. Todavia, quando os teurgistas da terceira escola neoplatônica, privados de seus antigos mistérios, tentaram misturar as doutrinas de Platão com as de Aristóteles, combinando ambas com sua teosofia e acrescentando a esta as doutrinas veneráveis da Cabala oriental, os cristãos, em vez de rivais, tornaram-se perseguidores. Se as alegorias metafísicas de Platão fossem discutidas em público sob a forma de dialética grega, todo o elaborado sistema da trindade cristã seria posto a nu e o prestígio divino se esboroaria. A escola eclética, invertendo a ordem, havia adotado o método indutivo e esse método acabou sendo seu dobre de finados. De todas as coisas que há na terra, as explicações lógicas e racionais eram as mais odiosas para a nova religião de mistério, pois ameaçavam desvendar todo o arcabouço da concepção trinitária e difundir a doutrina das emanações, destruindo assim a unidade do todo. Isso não podia ser permitido e não foi. A história registra os meios que os "cristãos" empregaram...

A doutrina universal das emanações, adotada desde tempos imemoriais pelas maiores escolas de filósofos cabalistas, alexandrinos e orientais, explica esse pânico entre os padres cristãos.

Mas, se os gnósticos foram destruídos, a Gnose, baseada na ciência secreta das ciências, continua viva. Ela é o solo que ajuda a mulher e está destinada a abrir a boca para engolir o cristianismo medieval, o usurpador e assassino da doutrina do grande mestre. A antiga Cabala, a Gnose ou conhecimento secreto tradicional, nunca ficou sem representantes em nenhuma época ou país. As trindades de iniciados, quer tenham passado à história ou permanecido ocultas por um véu impenetrável de mistério, foram preservadas e consolidadas ao longo dos séculos.

Qual é a remota origem dessa ideia trinitariana e da tão amargamente denunciada doutrina das emanações? A resposta não é difícil e suas provas estão agora disponíveis: na mais sublime e profunda de todas as filosofias, a da "Religião da Sabedoria" universal, cujos primeiros traços a pesquisa histórica encontra na velha religião pré-védica da Índia.

Na verdade, o destino de muitas gerações futuras esteve suspenso de um tênue fio durante os séculos III e IV. Se o imperador não enviasse a Alexandria, em 389, uma ordem – que os cristãos lhe arrancaram – para a destruição de todos os ídolos, nosso século jamais teria seu próprio panteão mitológico cristão. Nunca a escola neoplatônica atingiu tamanha importância filosófica como quando se aproximou do fim. Os neoplatônicos uniram a teosofia mística do antigo Egito com a filosofia refinada dos gregos, mais próxima então dos velhos Mistérios de Tebas e Mênfis do que estivera por séculos; eram versados na ciência da predição e da adivinhação, bem como na arte dos terapeutas; tinham contato com os homens mais argutos da nação judaica, profundamente imbuídos das ideias zoroastristas. Por isso, tendiam a amalgamar a sabedoria antiga da Cabala oriental com as concepções modernas, mais refinadas, dos teosofistas ocidentais. Não obstante a traição dos cristãos, que acharam apropriado, por razões políticas, repudiar seus tutores após os dias de Constantino, a influência da nova filosofia platônica é notória na subsequente adoção de dogmas, cuja origem pode ser traçada com grande facilidade até essa notável escola. Embora mutilados e desfigurados, eles ainda preservam uma grande semelhança, que nada consegue disfarçar.

Entretanto, se o conhecimento dos poderes ocultos da natureza abre os olhos espirituais do homem, amplia suas faculdades intelectuais e leva-o em segurança a uma veneração mais profunda do Criador, por outro lado a ignorância, a mentalidade estreita e dogmática, e o medo infantil de contemplar o âmago das coisas invariavelmente desandam em culto fetichista e superstição.

Se agora nos detivermos para considerar outro dogma fundamental do cristianismo, a doutrina da redenção, também podemos traçá-la facilmente até o paganismo. Essa pedra angular da Igreja, que se considerou edificada sobre uma rocha por muitos séculos, foi agora escavada pela ciência e ficou claro que ela provém dos gnósticos. O Novo Testamento só chegou à sua forma completa, tal como a temos hoje, trezentos anos após o período dos apóstolos; já o *Zohar* e outros livros cabalistas pertencem ao século I a.C., se não forem ainda mais antigos.

Os gnósticos adotaram muitas das ideias dos essênios e estes tinham seus Mistérios "maiores" e "menores" pelo menos dois séculos antes de nossa era. Chamavam-se *Ozarim* ou Iniciados, descendentes dos hierofantes egípcios, em cujo país se estabeleceram por muito tempo antes de se converterem ao monasticismo budista pelos missionários do rei Asoka. Depois se misturaram aos primeiros cristãos, mas provavelmente já existiam antes dos velhos templos egípcios dessacralizados e arruinados pelas incessantes invasões de persas, gregos e outras hordas conquistadoras. Os hierofantes encenavam sua redenção no Mistério Iniciático, muito antes que os gnósticos, ou mesmo os essênios, surgissem no mundo. Era conhecida entre eles como Batismo de Sangue e considerada, não uma redenção da "queda do homem" no Éden, mas simplesmente uma expiação dos pecados passados, presentes e futuros da humanidade ignorante, mas ainda assim conspurcada. O hierofante tinha a opção de oferecer, como sacrifício de sua raça aos deuses a quem ele queria se juntar, ou sua própria vida pura e sem pecado ou uma vítima animal. A primeira dependia inteiramente de sua vontade. No último instante do "novo nascimento" solene, o iniciador passava "a palavra" ao iniciado e, em seguida, este empunhava uma arma com a mão direita e recebia a ordem de golpear. Essa é a verdadeira origem do dogma cristão da expiação.

De fato, os "Cristos" das eras pré-cristãs foram muitos. Mas morreram desconhecidos do mundo e desapareceram tão silenciosamente e tão misteriosamente dos olhares dos homens quanto Moisés do cume de Pisgah, o monte Nebo (sabedoria oracular), depois de impor as mãos em Josué, que assim ficou "cheio do espírito de sabedoria" (isto é, iniciado).

Jazem aí os fundamentos do ódio acirrado dos cristãos aos "pagãos" e teurgistas. Muita coisa foi tomada de empréstimo; eles surrupiaram das antigas religiões e dos neoplatônicos o suficiente para embasbacar o mundo durante milhares de anos. Se os credos primitivos não houvessem sido rapidamente sufocados, não se poderia pregar a religião cristã como uma doutrina nova ou uma revelação direta de Deus Pai por meio de Deus Filho e pela influência de Deus Espírito Santo. Como concessão política, os padres – para satisfazer aos desejos de seus ricos convertidos – chegaram a instituir os festivais de Pã. Foram mais longe: aceitaram as cerimônias até então celebradas pelo mundo pagão em honra do deus dos jardins em sua primitiva sinceridade. Era tempo de cortar esses laços. Ou o culto pagão e a teurgia neoplatônica, com todo o seu cerimonial e magia, seriam esmagados para sempre ou os cristãos se tornariam neoplatônicos.

A polêmica encarniçada e as batalhas solitárias entre Irineu e os gnósticos são suficientemente conhecidas e não precisam ser retomadas aqui. Estenderam-se por mais de dois séculos, após o inescrupuloso bispo de Lyons proferir seu último paradoxo religioso. Celso, um neoplatônico e discípulo da escola de Amônio Saccas, perturbara grandemente os cristãos e chegara a deter, por algum tempo, o progresso do proselitismo ao provar, com sucesso, que as formas originais e mais puras dos dogmas mais importantes do cristianismo já se encontravam nos ensinamentos de Platão. Celso acusou-os de aceitar as piores superstições do paganismo e de interpolar passagens dos livros das sibilas sem entender corretamente seu significado. As acusações eram tão plausíveis, e os fatos tão óbvios, que por muito tempo nenhum escritor cristão ousou replicar ao desafio.

Orígenes, a pedido insistente de seu amigo Ambrósio, foi o primeiro a assumir a defesa, pois, tendo pertencido à mesma escola platônica de Amônio, era considerado o mais competente para refutar aquelas acusações bem fundamentadas. Mas sua eloquência falhou e o único remédio encontrado foi destruir os escritos de Celso.[6] Isso só foi possível no século V, depois que várias cópias do trabalho já haviam sido feitas, e muitas pessoas já as tinham lido e estudado. Se nenhuma cópia está ao alcance da presente geração de cientistas, não é porque nenhuma exista atualmente, mas pela simples razão de que os monges de uma certa igreja oriental do monte Atos não mostrarão nem confessarão que têm uma em seu poder. Talvez nem eles mesmos saibam o valor do conteúdo desses manuscritos, devido à sua ignorância crassa.

A dispersão da escola eclética tornou-se a maior esperança dos cristãos. Ela tinha sido buscada e aguardada com a máxima ansiedade. Finalmente se realizou. Os membros foram dispersados por mão de monstros como Teófilo, bispo de Alexandria, e seu sobrinho Cirilo, o assassino da jovem, erudita e inocente Hipátia.

Após a morte da martirizada filha do matemático Teão, não havia mais possibilidade para os neoplatônicos de manter sua escola em Alexandria. Em vida da jovem Hipátia, amiga de Orestes, o governador da cidade, e muito influente junto a ele, os filósofos gozaram de segurança e proteção contra seus encarniçados inimigos. Com a morte dela, perderam seu amigo mais poderoso.

NOTAS

1. Números para 1877 (N. O.).
2. *Chips from a German Workshop*. Londres, 1867, 2:235.
3. P. H. Mallet. *Northern Antiquities*. Londres, 1859, 448.
4. A maior parte da literatura incluída nos 700 mil volumes da Biblioteca de Alexandria vinha da Índia e de seus vizinhos próximos.
5. *Decadência e Queda do Império Romano*, cap. 21.
6. O Celso aqui mencionado, que viveu entre os séculos II e III, não é Celso, o Epicurista. Este escreveu várias obras contra a magia e viveu antes, durante o reinado de Adriano.

16

Crimes Cristãos e Virtudes Pagãs

Para homens como Plotino, Porfírio, Jâmblico, Apolônio e até Simão, o Mago, serem acusados de pactuar com o Diabo, existindo este último personagem ou não, é tão absurdo que quase não merece refutação. Se Simão, o Mago – o mais problemático de todos em um sentido histórico –, existiu de outro modo que na fantasia exagerada de Pedro e os outros apóstolos, ele evidentemente não era pior do que qualquer um de seus adversários. Uma diferença de pontos religiosos, por maior que seja, é em si mesma insuficiente para enviar uma pessoa para o céu e a outra para o inferno.

O erudito autor de *Supernatural Religion*[1] se esforça tremendamente a fim de provar que por Simão, o Mago, devemos entender o apóstolo Paulo, cujas epístolas foram caluniadas tanto abertamente quanto secretamente por Pedro e acusadas de conter "aprendizado *disnoético*". O Apóstolo dos Gentios era corajoso, franco, sincero e muito culto; o Apóstolo da Circuncisão, covarde, cauteloso, falso e muito ignorante. O fato de Paulo ter sido, pelo menos parcialmente, se não completamente, iniciado nos mistérios teúrgicos não admite dúvida. Sua linguagem – a fraseologia tão peculiar aos filósofos gregos – e certas expressões usadas apenas pelos iniciados são outros tantos indícios seguros dessa suposição.

Nossa suspeita foi reforçada por um artigo competente em um periódico de Nova York intitulado "Paulo e Platão",[2] no qual o autor apresenta uma observação notável e, para nós, muito preciosa. Ele mostra Paulo, em suas Epístolas aos Coríntios, repletas de "expressões sugeridas pelas iniciações de Sabázio e Elêusis, e a leitura dos filósofos gregos. Ele (Paulo) se designa um *idiôtês* – pessoa inábil na Palavra, mas não na *gnose* ou no saber filosófico". "Falamos de sabedoria entre os perfeitos e iniciados", escreve ele; "não a sabedoria deste mundo, nem dos arcontes deste mundo, mas a sabedoria divina em um mistério, que nenhum dos arcontes deste mundo conheceu' " [I Coríntios 2,6-8].

O que mais o apóstolo pode querer dizer com essas palavras inequívocas senão que ele mesmo, como pertencente aos *mystae* (iniciados), falava de coisas mostradas e explicadas apenas nos Mistérios? A "sabedoria divina em um mistério, que nenhum dos arcontes deste mundo conheceu", evidentemente faz uma referência direta ao *basileus* da iniciação de Elêusis, que *conhecia*. O *basileus* integrava a equipe do grande hierofante e era um arconte de Atenas, portanto um dos principais *mistae*: pertencia aos Mistérios interiores, aos quais só tinha acesso um número muito pequeno e seleto.[3] Os magistrados que supervisionavam os eleusinos eram chamados de arcontes.

Outra prova de que Paulo pertencia ao círculo dos "Iniciados" reside no seguinte fato. O apóstolo teve sua cabeça raspada em Cencreia (onde Lúcio Apuleio foi iniciado) porque "ele tinha um voto". Os *nazares* ("aqueles que vivem à parte"), como vemos nas escrituras judaicas, tinham de cortar os cabelos, que usavam longos e que "nenhuma navalha tocava" até aquele momento, e sacrificá-los no altar da iniciação. E os nazares eram uma classe de teurgistas caldeus. Mostraremos mais adiante que Jesus pertencia a essa classe.

Paulo declara: "Pela graça de Deus que me foi dada, como sábio arquiteto, eu lancei os alicerces" (I Coríntios 3,10). Essa palavra, "arquiteto", usada apenas uma vez em toda a Bíblia e por Paulo, pode ser considerada uma revelação completa. Nos Mistérios, a terceira parte dos ritos sagrados era chamada de *Epopteia*, ou revelação, recepção nos segredos. Em substância, significa aquele estágio de clarividência divina em que tudo o que pertence a esta terra desaparece, a visão terrestre fica paralisada e a alma se une, livre e pura, com seu Espírito ou Deus. Mas o verdadeiro significado da palavra é "supervisionar". A palavra *epopteia* é composta de *epi* (sobre) e *eptomai* (olhar) – ofício de um supervisor, um inspetor e também um arquiteto. O título de Mestre Maçon, na Maçonaria, é derivado daí, no sentido usado nos Mistérios. Portanto, quando se intitula um "arquiteto", Paulo está usando uma palavra preeminentemente cabalística, teúrgica e maçônica, que nenhum outro apóstolo usa. Ele, portanto, se declara um adepto, com direito a iniciar outros.

Quanto a Pedro, a crítica bíblica já mostrou que ele provavelmente só colaborou com a fundação da Igreja latina em Roma fornecendo o pretexto tão prontamente aproveitado pelo astuto Irineu: beneficiar essa Igreja com o novo nome do apóstolo – *Petros* ou *Kêphas*, um nome que permitiu muito rapidamente, por um jogo fácil de palavras, conectá-lo a *Petroma*, o conjunto duplo de tábuas de pedra usado pelo hierofante nas iniciações durante o Mistério final.

E assim acima, abaixo, fora e dentro da Igreja Cristã, com suas vestes sacerdotais e ritos religiosos, reconhecemos a marca do paganismo exotérico. Em nenhum assunto, dentro da ampla gama do conhecimento humano, o mundo foi mais cegado ou enganado com tão persistente deturpação como na antiguidade. Seu antigo passado e suas crenças religiosas foram representados erroneamente e pisoteados por seus sucessores; seus hierofantes e profetas, *mystai* e *epoptai* do outrora sagrado *adyta* do templo, mostrados como endemoniados e adoradores do demônio. Vestido com as vestes despojadas da vítima, o padre cristão agora a anatematiza com ritos e cerimônias que aprendeu com os próprios teurgistas. A Bíblia mosaica é usada como uma arma contra as pessoas que a forneceram.

Os Mistérios são tão antigos quanto o mundo e quem for bem versado nas mitologias esotéricas de várias nações pode rastreá-los até os dias do período pré-védico na Índia. Uma condição da mais estrita virtude e pureza é exigida do *vatu* (candidato) na Índia antes que ele possa se tornar um iniciado, quer almeje ser um simples faquir, um *purohita* (sacerdote público) ou um *sannyasi*, um santo do segundo grau de iniciação, o mais sagrado e o mais reverenciado de todos. Tendo se saído a contento nas terríveis provas preliminares para admissão ao templo interno nas criptas subterrâneas de seu pagode, o *sannyasi* passa o resto de sua vida no templo, praticando as oitenta e quatro regras e as dez virtudes prescritas para os yogues.

"Ninguém que não tenha praticado, a vida inteira, as dez virtudes que o divino Manu impõe como um dever pode ser iniciado nos Mistérios do conselho", dizem os livros hindus de iniciação. Essas virtudes são: "Resignação; o ato de pagar o mal com o bem; temperança; probidade; pureza; castidade; repressão dos sentidos físicos; conhecimento das Sagradas Escrituras e da alma Superior (espírito); culto da verdade; abstinência da raiva" [*Manu* 6.92]. Só essas virtudes devem direcionar a vida de um verdadeiro yogue. "Nenhum adepto indigno deve contaminar as fileiras dos santos iniciados com sua presença por vinte e quatro horas." O adepto se torna culpado após quebrar qualquer um desses votos. Certamente, o exercício de tais virtudes é inconsistente com a ideia que se tem de adoração ao diabo e malícia proposital!

E agora tentaremos dar uma visão clara de um dos principais objetivos deste trabalho. O que desejamos provar é que, subjacente a cada religião popular antiga, vigorava a mesma doutrina da velha sabedoria, única e idêntica, professada e praticada pelos iniciados de todos os países, os únicos cientes da sua existência e importância. Determinar sua origem e a idade precisa em que foi amadurecida está agora além da possibilidade humana. Um simples olhar, entretanto, é suficiente para garantir que ela não poderia ter alcançado, exceto após muitas eras, a perfeição maravilhosa em que a encontramos retratada no que restou dos vários sistemas esotéricos. Uma filosofia tão profunda, um código moral tão enobrecedor, com resultados práticos tão conclusivos e tão uniformemente demonstráveis, não são obra de uma geração ou mesmo de uma única época. Fatos devem ter sido empilhados sobre fatos, deduções sobre deduções, ciência deve ter gerado ciência e miríades dos mais brilhantes intelectos humanos devem ter refletido sobre as leis da natureza antes que essa antiga doutrina tomasse forma concreta.

As provas dessa identidade de doutrina fundamental nas religiões antigas encontram-se na predominância de um sistema de iniciação, nas castas sacerdotais secretas que tinham a tutela de palavras místicas de poder e na exibição pública de um controle fenomênico sobre as forças naturais, indicando associação com seres pré-humanos. Cada abordagem dos Mistérios de todas essas nações era guardada com o mesmo cuidado extremoso e, de um modo geral, a pena de morte era infligida aos iniciados de qualquer grau que divulgassem os segredos a eles confiados. Vimos que esse foi o caso nos Mistérios Eleusinos e Báquicos, tanto quanto entre os Magos Caldeus e os hierofantes egípcios; entre os hindus, dos quais todos derivaram, a mesma regra prevaleceu desde tempos imemoriais.

Naturalmente, a pena capital foi prescrita em todas as seitas e irmandades multifacetadas que, em diferentes períodos, surgiram da linha antiga. Isso ocorria com os primeiros essênios, gnósticos, neoplatônicos teurgistas e filósofos medievais; e, em nossos dias, até mesmo os maçons perpetuam a memória das antigas obrigações nas penalidades de corte de garganta, desmembramento e estripação, com as quais o candidato é ameaçado. Como a "palavra do mestre" maçônica é comunicada apenas na "respiração baixa", a mesma precaução é prescrita no *Livro de Números* caldeu e no *Merkabah* judaico. Quando iniciado, o neófito era conduzido a um local isolado por um ancião que sussurrava em seu ouvido o grande segredo.[4]

À medida que prosseguirmos, apontaremos as evidências dessa identidade de votos, fórmulas, ritos e doutrinas entre as religiões antigas. Também mostraremos não apenas que sua memória ainda está preservada na Índia, mas também que a Associação Secreta continua viva e ativa como sempre; que, dito o que temos a dizer, será possível inferir que o grande pontífice e o hierofante, o *Brahmatma*, ainda é acessível aos "que sabem", embora talvez seja conhecido por outro nome; e que as ramificações de sua influência se estendem por todo o mundo. Mas vamos agora retornar ao período cristão primitivo.

A gradação dos Mistérios nos é dada por Proclo no quarto livro de sua *Teologia de Platão*. "O ritmo perfectivo (*teletê*) precede em ordem a iniciação (*muêsis*) e a iniciação precede o apocalipse final (revelação)."[5] Em *Mathematica*, Teão de Esmirna também divide os ritos místicos em cinco partes, "a primeira das quais é a purificação prévia; pois nem todos os mistérios são comunicados a todos os que desejam recebê-los [...] há certas pessoas que são impedidas pela voz do pregoeiro [...] visto ser necessário que aqueles que não são expulsos dos Mistérios sejam primeiro refinados por certas purificações antes da recepção dos ritos sagrados. A terceira parte é denominada *epopteia* ou recepção. E a quarta, que é o fim e o desígnio da revelação, é a amarração da cabeça e a fixação das coroas[6] [...] quer depois disso ele (a pessoa iniciada) se torne [...] um hierofante ou desempenhe alguma outra função do ofício sacerdotal. Mas a quinta, produzida a partir de todas essas, é amizade e comunhão interior com Deus."[7] Esse era o último e o mais terrível de todos os Mistérios.

Se, durante o *Aporrheta* ou arcanos preliminares, havia algumas práticas que pudessem chocar a modéstia de um cristão convertido –

embora duvidemos da sinceridade de tais informações –, seu simbolismo místico era suficiente para evitar qualquer acusação de licenciosidade. Mesmo o episódio de Matrona Baubo – cujo método de consolação um tanto excêntrico foi imortalizado nos Mistérios menores – é explicado por mistagogos imparciais com bastante naturalidade. Ceres-Deméter e suas andanças terrenas em busca da filha são as descrições evemerizadas de um dos assuntos mais metafísico-psicológicos já tratados pela mente humana. É uma máscara para a narrativa transcendental dos videntes iniciados: a visão celeste da alma liberta do iniciado da última hora, descrevendo o processo pelo qual a alma que ainda não se encarnou desce pela primeira vez à matéria. Taylor mostra, com autoridade superior à de um iniciado, que as "performances dramáticas dos Mistérios Menores foram projetadas por [...] seus fundadores, para significar *ocultamente* a condição da alma não purificada posta em um corpo terreno e envolvida em uma natureza material e física [...] Que a alma, de fato, até ser purificada pela filosofia, sofre a morte devido à sua união com o corpo".[8]

O corpo é o sepulcro, a prisão da alma, e muitos padres cristãos sustentaram com Platão que a alma é punida por meio da sua união com ele. Essa é a doutrina fundamental dos budistas e de muitos brâmanes também. Quando Plotino observa que, "quando a alma desce à geração (de sua condição semidivina), ela participa do mal e é levada a um estado oposto ao de sua primitiva pureza e integridade" (*Enéadas* 1.8), ele apenas repete os ensinamentos de Gautama Buda. Se acreditamos nos antigos iniciados, devemos aceitar sua interpretação dos símbolos. E se, além disso, descobrirmos que coincidem perfeitamente com os ensinamentos dos maiores filósofos e que aquilo que sabemos tem o mesmo significado nos mistérios modernos do Oriente, devemos acreditar que estão corretos.

Seja no "templo interno", por meio do estudo privado da teurgia, seja pelo esforço de uma vida inteira de trabalho espiritual, todos eles obtiveram a prova prática das possibilidades divinas para o homem travar sua batalha com a vida, na terra, a fim de conquistar uma vida na eternidade. A última *epopteia* é mencionada por Platão no *Fedro* (250 B, C): "Após ser iniciados naqueles Mistérios, que é lícito chamar os mais abençoados de todos [...] fomos libertados da importunação dos males que, caso contrário, esperariam por nós em um período futuro de tempo. Da mesma forma, em consequência dessa iniciação divina, nos tornamos espectadores de visões inteiras, simples, imóveis e abençoadas, residentes em uma luz pura". Essa frase mostra que eles tiveram visões, que viram deuses e espíritos. Como Taylor corretamente observa, de todas essas passagens nas obras dos iniciados pode-se inferir "que a parte mais sublime da *epopteia* [...] consistia em contemplar os próprios deuses revestidos de uma luz resplandecente"[9] ou espíritos planetários superiores.

A segunda declaração de Platão confirma nossa crença de que os Mistérios dos antigos eram idênticos às iniciações praticadas hoje entre os adeptos budistas e hindus. As visões mais elevadas, as mais verdadeiras, são produzidas, não por meio do êxtase natural ou de "médiuns", como às vezes se afirma erroneamente, mas de uma disciplina regular de iniciações graduais e desenvolvimento das faculdades psíquicas. Os *mystai* eram colocados em estreita união com aqueles a quem Proclo chama de "naturezas místicas" e "deuses resplandecentes", pois, como diz Platão, "éramos nós próprios puros e imaculados, já que libertos desta vestimenta envolvente que denominamos corpo e ao qual estamos presos como uma ostra à sua concha" (*Fedro* 250C).

A comunicação subjetiva com os espíritos humanos e divinos daqueles que nos precederam na silenciosa terra da bem-aventurança é dividida na Índia em três categorias. Sob o treinamento espiritual de um guru ou sannyasi, o vatu (discípulo ou neófito) começa a senti-los. Se ele não estivesse sob a orientação imediata de um adepto, acabaria controlado pelos invisíveis e ficaria totalmente à sua mercê, pois, entre essas influências subjetivas, seria incapaz de discernir os bons dos maus. Feliz o sensitivo que não duvida da pureza do seu ambiente espiritual!

 Essa consciência subjetiva é o primeiro grau; depois de um tempo, o da clariaudiência é adicionado. Esse é o segundo grau ou etapa de desenvolvimento. O sensitivo que não o é naturalmente, por treinamento psicológico, agora ouve com clareza, mas ainda é incapaz de discernir e de verificar suas impressões; e os astutos poderes do ar muitas vezes iludem, com semelhanças de vozes e fala, quem está desprotegido. Mas a influência do guru está lá; é o escudo mais poderoso contra a intrusão de *bhuta* na atmosfera do vatu, consagrado aos Pitris puros, humanos e celestiais.

 O terceiro grau é aquele em que o faquir ou qualquer outro candidato sente, ouve e vê – quando pode, à vontade, produzir os reflexos dos Pitris no espelho de luz astral. Tudo depende de seus poderes psicológicos e mesméricos, que são sempre proporcionais à intensidade de sua vontade. Mas o faquir nunca controlará o Akasa, o princípio de vida espiritual e agente onipotente de todos os fenômenos, no mesmo grau que um adepto da terceira e mais elevada iniciação. E os fenômenos produzidos pela vontade deste último geralmente não servem de vitrine para a satisfação de investigadores boquiabertos.

 Unidade de Deus, imortalidade do espírito, crença na salvação por meio de nossas obras, mérito e demérito: esses são os principais artigos de fé da Religião de Sabedoria e a base do vedaísmo, budismo e parsiísmo. Descobrimos que foi também a base do antigo osirismo, quando, depois de abandonar o popular deus do sol ao materialismo da ralé, confinamos nossa atenção aos Livros de Hermes, o três vezes grande.

 A razão pela qual, em todas as épocas, tão pouco se sabe sobre os mistérios da iniciação é dupla. A primeira já foi explicada por mais de um autor e reside no castigo terrível pela menor indiscrição. A segunda são as dificuldades e até mesmo os perigos sobre-humanos que o ousado candidato de outrora tinha de enfrentar, devendo vencer ou morrer na tentativa quando – o que é pior – não perdia a razão. Não havia perigo real para aquele cuja mente havia se tornado totalmente espiritualizada e, portanto, preparada para qualquer visão ameaçadora. Aquele que reconhecia sem entraves o poder de seu espírito imortal e nem por um momento duvidava de sua proteção onipotente não tinha nada a temer. Mas ai do candidato em quem o menor medo físico – filho doentio da matéria – o fazia perder a visão e a fé em sua própria invulnerabilidade! Aquele que não confiava em sua aptidão moral para aceitar o fardo desses tremendos segredos estava condenado.

Não temos nenhuma contenda com os cristãos cuja fé é sincera e cuja prática coincide com sua religião. Mas com um clero arrogante, dogmático e desonesto, não temos nada a fazer, exceto ver a filosofia antiga defendida e corrigida na medida do possível, de forma que sua grandeza e suficiência possam ser completamente exibidas. Não é só pela filosofia esotérica que lutamos, nem por qualquer sistema moderno de filosofia moral, mas pelo direito inalienável de julgamento privado e, especialmente, pela ideia enobrecedora de uma vida futura de atividade e responsabilidade.

Aplaudimos com entusiasmo estudiosos como Godfrey Higgins, Thomas Inman, Richard Payne Knight, C. W. King, S. F. Dunlap e dr. Newton, por mais que discordem de nossas próprias posturas místicas, pois sua diligência é constantemente recompensada por novas descobertas da paternidade pagã dos símbolos cristãos. Mas, de outra forma, todas essas obras eruditas são inúteis. Suas pesquisas cobrem apenas metade do campo. Na falta da verdadeira chave da interpretação, eles veem os símbolos apenas sob o aspecto físico. Não têm senha para fazer com que os portões do mistério se abram; a filosofia espiritual antiga é para eles um livro fechado.

Filosofia verdadeira e verdade divina são termos intercambiáveis. Uma religião que teme a luz não pode ser uma religião baseada na verdade ou na filosofia – portanto, deve ser falsa. Os antigos Mistérios eram mistérios apenas para os profanos, a quem o hierofante nunca buscou nem aceitaria como prosélitos; aos iniciados, explicavam-se os Mistérios assim que o véu final era erguido. Nenhuma mente como a de Pitágoras ou Platão se contentaria com um mistério insondável e incompreensível, como o do dogma cristão. Existe apenas uma verdade, pois duas pequenas verdades sobre o mesmo assunto só podem constituir um grande erro.

Entre milhares de religiões exotéricas ou populares em conflito, propagadas desde os dias em que os primeiros homens puderam trocar ideias, não houve uma nação, um povo ou uma tribo das mais toscas que não tenham, à sua maneira, acreditado num Deus Invisível, a Causa Primeira de leis infalíveis e imutáveis, bem como na imortalidade do espírito. Nenhum credo, nenhuma filosofia falsa, nenhum exagero religioso poderiam destruir esse sentimento. Tal crença, portanto, deve basear-se em uma verdade absoluta. Por outro lado, cada uma das inúmeras religiões e seitas religiosas vê a Divindade à sua própria maneira; e, engendrando no desconhecido suas próprias especulações, elas impõem esses rebentos puramente humanos da imaginação superexcitada às massas ignorantes e as chamam de "revelação". Como os dogmas de cada religião e seita quase sempre diferem radicalmente, não podem ser verdadeiros. E se são falsos, que vêm a ser?

NOTAS

1. W. R. Cassels. Londres, 1875, 2: parte 2, cap. 5.
2. Alexander Wilder.
3. Ver Thomas Taylor. *The Eleusinian and Bacchic Mysteries*, A. Wilder (org.). Nova York, 1875, p. 8.
4. A. Frank. *La Kabbale*, Paris, 1843, cap. 1.
5. *On the Theology of Plato*, trad. ingl. Thomas Taylor. Londres, 1816, p. 220.

6. Essa expressão não deve ser entendida literalmente, pois, como na iniciação de certas Irmandades, tem um significado secreto, sugerido por Pitágoras quando descreve seus sentimentos após a iniciação e diz que foi coroado pelos deuses, em cuja presença havia bebido "as águas da vida".
7. Taylor. *Eleus.*, pp. 46-7.
8. Taylor. *Eleus.*, pp. 4-5.
9. Taylor. *Eleus.*, p. 65.

17

Divisões Entre os Primeiros Cristãos

Clemente descreve Basilides, o gnóstico, como "um filósofo dedicado à contemplação das coisas divinas". Essa expressão, muito apropriada, pode se aplicar a muitos dos fundadores das seitas mais importantes que depois foram amalgamadas em uma – a estupenda combinação de dogmas ininteligíveis impostos por Irineu, Tertuliano e outros, que agora chamamos de cristianismo. Se devem ser chamadas de heresias, então o próprio cristianismo primitivo precisa ser incluído nesse número. Nem o direito divino nem a verdade trouxeram o triunfo de seu cristianismo; só o destino era propício. Podemos afirmar, com inteira plausibilidade, que todas estas seitas, cabalismo, judaísmo e nosso atual cristianismo, surgiram dos dois ramos principais daquele tronco-mãe, a religião outrora universal, que antecedeu as idades védicas: falamos do budismo pré-histórico, que mais tarde se fundiu com o bramanismo.

A religião com a qual o ensino primitivo de alguns apóstolos mais antigos se assemelhava – a religião pregada pelo próprio Jesus – é a mais velha das duas, o budismo. Este último, conforme ensinado em sua pureza primitiva e levado à perfeição pelo último dos Budas, Gautama, baseava sua ética moral em três princípios fundamentais. Preceituava que (1) tudo o que existe provém de causas naturais, (2) que a virtude traz sua própria recompensa, e o vício e o pecado sua própria punição e (3) que o estado do homem neste mundo é probatório. Podemos acrescentar que nesses três princípios repousa o fundamento universal de todo credo religioso: Deus e a imortalidade individual para cada homem – caso ele consiga ganhá-la. Por mais intrigantes que sejam os dogmas teológicos subsequentes e por mais aparentemente incompreensíveis que sejam as abstrações metafísicas que convulsionaram a teologia de cada uma das grandes religiões da humanidade assim que foi instalada em bases seguras, o acima exposto é considerado a essência de toda filosofia religiosa, com exceção do cristianismo posterior. Era a de Zoroastro, de Pitágoras, de Platão, de Jesus e até mesmo de Moisés, embora os ensinamentos do legislador judeu tenham sido, em grande parte, piedosamente adulterados.

Devotaremos este capítulo principalmente a um breve levantamento das numerosas seitas que se reconheceram como cristãs – isto é, que acreditaram em um *Christos*, ou UNGIDO. Também nos esforçaremos para explicar o último nome do ponto de vista cabalístico e mostrar que ele reaparece em todos os sistemas religiosos.

A história descobre que as primeiras seitas cristãs foram de nazarenos, como João Batista; ebionitas, entre os quais se contavam muitos parentes de Jesus; ou essênios (*iessaens*), os curandeiros terapeutas, dos quais os *nazaria* constituíam um ramo. Todas essas seitas, que somente nos dias de Irineu começaram a ser consideradas heréticas, eram mais ou menos cabalísticas. Acreditavam na expulsão de demônios por encantamentos mágicos e praticavam esse método; Jervis chama os nabateus e outras seitas dessas de "exorcistas judeus errantes"[1]: a palavra árabe *nabae* significa "vagar" e o hebraico *naba*, "profetizar". O Talmude chama indiscriminadamente todos os cristãos de *nozari*.

O verdadeiro significado da palavra *nazar* é "fazer um voto" ou "consagrar-se ao serviço de Deus". Como substantivo, é um "diadema" ou emblema dessa consagração ou uma cabeça assim consagrada. Os *nazars* ou profetas, assim como os nazarenos, em comum com todos os profetas iniciados, se apegaram ao espírito das religiões simbólicas e ofereceram aguerrida resistência às práticas idólatras e exotéricas da letra morta. Daí o frequente apedrejamento dos profetas pela população e sob a liderança dos sacerdotes, que ganhavam a vida com as superstições populares.

O naziriato existia muito antes das leis de Moisés e se originou entre os povos mais hostis aos "escolhidos" de Israel, a saber, o povo da Galileia, o antigo *olla-podrida* de nações idólatras, onde foi construída Nasera, atual Nazaré. É em Nasera que os antigos nazários ou nazireus realizavam seus "Mistérios da Vida" ou "assembleias", como a palavra é agora traduzida, que eram apenas os mistérios secretos da iniciação, totalmente distintos em sua forma prática dos Mistérios populares que se realizavam em Biblos em homenagem a Adônis.

Os nazarenos mais antigos, cujo último líder proeminente foi João Batista, embora nunca muito ortodoxos aos olhos dos escribas e fariseus de Jerusalém, eram, no entanto, respeitados e ninguém os molestava. Até mesmo Herodes "temia a multidão", que considerava João um profeta (Mateus 14,5). Mas os seguidores de Jesus evidentemente aderiram a uma seita que se tornou um espinho ainda mais exasperante na carne deles. Parecia uma heresia dentro de outra; pois, enquanto os *nazars* dos tempos antigos, os "Filhos dos Profetas", eram cabalistas caldeus, os adeptos da nova seita dissidente mostraram-se reformadores e inovadores desde o início.

A grande semelhança traçada por alguns críticos entre os ritos e observâncias dos primeiros cristãos e os dos essênios pode ser explicada sem a menor dificuldade. Os essênios eram os convertidos de missionários budistas que invadiram o Egito, a Grécia e até a Judeia em determinada época, desde o reinado de Asoka, o zeloso propagandista; e, embora seja evidentemente aos essênios que pertença a honra de ter tido como discípulo o reformador nazareno, Jesus, este discordou de seus primeiros mestres em várias questões de observância formal. Ele não pode ser estritamente chamado de essênio, por razões que indicaremos mais adiante, nem era um nazar ou nazário da seita mais antiga. O que Jesus era pode ser encontrado no *Codex Nazaraeus*, nas injustas acusações dos gnósticos bardesanos.

O reformador nazareno, sem dúvida, pertencia a uma dessas seitas, embora talvez seja quase impossível decidir qual. Mas é evidente que ele pregou a filosofia de Buda Sakyamuni. O objetivo de Jesus era evidentemente igual ao de Gautama Buda: beneficiar a humanidade em geral, promovendo uma reforma religiosa que lhe desse uma religião de pura ética, pois o verdadeiro conhecimento de Deus e da natureza tinha permanecido até então exclusivamente nas mãos das seitas esotéricas e seus adeptos. Como Jesus usou óleo e os essênios só usaram água pura,[2] ele não pode ser chamado de essênio no sentido estrito da palavra. Por outro lado, os essênios também foram "separados"; eram curadores (*asaya*) e viviam no deserto como todos os ascetas.

Sabe-se que nossa seita nazarena já existia no ano 150 a.C., nas margens do Jordão e na costa leste do Mar Morto, de acordo com Plínio e Josefo.[3] Mas nos *Gnósticos* de King vemos, citada, outra declaração de Josefo, segundo a qual os essênios se estabeleceram nas margens do Mar Morto "milhares de anos" antes da época de Plínio.[4]

As doutrinas secretas dos Magos, dos budistas pré-védicos, dos hierofantes do egípcio Thoth ou Hermes e dos adeptos de qualquer época e nacionalidade, incluindo os cabalistas caldeus e os nazares judeus, eram idênticas desde o início. Quando usamos o termo *budista*, não nos referimos ao budismo exotérico instituído pelos seguidores de Gautama Buda ou à religião budista moderna, mas à filosofia secreta de

Sakyamuni, a qual, em sua essência, é certamente idêntica à antiga religião sapiencial do santuário, o bramanismo pré-védico.

Já em algum momento antes de nossa era, os adeptos haviam deixado de se reunir em grandes comunidades, exceto na Índia; mas seja entre os essênios, os neoplatônicos ou, novamente, entre as inúmeras seitas dissidentes nascidas para morrer, as mesmas doutrinas – idênticas em substância e espírito, nem sempre em forma – são encontradas. Por budismo, então, queremos dizer a religião que significa literalmente a doutrina da sabedoria e que por muitas épocas antecede a filosofia metafísica de Sidarta Sakyamuni.

Em seus discursos e sermões, Jesus sempre falava por parábolas e usava metáforas com seu público. Esse hábito era também o dos essênios e dos nazarenos; os galileus que moravam em cidades e vilas nunca foram conhecidos por usar tal linguagem alegórica. Na verdade, alguns de seus discípulos que eram galileus como ele ficaram surpresos ao vê-lo usar com o povo essa forma de expressão. "Por que falas a eles por parábolas?", perguntavam com frequência. "Porque a vós é dado conhecer os mistérios do reino dos céus, mas a eles não é dado", era a resposta, que era o argumento de um iniciado. "Portanto, eu lhes falo por parábolas; porque vendo não veem e ouvindo não ouvem nem entendem" (Mateus 13,10-13). Além disso, encontramos Jesus expressando seus pensamentos com mais clareza ainda – e em frases puramente pitagóricas – quando, durante o Sermão da Montanha, diz:

> Não deis o que é sagrado para os cães,
> Nem jogueis vossas pérolas aos porcos,
> Pois os porcos as pisarão
> E os cães, voltando-se, vos estraçalharão.

O professor A. Wilder, editor dos *Eleusinian Mysteries* de Taylor (15, nota de rodapé.), observa "uma disposição semelhante da parte de

Jesus e Paulo de classificar suas doutrinas como esotéricas e exotéricas, os Mistérios do Reino de Deus 'para os apóstolos' e as 'parábolas' para a multidão. 'Falamos de sabedoria', diz Paulo, 'entre os que são perfeitos' (ou iniciados)".

Nos Mistérios eleusinos e outros, os participantes sempre foram divididos em duas classes, os *neófitos* e os *perfeitos*. Os primeiros às vezes eram admitidos à iniciação preliminar: a representação dramática de Ceres, ou a alma, descendo ao Hades.[5] Mas só os "perfeitos" desfrutavam dos Mistérios do divino Elísio, a morada celestial dos bem-aventurados, sendo esse Elísio, inquestionavelmente, idêntico ao "Reino dos Céus". Contradizer ou rejeitar o que foi dito acima seria simplesmente fechar os olhos para a verdade.

Assim, em comum com Pitágoras e outros reformadores hierofantes, Jesus dividiu seus ensinamentos em exotéricos e esotéricos. Seguindo fielmente os métodos essênios pitagóricos, ele nunca se sentava para uma refeição sem dizer "graça". "O sacerdote ora antes de sua refeição", diz Josefo, descrevendo os essênios [*Guerra dos Judeus* 2.8.5]. Jesus, também, dividiu seus seguidores em "neófitos", "irmãos" e "perfeitos", a julgar pela diferença que estabeleceu entre eles. Mas sua carreira, pelo menos como um rabino público, foi de duração muito curta para permitir que ele criasse uma escola regular própria; e talvez, com exceção de João, não parece que tenha iniciado qualquer outro apóstolo.

Tudo isso aponta inegavelmente para o fato de que, exceto por um punhado de cristãos autoproclamados que posteriormente triunfaram, toda a parte civilizada dos pagãos que conheciam Jesus o honrou como um filósofo, um adepto que eles colocaram no mesmo nível de Pitágoras e Apolônio. De onde vem então essa veneração, da parte deles, por um homem que era simplesmente, conforme representado pelos Sinópticos, um pobre e desconhecido carpinteiro judeu de Nazaré? Como um Deus encarnado, não há um único registro dele, nesta terra, capaz de resistir ao exame crítico da ciência; mas como um dos maiores reformadores, inimigo encarniçado de todo dogmatismo teológico, perseguidor do fanatismo e mestre de um dos mais sublimes códigos de ética, Jesus é uma das figuras mais grandiosas e claramente definidas no panorama da história humana. Sua época pode, a cada dia, mergulhar cada vez mais nas brumas sombrias e nebulosas do passado; e sua teologia, baseada na fantasia humana e apoiada por dogmas insustentáveis pode, ou melhor, deve a cada dia perder mais de seu prestígio imerecido; apenas a grande figura do filósofo e reformador moral, em vez de esmaecer, se tornará a cada século mais pronunciada e mais claramente definida. Ela reinará, suprema e universal, apenas no dia em que toda a humanidade reconhecer somente um pai – o Desconhecido em cima – e um irmão – toda a humanidade embaixo.

Na primeira observação que faz sobre João Batista, Jesus se refere a ele como "Elias, o qual estava para vir". Essa afirmação, se não for uma interpolação posterior para ter uma profecia cumprida, significa novamente que Jesus foi um cabalista, a menos que adotemos a doutrina dos espíritas franceses e suspeitemos que ele acreditava na reencarnação. Exceto pelas seitas cabalísticas dos essênios, dos nazarenos, dos discípulos de Shimon ben-Yohai e Hillel, nem os judeus ortodoxos nem os galileus acreditavam na doutrina da permutação ou sabiam qualquer coisa a respeito dela. E os saduceus rejeitavam até mesmo a da ressurreição.

Mas essa doutrina da permutação, ou *revolutio*, não deve ser entendida como uma crença na reencarnação. O fato de Moisés ter sido considerado a transmigração de Abel e Set não implica que os cabalistas – aqueles que foram iniciados, pelo menos – acreditassem que o espírito idêntico de qualquer um dos filhos de Adão reaparecera sob a forma corpórea de Moisés. Mostra apenas o modo de expressão que usavam ao aludir a um dos mistérios mais profundos da Gnose Oriental, um dos mais majestosos artigos de fé da Sabedoria Secreta. Foi propositalmente velado de modo a ocultar e a revelar a verdade apenas em parte.

Implicava que Moisés, como outros homens divinos, teria alcançado o mais alto estado na Terra – o mais raro de todos os fenômenos psicológicos –, a união perfeita entre o espírito imortal e a *díade* terrestre. A trindade estava completa. Um deus havia encarnado. Mas quão raras são essas encarnações!

A expressão "Vós sois deuses", que para nossos estudantes bíblicos é uma mera abstração, tem para os cabalistas um significado vital. Cada espírito imortal que irradia seu brilho sobre o ser humano é um deus – o Microcosmo do Macrocosmo, parte integrante do Deus Desconhecido, a Causa Primeira da qual é uma emanação direta. Ele possui todos os atributos de sua fonte original, como a onisciência e a onipotência. Dotado desses, mas incapaz de manifestá-los totalmente enquanto no corpo, tempo durante o qual ficam obscurecidos, velados e limitados pelas capacidades da natureza física, o homem assim divinamente habitado pode elevar-se muito acima de sua espécie, evidenciar uma sabedoria divina e exibir poderes deíficos; pois, enquanto os outros mortais ao seu redor são apenas ofuscados por seu EU divino, com toda a possibilidade de se tornarem imortais no futuro, mas sem nenhuma outra garantia além de seus esforços pessoais para ganhar o reino dos céus, o homem assim escolhido já se tornou um imortal enquanto ainda está na terra. Seu prêmio está garantido. Doravante, ele viverá para sempre na vida eterna. Ele não só pode ter a "dominação" (Salmos 8,6) sobre todas as obras da criação, empregando a "excelência" do NOME (o inefável), como será mais elevado nesta vida, não, como Paulo teria dito, "um pouco mais baixo do que os anjos".

Os antigos nunca nutriram o pensamento sacrílego de que tais entidades perfeitas fossem encarnações do Deus supremo e para sempre invisível. Nenhuma profanação da terrível Majestade entrou em sua concepção. Moisés e seus antítipos e tipos eram para eles apenas homens completos, deuses na terra, pois seus deuses (espíritos divinos) haviam entrado em seus tabernáculos sagrados, os corpos físicos purificados. Os espíritos desencarnados dos heróis e sábios eram chamados de deuses pelos antigos – daí a acusação de politeísmo e idolatria por parte daqueles que foram os primeiros a antropomorfizar as abstrações mais sagradas e puras de seus antepassados.

O sentido real e oculto dessa doutrina era conhecido por todos os iniciados. Os Tannaim o transmitiram aos seus eleitos, os Ozarim, nas solidões solenes das criptas e lugares desertos. Foi um dos segredos mais esotéricos e zelosamente guardados, pois a natureza humana era a mesma de hoje, e a casta sacerdotal tão confiante quanto agora na supremacia de seu conhecimento e ávida por ascendência sobre as massas mais fracas, com a diferença talvez de que seus hierofantes podiam provar a legitimidade de suas afirmações e a plausibilidade de suas doutrinas, ao passo que agora os crentes devem se contentar com uma fé cega.

Enquanto os cabalistas chamavam essa ocorrência misteriosa e rara de união do espírito com a carga mortal confiada aos seus cuidados, a "descendência do anjo Gabriel" (sendo este último uma espécie de nome genérico para ela), o Mensageiro da Vida e o anjo Metatron, e enquanto os nazarenos chamavam o Hibil-Ziwa[6] de *Legatus* enviado pelo Senhor da Celsitude, ele era universalmente conhecido como o "Espírito Ungido".

Assim, a aceitação dessa doutrina levou os gnósticos a sustentarem que Jesus era um homem ofuscado pelo *Christos* ou Mensageiro da Vida e que seu grito de desespero na cruz, "*Eli, Eli, lama shabachthani*", lhe foi arrancado quando sentiu que aquela Presença inspiradora o deixara finalmente, pois – como alguns afirmam –, sua fé também o havia abandonado na cruz.

Os primeiros nazarenos, que devem ser contados entre as seitas gnósticas, acreditando que Jesus era um profeta, ainda assim mantinham em relação a ele a mesma doutrina do divino "ofuscamento" de certos "homens de Deus", enviados para salvar as nações e trazê-las de volta ao caminho da justiça.

E agora, a fim de tornar mais inteligíveis passagens como as anteriores, nos esforçaremos para definir o mais brevemente possível os dogmas nos quais, com diferenças insignificantes, quase todas as seitas gnósticas acreditavam.

Foi em Éfeso que floresceu naqueles dias o maior colégio, onde as abstrusas especulações orientais e a filosofia platônica eram ensinadas conjuntamente. Esse colégio constituía o foco das doutrinas "secretas" universais, o estranho laboratório de onde, moldada na elegante fraseologia grega, surgiu a quintessência das filosofias budista, zoroastriana e caldaica. Ártemis, o gigantesco símbolo concreto das abstrações teosófico-panteístas e a grande mãe Multimamma, andrógina e padroeira dos "escritos efésios", foi vencida por Paulo; mas, embora os zelosos convertidos dos apóstolos fingissem queimar todos os seus livros sobre "artes curiosas", restou um número suficiente deles, que estudaram quando seu primeiro zelo arrefeceu.

Foi a partir de Éfeso que quase toda a Gnose se espalhou, chocando-se ferozmente com os dogmas de Irineu; e foi ainda Éfeso, com seus numerosos ramos colaterais do grande colégio dos essênios, que provou ser o viveiro de todas as especulações cabalísticas trazidas pelos Tannaim do cativeiro. "Em Éfeso", diz A. J. Matter, "as noções da escola judaico-egípcia e as especulações semipersas dos cabalistas haviam surgido recentemente para consolidar a grande união das doutrinas gregas e asiáticas, não sendo, pois, de admirar que seus professores se esforçassem para combinar a religião recentemente pregada pelo apóstolo com as ideias havia tanto tempo estabelecidas ali" [em King, *Gnostics* 3].

Vejamos agora quais são as maiores heresias dos gnósticos. Selecionaremos Basilides como padrão para as nossas comparações, pois todos os fundadores de outras seitas gnósticas se agrupam ao redor dele como um aglomerado de estrelas e tomam emprestada a luz de seu sol.

Basilides afirmava que haurira todas as suas doutrinas do apóstolo Mateus e de Pedro por intermédio de Glauco, o discípulo deste último (Clemente de Alexandria, *Stromateis* 7, 17). De acordo com Eusébio (*História Eclesiástica* 4.7), ele publicou vinte e quatro volumes de *Interpretações dos Evangelhos*: todos foram queimados e isso nos leva a supor que continham matéria mais verdadeira do que a escola de Irineu estava preparada para negar. Ele afirmou que o Pai desconhecido, eterno e incriado gerou primeiro o *Nous* ou Mente e essa projetou de si o *Logos*. O Logos (a Palavra de João) projetou por sua vez *Phronêsis* ou Inteligências (Espíritos divinos-humanos). De Phronêsis surgiu *Sophia*, ou sabedoria feminina, e *Dynamis* – força. Esses eram os atributos personificados da divindade misteriosa, o *quinternion* gnóstico, tipificando as cinco substâncias espirituais, mas inteligíveis, virtudes pessoais ou seres exteriores à divindade desconhecida. Essa é uma ideia preeminentemente cabalística. E, mais ainda, budista.

O sistema mais antigo da filosofia budista, que precedeu Gautama Buda de longe, é baseado na substância não criada do "Desconhecido", o Buda Adi.[8] Essa Mônada eterna e infinita possui, como característica de sua própria essência, cinco atos de sabedoria. A partir desses, por cinco atos separados de Dhyana, ela emitiu cinco Budas Dhyani; estes, como o Buda Adi, são quiescentes (passivos) em seu sistema. Nem Adi nem nenhum dos cinco Budas Dhyani jamais encarnaram, mas sete de suas encarnações se tornaram avatares, isto é, encarnaram nesta terra.

Descrevendo o sistema basilidiano, Irineu, citando os gnósticos, declara o seguinte: "Quando o Pai incriado e não nomeado viu a corrupção da humanidade, enviou seu Nous primogênito ao mundo na forma de Cristo, para a redenção de todos os que acreditavam nele, graças ao poder daqueles que fabricaram o mundo (o Demiurgo e seus seis filhos, os gênios planetários). Ele apareceu entre os homens como o homem Jesus e fez milagres. Esse Cristo não morreu em pessoa, mas Simão, o Cirineu, a quem ele emprestou sua forma corpórea, sofreu em seu lugar; pois o Poder Divino, o Nous do Pai Eterno, não é corpóreo e não pode morrer. Quem, portanto, afirma que o Cristo morreu ainda é escravo da ignorância; quem nega isso é livre e compreendeu o propósito do Pai" (Irineu, *Adv. Haer.* 1.24.4).

Até aqui, não vemos nada de blasfemo nesse sistema, quando tomado em seu sentido abstrato. Pode ser uma heresia contra a teologia de Irineu e Tertuliano, mas certamente não há nada de sacrílego na ideia religiosa em si, que parecerá a todo pensador imparcial muito mais consistente com a reverência divina do que o antropomorfismo do cristianismo tal como o conhecemos. Os gnósticos foram chamados pelos cristãos ortodoxos de *docetae*, ou ilusionistas, por acreditarem que Cristo não morreu e não poderia realmente morrer – em um corpo físico. Os livros bramânicos posteriores também contêm muitas coisas que são repugnantes ao sentimento reverencial e à ideia da Divindade; e, como os gnósticos, os brâmanes explicam certas lendas, que podem chocar a dignidade divina dos seres espirituais chamados de deuses, atribuindo-as a *Maya*, ou Ilusão.

As especulações mais profundas e transcendentais dos antigos metafísicos da Índia e de outros países são todas baseadas naquele grande princípio budista e bramânico subjacente a toda a sua metafísica religiosa – *ilusão* de sentidos. Tudo o que é finito é ilusão, tudo o que é eterno e infinito é realidade. Forma, cor, aquilo que ouvimos, sentimos ou vemos com nossos olhos mortais existe apenas na medida em que pode ser transmitido a nós por meio dos sentidos. O universo para um cego de nascença não existe nem na forma nem na cor, mas existe em sua privação (no sentido aristotélico) e é uma realidade para os sentidos espirituais do cego. Todos nós vivemos sob o poderoso domínio da fantasia. Apenas os *originais* mais elevados e invisíveis, emanados do pensamento do Desconhecido, são seres, formas e ideias reais e permanentes; na terra vemos apenas seus reflexos, mais ou menos corretos, e sempre dependentes da organização física e mental de quem os contempla.

Os objetos dos sentidos, sendo sempre ilusórios e flutuantes, não podem ser uma realidade. Só o espírito é imutável, portanto, só ele não é uma ilusão. Isso é pura doutrina budista. A religião da gnose, o ramo mais conhecido do budismo, foi totalmente baseada nesse princípio metafísico. Cristo sofreu espiritualmente por nós e de forma muito mais aguda do que o ilusório Jesus, enquanto seu corpo era torturado na cruz.

Nas ideias dos cristãos, Cristo é apenas um outro nome para Jesus. A filosofia dos gnósticos, dos iniciados e dos hierofantes o entendia de outra forma. Cristo, como unidade, é apenas abstração: uma ideia geral que representa a agregação coletiva das inúmeras entidades espirituais que são as emanações diretas da Causa Primeira infinita, invisível e incompreensível – os espíritos individuais dos homens, erroneamente chamados de almas. Eles são os filhos divinos de Deus, alguns dos quais apenas ofuscam os homens mortais; alguns permanecem para sempre espíritos planetários e alguns – a menor e rara minoria – se unem durante a vida a alguns homens. Seres divinos como Gautama Buda, Jesus, Lao-Tsé, Krishna e alguns outros se uniram aos seus espíritos permanentemente – e se tornaram deuses na terra. Outros, como Moisés, Pitágoras, Apolônio, Confúcio, Platão, Jâmblico e alguns santos cristãos, permanecendo unidos assim por intervalos, assumiram posição na história como semideuses e líderes da humanidade. Quando aliviadas de seus tabernáculos terrestres, suas almas libertas, doravante unidas para sempre com seus espíritos, reúnem-se a toda a hoste resplandecente, que está unida em uma solidariedade espiritual de pensamento e ação, sendo chamadas de "ungidas". Daí a acepção dos gnósticos: ao dizer que "Christos" sofreu espiritualmente pela humanidade, deixavam implícito que seu espírito divino sofreu mais.

Essas, porém mais elevadas, eram as ideias de Márcion, o grande "heresiarca" do século II, como é chamado por seus oponentes. Ele foi para Roma em 139-142 d.C., de acordo com Tertuliano, Irineu, Clemente e a maioria de seus comentadores modernos. Sua influência deve ter sido enorme, pois vemos Epifânio escrevendo, mais de dois séculos depois, que em sua época os seguidores de Márcion podiam ser encontrados no mundo inteiro.[9]

Márcion, que como Evangelhos só reconhecia algumas epístolas de Paulo, rejeitou totalmente o antropomorfismo do Antigo Testamento, traçou uma linha distinta de demarcação entre o antigo judaísmo e o cristianismo. Ele não via Jesus como Rei, Messias dos Judeus ou filho de Davi, de alguma forma ligado à lei ou aos profetas, mas como "um ser divino enviado para revelar ao homem uma religião espiritual, totalmente nova, e um Deus de bondade e graça até então desconhecidas". A seus olhos, o "Senhor Deus" dos judeus, o Criador (Demiurgo), era totalmente diferente e distinto da Divindade que enviou Jesus para revelar a verdade divina, pregar a boa nova e trazer reconciliação e salvação a todos. A missão de Jesus – de acordo com Márcion – era revogar o "Senhor" judeu, que "se opunha ao Deus e Pai de Jesus Cristo como a matéria se opõe ao espírito e a impureza se opõe à pureza" [*Religião Sobrenatural* 2:104].

Estaria Márcion errado? Foi blasfêmia, intuição ou inspiração divina nele expressar aquilo que todo coração honesto, ansioso pela verdade, até certo ponto sente e reconhece? Em seu desejo sincero de estabelecer uma religião puramente espiritual, uma fé universal baseada na verdade não adulterada, ele achou necessário fazer do cristianismo um sistema inteiramente novo e separado do judaísmo, baseando sua autoridade nas próprias palavras de Cristo. "Ninguém costura remendo de pano novo em roupa velha... porque maior se faz a rotura [...]. Nem se deita vinho novo em odres velhos, senão os odres se rompem, o vinho escorre e os odres se estragam; mas deita-se vinho novo em odres novos e ambos são preservados" [Mateus 9,16-17]. Em que aspecto o Deus ciumento, colérico e vingativo se assemelha à divindade desconhecida, o Deus de misericórdia pregado por Jesus – *seu* Pai que está nos céus e Pai de toda a humanidade? Só esse Pai é o Deus do Espírito e da Pureza, e compará-lo com a Divindade Sinaítica, subordinada e caprichosa, é um erro.

Jesus alguma vez pronunciou o nome de Jeová? Ele alguma vez comparou seu Pai com esse Juiz severo e cruel? Seu Deus de misericórdia, amor e justiça com o gênio da retaliação? Nunca! Desde aquele dia memorável em que pregou o Sermão da Montanha, um abismo incomensurável se abriu entre seu Deus e a outra divindade que enviava suas leis em forma de raios daquele outro monte – o Sinai. A linguagem de Jesus é inequívoca; implica não apenas uma rebelião, mas um desafio ao "Senhor Deus" mosaico. "Ouvistes", diz-nos ele, "o que foi dito: olho por olho e dente por dente; mas eu vos digo que não deveis resistir ao mal; mas a qualquer que vos ferir na face direita, oferecei-lhe a outra também. Ouvistes o que foi dito: amarás o teu próximo e odiarás o teu inimigo. Mas eu vos digo: amai os vossos inimigos, abençoai os que vos maldizem, fazei bem aos que vos odeiam e orai pelos que vos maltratam e perseguem" (Mateus 5,38-44).

"Bom mestre, o que devo fazer para conquistar a vida eterna?", pergunta um homem a Jesus. "Guarda os mandamentos." "Quais?" "Não matarás, não cometerás adultério, não furtarás, não dirás falso testemunho", é a resposta (Mateus 19,16-18).

"O que devo fazer para obter a posse de Bodhi (conhecimento da verdade eterna)?", pergunta um discípulo a seu mestre budista. "Qual é a maneira de me tornar um Upasaka?" "Cumpre os mandamentos." "Quais são eles?" "Abstém-te de assassinar, roubar, cometer adultério e mentir durante toda a tua vida", responde o mestre (*Pitakattayan*, livro 3, versão em páli).

Preceitos idênticos, não? Preceitos divinos, cuja observância purificaria e exaltaria a humanidade. Mas são mais divinos quando pronunciados por uma boca do que por outra? Se é divino pagar o mal com o bem, a enunciação do preceito por um nazareno lhe dá mais força do que se fosse enunciado por um filósofo indiano ou tibetano? Vemos que a Regra de Ouro não foi original com Jesus, que seu local de nascimento foi a Índia. Não importa o que pensarmos, não podemos negar ao Buda Sakyamuni uma antiguidade de vários séculos antes do nascimento de Jesus. Ao buscar um modelo para seu sistema de ética, por que Jesus não deveria ter ido ao sopé do Himalaia em vez de ao sopé do Sinai, exceto pelo fato de que as doutrinas de Manu e Gautama se harmonizavam exatamente com a sua própria filosofia, enquanto as de Jeová eram para ele abomináveis e aterrorizantes? Os hindus ensinaram a pagar o mal com o bem, mas a ordem de Jeová era: "Olho por olho" e "dente por dente".

Se o "Senhor Deus" mosaico era o único Deus vivo e Jesus seu único filho, como explicar a linguagem rebelde deste último? Sem hesitação ou restrição, ele varre a *lex talionis* judaica e a substitui pela lei da caridade e da abnegação. Se o Antigo Testamento é uma revelação divina, como pode o Novo Testamento ser também? Somos obrigados a acreditar e a adorar uma Deidade que se contradiz a cada centena de anos? Moisés era inspirado ou Jesus não era filho de Deus? Tal é o dilema, do qual os teólogos são obrigados a nos resgatar. Foi desse dilema que os gnósticos se esforçaram para salvar o cristianismo nascente.

NOTAS

1. J. Jervis-White Jervis. *Genesis Elucidated*. Londres, 1852, p. 324.
2. "Os essênios consideravam o azeite como uma contaminação", diz Josefo, *Guerra dos Judeus* 2.8.3.
3. Plínio. *História Natural* 5.15.73; Josefo. *Antiguidades Judaicas* 13.5.9, 15.10.4-5, 18.1.5.
4. King acha isso um grande exagero; para ele os essênios, que eram sem dúvida monges budistas, não passavam de "uma continuação das associações conhecidas como 'Filhos dos Profetas'". *The Gnostics and Their Remains*. Londres, 1864, 22 nota de rodapé.

5. A descida ao Hades significava que era destino inevitável de cada alma unir-se por um tempo a um corpo terrestre. Essa união, ou perspectiva sombria da alma de se encontrar aprisionada dentro do calabouço escuro de um corpo, foi considerada por todos os filósofos antigos e até mesmo pelos budistas modernos como uma punição.
6. Codex Nazaraeus, trad. M. Norberg, Londres, 1815, 1:23.
7. Os evangelhos interpretados por Basilides não eram os nossos evangelhos atuais, que, como foi provado pelas maiores autoridades, não existiam em seus dias. Ver "Basilides", 2.6 em *Supernatural Religion*.
8. Os cinco, misticamente, somam dez. Eles são andróginos. "Tendo dividido seu corpo em duas partes, a Sabedoria Suprema tornou-se masculina e feminina" (*Manu* livro. 1, *sloka* 32). Existem muitas ideias budistas no bramanismo.
9. *Panarion* liv. 1, tom. 3; *Adv. Haer.* 42.1.

18

Cosmogonias Orientais e Registros Bíblicos

Se, deixando por enquanto os fundadores proeminentes das seitas cristãs, nos voltarmos agora para a dos ofitas, que assumiu um perfil definido na época de Márcion e dos seguidores de Basilides, encontraremos nela a razão para as heresias de todas as outras. Como todos os outros gnósticos, eles rejeitaram a Bíblia Mosaica inteiramente. No entanto, sua filosofia, afora algumas deduções originais de muitos dos mais importantes fundadores dos vários ramos do gnosticismo, não era nova. Passando pela tradição cabalística caldaica, ela reuniu seus materiais nos livros herméticos e, se recuarmos ainda mais em busca de suas especulações metafísicas, vamos encontrá-la se debatendo entre os princípios de Manu e a mais antiga gênese pré-sacerdotal hindu.

Muitos de nossos eminentes antiquários remontam as filosofias gnósticas ao budismo, o que não prejudica, no final, nem os seus nem os nossos argumentos. Repetimos: o budismo é apenas a fonte primitiva do bramanismo. Não é contra os Vedas primitivos que Gautama protesta. É contra a religião sacerdotal e oficial de seu país; e os brâmanes, que para dar justificativa e autoridade às castas em um período posterior encheram os antigos manuscritos com *slokas* interpolados, queriam provar que as castas foram predeterminadas pelo Criador em razão do próprio fato de cada classe de homens ter saído de um membro mais ou menos nobre de Brahma.

A filosofia de Gautama Buda era a ensinada desde o começo dos tempos no segredo impenetrável dos santuários recônditos dos pagodes. Não devemos nos surpreender, portanto, ao encontrar novamente, em todos os dogmas fundamentais dos gnósticos, os princípios metafísicos do bramanismo e do budismo. Eles sustentavam que o Antigo Testamento foi a revelação de um ser inferior, uma divindade subordinada, e não continha uma única frase de sua *Sofia*, a Sabedoria Divina. Quanto ao Novo Testamento, perdeu sua pureza quando os compiladores se tornaram culpados de interpolações.

Os gnósticos ofitas ensinavam a doutrina das Emanações, muito odiosa para os defensores da unidade na trindade e vice-versa. A Divindade desconhecida, para eles, não tinha nome, mas sua emanação feminina era chamada Bythos ou Profundidade.[1] Equivalia à *Shekhinah* dos cabalistas, o "Véu" que esconde a "Sabedoria" no crânio da mais alta das três cabeças. Do mesmo modo que a Mônada pitagórica, essa Sabedoria sem nome era a Fonte da Luz (*Ennoia* ou Mente é a própria Luz). Esta última também era chamada de "Homem Primitivo", como o Adam-Kadmon ou antigo ADÃO da Cabala.

Assim o "sem nome e o não revelado", Bythos (seu reflexo feminino) e Ennoia (a Mente revelada, procedente de ambos ou seu Filho), são as contrapartidas da primeira tríade caldaica, bem como as da Trimurti bramânica. Vamos comparar; em todos os três sistemas, vemos:

A GRANDE CAUSA PRIMEIRA como o UM, o germe primordial, o TODO grande e não revelado, existindo por meio de si mesmo. Nestes panteões:

Indiano	Caldaico	Ofita
Brahman-Dyaus	Ilu, Cabalístico AIN SOPH	O Sem Nome ou Nome Secreto

Sempre que desperta de seu sono e deseja se manifestar, o Eterno se divide em masculino e feminino. Então, se torna em cada sistema a Divindade de Duplo Sexo, o Pai e a Mãe universais:

Indiano	Caldaico	Ofita
Brahma	Eikon ou AIN SOPH	Espírito sem Nome
Nara (macho)	Anu (macho)	Abrasax (macho)
Nari (fêmea)	Anata (fêmea)	Bythos (fêmea)

Da união dos dois emana um terceiro ou Princípio criativo – o Filho ou o Logos manifestado, o produto da Mente Divina:

Indiano	Caldaico	Ofita
Viraj, o Filho	Bel, o Filho	Ophis (outro nome para Ennoia), o Filho

Além disso, cada um desses sistemas tem uma trindade masculina, cada uma procedendo separadamente de uma divindade feminina. Então, por exemplo:

Indiana	Caldaica	Ofita
A trindade Brahma, Vishnu, Shiva, se combina em UMA, que é Brahma (gênero neutro), criando e sendo criada por meio de Nari (a mãe da fecundidade perpétua).	A trindade ANU, Bel, Hoa (ou Sin, Samas, Bin) se mistura em UMA, que é Anu (duplo sexo) por meio da Virgem Myllita.	A trindade Sigê, Bythos, Ennoia torna-se UMA, que é Abrasax, da Virgem Sofia (ou Pneuma), que é, ela própria, uma emanação de Bythos e do Deus-Mistério; deles, emana Christos.

Embora seja denominado o "Homem Primitivo", Ennoia é como o Pimandro egípcio, o "Poder do Pensamento Divino", a primeira manifestação inteligível do Espírito Divino em forma material; ele é como o Filho "Unigênito" do "Pai Desconhecido" de todas as outras nações. Ele é o emblema da primeira aparição da Presença divina em suas próprias obras de criação, tangíveis e visíveis e, portanto, compreensíveis.

O Deus-Mistério, ou a Divindade nunca revelada, fecunda por Sua vontade Bythos, a profundidade insondável e infinita que existe no silêncio (Sigê) e nas trevas (para o nosso intelecto); isso representa a ideia abstrata de toda a natureza, o Cosmos sempre em produção. Como nem o princípio masculino nem o feminino, misturados à ideia de uma Divindade bissexual em antigas concepções, podiam ser compreendidos por um intelecto humano comum, a teologia de cada povo teve que criar para a sua religião um Logos, ou palavra manifestada, sob uma forma ou outra. Com os ofitas e outros gnósticos que tomaram seus modelos diretamente de originais mais antigos, o não revelado Bythos e sua contrapartida masculina produzem Ennoia e os três, por sua vez, produzem Sophia[2] – completando assim a Tetraktys, de onde emanará Christos, a própria essência do Espírito Pai.

Fecundado pela Luz Divina do Pai e do Filho, o espírito supremo e Ennoia, Sophia produz por seu turno duas outras emanações – um Christos perfeito e a segunda Sophia-Akhamôth imperfeita, que se torna a mediadora entre os mundos intelectual e material.

Christos foi o mediador e guia entre Deus (o Superior) e tudo o que é espiritual no homem; Akhamôth – a Sofia mais jovem – cumpria o mesmo dever entre o "homem primitivo", Ennoia, e a matéria.

Há uma grande distinção feita na metafísica gnóstica entre o primeiro Logos não revelado e o "ungido", que é Christos. Tal identificação com o Deus Desconhecido, até de Christos (o Aeon que o ofuscou) e muito menos do homem Jesus, nunca entrou na cabeça dos gnósticos, nem mesmo dos apóstolos diretos e de Paulo, quaisquer falsificações posteriores que possam ter sido adicionadas.

E agora fazemos novamente a pergunta: quem foram os primeiros cristãos? Os prontamente convertidos pela eloquente simplicidade de Paulo, que lhes prometeu, com o nome de Jesus, a libertação dos estreitos laços do eclesiasticismo. Eles entenderam apenas uma coisa, que eram os "filhos da promessa" (Gálatas 4,28). A "alegoria" da Bíblia mosaica foi revelada a eles; a aliança "do Monte Sinai que se transforma em escravidão", era Agar (*ibid*., 24), a velha sinagoga judaica, e ela estava "ligada em cativeiro com seus filhos" a Jerusalém, a nova e a livre, "mãe de todos nós". Por um lado, a sinagoga e a lei que perseguiam todo aquele que ousasse transpor o caminho estreito do fanatismo e do dogmatismo; por outro, o paganismo[3] com suas grandes verdades filosóficas escondidas, reveladas apenas para poucos e deixando as massas procurando desesperadamente descobrir quem era *o* deus, em meio àquele panteão superlotado de divindades e subdivindades.

Para os outros, o apóstolo da circuncisão [Pedro], apoiado por todos os seus seguidores, prometia, se eles obedecessem à "lei", uma vida futura e uma ressurreição, da qual eles não tinham antes a menor ideia. Ao mesmo tempo, ele nunca perdeu a oportunidade de contradizer Paulo sem nomeá-lo, mas indicando-o tão claramente que é quase impossível duvidar de que era a ele que se referia. Embora possa ter convertido alguns homens, quer acreditassem na ressurreição mosaica prometida pelos fariseus, nas doutrinas niilistas dos saduceus ou no paganismo politeísta da ralé pagã, que não reconheciam nenhum futuro depois da morte, a não ser um nada sombrio, não pensamos que a obra de contradição, levada a cabo tão sistematicamente pelos dois apóstolos, tenha ajudado muito sua obra de proselitismo. Com as classes pensantes educadas, eles tiveram muito pouco sucesso, como a história eclesiástica mostra claramente. Onde estava a verdade? E a palavra inspirada de Deus?

"Quem *foram* então os primeiros cristãos?", ainda se pode perguntar. Sem dúvida, os ebionitas e nisso seguimos a autoridade dos melhores críticos. E quem eram os ebionitas? Os discípulos e seguidores dos primeiros nazarenos, os gnósticos cabalísticos.

É um fato muito sugestivo que não haja uma palavra sequer nas chamadas escrituras sagradas mostrando que Jesus era realmente considerado um Deus por seus discípulos. Nem antes nem depois de sua morte eles lhe prestaram honras divinas. Sua relação com Jesus era apenas de discípulos e "mestre", nome pelo qual se dirigiam a ele, como os seguidores de Pitágoras e Platão se dirigiam a seus respectivos mestres diante deles. Quaisquer que sejam as palavras que possam ter sido colocadas na boca de Jesus, Pedro, João, Paulo e outros, não há um único ato de adoração registrado de sua parte e o próprio Jesus jamais se declarou idêntico ao Pai. Acusou os fariseus de apedrejar seus profetas, não de deicídio. Ele se autodenominava filho de Deus, mas ressaltava sempre que todos eram filhos de Deus, seu Pai Celestial. Ao pregar isso, nada mais fez que repetir uma doutrina ensinada muito antes por Hermes, Platão e outros filósofos. Estranha contradição!

Existem tradições entre as tribos que vivem espalhadas além do Jordão, como existem também entre os descendentes dos samaritanos em Damasco, Gaza e Naplus (a antiga Siquém). Muitas dessas tribos, apesar das perseguições de dezoito séculos, mantiveram a fé dos antepassados em sua simplicidade primitiva. É aí que devemos buscar as tradições baseadas em verdades históricas, por mais desfiguradas que estejam pelo exagero e a imprecisão, e compará-las com as lendas religiosas dos Padres, que elas chamam de revelação. Eusébio afirma que, antes do cerco de Jerusalém, a pequena comunidade cristã – composta de membros dos quais muitos, se não todos, conheciam Jesus e seus apóstolos pessoalmente – refugiava-se na pequena cidade de Pela, na margem oposta do Jordão. Certamente essas pessoas simples, separadas há séculos do resto do mundo, devem ter preservado suas tradições mais frescas do que qualquer outra nação! É na Palestina que devemos buscar as águas mais claras do cristianismo e, com muito mais razão, sua fonte.

Após a morte de Jesus, os primeiros cristãos se uniram por certo tempo, fossem eles ebionitas, nazarenos, gnósticos ou outros. Não tinham dogmas cristãos naquela época e seu cristianismo consistia em acreditar que Jesus era um profeta. Essa crença variava entre ver nele simplesmente um "homem justo" e um profeta santo, inspirado, um veículo que Cristo e Sofia usavam para se manifestar. Todos eles se uniram em oposição à sinagoga e aos tecnicismos tirânicos dos fariseus, até que o grupo primitivo se separou em dois ramos distintos – os quais podemos corretamente denominar os cabalistas cristãos da escola judaica Tannaim e os cabalistas cristãos da Gnose platônica.[4] Os primeiros eram representados pelo partido dos seguidores de Pedro e João, o autor do Apocalipse [ou Revelação]; os últimos se alinharam com o cristianismo paulino, fundindo-se, no fim do século II, com a filosofia platônica e, ainda mais tarde, engolfando as seitas gnósticas, cujos símbolos e misticismo equivocado inundaram a Igreja de Roma.

Quando as concepções metafísicas dos gnósticos, que viam em Jesus o Logos e o ungido, começaram a ganhar terreno, os primeiros cristãos se separaram dos nazarenos, que acusavam Jesus de perverter as doutrinas de João e mudar o batismo do Jordão.[5] "Diretamente", diz H. H. Milman, já que "o Evangelho ultrapassou as fronteiras da Palestina, e o nome de 'Cristo' adquiriu santidade e veneração nas cidades orientais, ele se tornou uma espécie de personificação metafísica, enquanto a religião perdia seu molde puramente moral e assumia o caráter de uma teogonia especulativa."[6] O único documento meio original que nos alcançou desde os primitivos dias apostólicos são os *Logia* de Mateus. A verdadeira e genuína doutrina permaneceu nas mãos dos nazarenos, no Evangelho de Mateus, que contém a Doutrina Secreta, os "Ditos de Jesus" mencionados por Papias. Esses ditos eram, sem dúvida, da mesma natureza dos pequenos manuscritos colocados nas mãos dos neófitos, candidatos às Iniciações dos Mistérios, e que continham os *Aporrheta*, as revelações de alguns ritos e símbolos importantes. Com efeito, se não fosse assim, por que Mateus deveria tomar tais precauções para torná-los "secretos"?

O cristianismo primitivo tinha suas imposições de mãos, senhas e graus de iniciação. As inúmeras gemas e amuletos gnósticos são provas importantes disso. Trata-se de uma ciência simbólica completa. Os cabalistas foram os primeiros a embelezar o Logos universal com termos como "Luz de Luz" e "Mensageiro da Vida e da Luz". Encontramos essas expressões adotadas *in toto* pelos cristãos, com a adição de quase todos os termos gnósticos como Pleroma (plenitude), Arcontes, Aeons etc. Quanto ao Primogênito, o Primeiro ou o Unigênito, são tão antigos quanto o mundo. Os Atos e o quarto evangelho estão repletos de expressões gnósticas.

O "Cristo", então, e o "Logos" existiam muito antes dos dias de Moisés e temos que buscar sua origem nos períodos arcaicos da filosofia asiática primitiva.

NOTAS

1. Fornecemos os sistemas de acordo com um antigo diagrama preservado entre alguns coptas e drusos do Monte Líbano.

2. Sofia é o mais alto protótipo de mulher – a primeira Eva espiritual. Na Bíblia, o sistema é invertido e, como a emanação intermediária é omitida, Eva foi degradada à simples humanidade.

3. O professor Alexander Wilder, em sua edição de *Symbolical Language of Ancient Art and Mythology*, de R. Payne Knight (Nova York, 1876, nota de rodapé 16), diz: "O culto antigo, depois de ter sido excluído de seus antigos santuários e das cidades metropolitanas, foi preservado durante muito tempo pelos habitantes de localidades humildes. A esse fato deve sua

denominação posterior. Por ser preservado nos *pagi*, ou distritos rurais, seus devotos eram chamados de pagãos ou provincianos".

4. Porfírio faz uma distinção entre o que chama de "filosofia Antiga ou Oriental" e o sistema propriamente grego, o dos neoplatônicos. King diz que todas essas religiões e sistemas são ramos de uma religião antiga e comum, a asiática ou budista (*Gnostics and their Remains* 1).

5. Codex Nazaraeus 2:109.

6. *The History of Christianity*. Londres, 1840, 2:102-103.

19

Os Mistérios da Cabala

gora, daremos atenção a alguns dos mais importantes mistérios da cabala e estabeleceremos suas relações com os mitos filosóficos de várias nações.

Na Cabala Oriental mais antiga, a Divindade é representada por três círculos em um, envoltos por uma espécie de fumaça ou exalação caótica. No prefácio de *Zohar*, os três círculos primordiais são transformados em três Cabeças; sobre elas, aparece uma exalação ou fumaça, nem preta nem branca, mas incolor e circunscrita dentro de um círculo. É a Essência desconhecida. A origem da imagem judaica pode, talvez, ser atribuída ao *Pimandro* de Hermes, o Logos egípcio, que surge dentro de uma nuvem de natureza úmida, com uma fumaça escapando dela. No *Zohar*, o Deus mais elevado é, como mostrado no capítulo anterior e como vemos no caso das filosofias hindu e budista, uma abstração pura, cuja existência objetiva é negada por estas últimas.

As "três cabeças", superpostas, são evidentemente tiradas dos três triângulos místicos dos hindus, que também se sobrepõem. A cabeça mais alta contém a Trindade no Caos, da qual surge a trindade manifestada. AIN SOPH, o Não Revelado Para Sempre, que é ilimitado e incondicionado, não pode criar e, portanto, nos parece um grande erro atribuir a ele um "pensamento criativo", como comumente fazem os intérpretes. Em toda cosmogonia, essa Essência suprema é passiva; se fosse ilimitada, infinita e incondicionada, não poderia ter pensamento ou ideia. Ela age não como resultado da vontade, mas em obediência à sua própria natureza e de acordo com a fatalidade da lei, da qual ela mesma é a personificação. Assim, de acordo com os cabalistas hebreus, AIN SOPH não existe, pois é incompreensível para nosso intelecto finito e, portanto, não pode existir para nossa mente. Sua primeira emanação foi *Sephirah*, a coroa, *Kether*.

Chegada a hora para um período ativo, uma expansão natural dessa essência Divina ocorreu de dentro para fora, em obediência à lei eterna e imutável; e dessa luz eterna e infinita (que para nós é escuridão) foi emitida uma substância espiritual. Essa foi a primeira *Sephirah*, contendo em si as outras nove *Sephiroth*, ou inteligências. Em sua totalidade e unidade, representam o homem arquetípico, Adam-Kadmon, o *protogonos*, que em sua individualidade ou unidade ainda é dual, ou bissexual, o *Didymos* grego, pois ele é o protótipo de toda a humanidade.

Assim, obtemos três trindades, cada qual contida em uma "cabeça". Na primeira cabeça ou face (a Trimurti hindu de três faces), encontramos *Sephirah* [*Kether*], o primeiro andrógino, no vértice do triângulo superior, emitindo *Chockmah*, ou Sabedoria, uma potência ativa e masculina – também chamada de Yâh – e *Binah*, ou Inteligência, uma potência feminina e passiva, também representada pelo nome Jeová. Esses três formam a primeira trindade ou "face" das *Sephiroth*. Essa tríade projetou *Chesed*, ou Misericórdia, uma potência ativa masculina, também chamada Eloah, da qual surgiu *Geburah*, ou Justiça, também chamada Pa'had, uma potência passiva feminina; da união desses dois foi produzido *Tiphareth*, ou Beleza, Clemência, o Sol

Espiritual, conhecido pelo nome divino Elohim; e a segunda tríade, "rosto" ou "cabeça", foi formada. Esta produziu, por sua vez, a potência masculina *Netzach*, Firmeza ou Yehovah-Tsabaôth, que emitiu a potência passiva feminina *Hod*, Esplendor ou Elohim-Tsabaôth; os dois produziram *Yesod*, ou Fundação, que é o poderoso vivente El Hay, produzindo assim a terceira trindade ou "cabeça".

A décima *Sephirah* é antes uma díade, representada nos diagramas como o círculo inferior. É *Malkuth* ou Reino, e *Shekhinah*, também chamada de Adonai, e Querubim entre as hostes angelicais. A primeira "cabeça" é chamada de mundo intelectual; a segunda "cabeça" é a sensual, ou mundo da percepção; e a terceira é o mundo material ou físico.

"Antes de dar forma ao universo", diz a Cabala, "antes de produzir qualquer forma, ele estava sozinho, sem nenhuma forma ou semelhança com qualquer outra coisa. Quem, então, pode compreendê-lo? Como ele era antes da criação, já que não tinha forma? Por isso é proibido representá-lo por qualquer forma, semelhança ou mesmo pelo seu nome sagrado, por uma única letra ou um único ponto [...]. O Ancião dos Anciãos, o Desconhecido dos Desconhecidos tem uma forma, mas ao mesmo tempo não a tem. Ele possui uma forma pela qual o universo é preservado, mas é informe porque não pode ser compreendido. Quando assumiu uma forma pela primeira vez (na *Sephirah*, sua primeira emanação), fez com que de si nove luzes esplêndidas emanassem" (*Idrah Zutah* 1.41-45).

E agora voltemos à cosmogonia esotérica hindu e à definição de "Aquele que é, mas não é". "Daquele que é,[1] desse Princípio imortal que existe em nossa mente, mas não pode ser percebido pelos sentidos, nasce Purusha, o Divino masculino e feminino, que se tornou *Narayna* ou Espírito Divino movendo-se sobre a água" (*Manu* 1.11).

Svayambhu, a desconhecida essência dos Brâmanes, é idêntica a AIN SOPH, a desconhecida essência dos cabalistas. Tal como acontece com esta última, o nome inefável não podia ser pronunciado pelos hindus, sob pena de morte. Na antiga trindade primitiva da Índia, aquilo que certamente pode ser considerado pré-védico, o germe que fecunda o princípio-mãe, o ovo do mundo ou útero universal, é chamado de *Nara*, o Espírito ou o Espírito Santo, que emana da essência primordial. É como *Sephirah*, a emanação mais antiga, chamada de ponto primordial e Cabeça Branca, pois é o ponto de luz divina que surge de dentro da escuridão sem limites e insondável. Em *Manu* é "Nara ou Espírito de Deus, que se move em Ayana (Caos ou lugar de movimento), e é chamado de NARAYANA ou aquilo que se move sobre as águas" (1.10). Na literatura de Hermes, o Egípcio, lemos: "No início dos tempos não havia nada no caos". Mas quando o *verbum*, saindo do vazio como uma "fumaça incolor", apareceu, então "esse *verbum* se movia sobre o princípio úmido" (*Corpus Hermeticum* 3.1). E em Gênesis (1.2), encontramos: "E as trevas cobriam a face do abismo (caos). E o Espírito de Deus se movia sobre as águas".

O primeiro começo se abre invariavelmente com a divindade desconhecida e passiva, produzindo de si mesma um certo poder ou virtude ativa, "Racional", que às vezes se chama Sabedoria, às vezes Filho, muitas vezes Deus, Anjo, Senhor e LOGOS. O último nome é frequentemente aplicado à primeira emanação, mas em vários sistemas procede do primeiro andrógino ou raio duplo produzido no início pelo invisível. Fílon descreve essa sabedoria como masculina e feminina.

Estritamente falando, é difícil ver o Livro de Gênesis de outra forma que não uma lasca do tronco da árvore mundana da cosmogonia universal, traduzida em alegorias orientais. À medida que ciclo se sucedia a ciclo e nação após outra subia ao palco do mundo para desempenhar seu breve papel no drama majestoso da vida humana, cada novo povo desenvolvia sua própria religião a partir de tradições ancestrais, dando-lhe uma cor local e marcando-a com suas características individuais.

Embora cada uma dessas religiões tivesse seus traços distintivos, pelos quais, ainda que não houvesse outros vestígios arcaicos, o estado físico e psicológico de seus criadores poderia ser estimado, todas preservaram certa semelhança com o protótipo. Esse culto ancestral não era outro senão a primitiva "Religião da Sabedoria".

As escrituras judaicas não foram exceção. Sua história nacional, caso eles possam reivindicar alguma autonomia antes do retorno da Babilônia e tenham sido algo mais que seitas migratórias de párias hindus, não pode ser remontada a um dia sequer antes de Moisés; e se esse ex-sacerdote egípcio deve, por necessidade teológica, ser transformado em um patriarca hebreu, devemos insistir em que a nação judaica foi tirada com aquela criança sorridente dos juncos do lago Moeris. Abraão, seu suposto avoengo, pertence à mitologia universal. Muito provavelmente ele é apenas um dos numerosos pseudônimos de *Zeruan* (Saturno), o rei da idade do Ouro, que também é chamado de velho (emblema do tempo).

O raio de glória emitido por AIN SOPH da mais alta das três cabeças cabalísticas, por intermédio da qual "todas as coisas brilham com a luz", o fio que sai de Adam Primus, é o espírito individual de cada homem. O espírito imortal se deleita nos filhos dos homens, que sem esse espírito são apenas dualidades (corpo físico e alma astral, ou aquele princípio de vida que anima o mais ínfimo do reino animal). Mas vimos que, segundo a doutrina, esse espírito não pode se unir ao homem do qual a matéria e as propensões mais grosseiras de sua alma animal sempre o estarão expulsando. Por isso Salomão, falando sob a inspiração de seu próprio espírito, que o possuiu a vida inteira, pronunciou as seguintes palavras de sabedoria: "Ouve, meu filho" (o homem dual), "bem-aventurados os que guardam meus caminhos. [...] Bem-aventurado o homem que me ouve, vigiando diariamente às minhas portas [...] pois quem me encontra encontrará a vida e obterá o favor do Senhor. [...] Mas o que peca contra mim prejudicará sua própria alma [...] esse ama a morte" (Provérbios 8,32-36).

Essas emanações infinitas da Causa Única e Primeira, todas gradualmente transformadas pela fantasia popular em deuses, espíritos, anjos e demônios distintos, não eram consideradas imortais e a elas se atribuía uma existência limitada. E essa crença, comum a todos os povos da antiguidade, tanto aos Magos Caldeus quanto aos egípcios, e mesmo em nossos dias sustentada pelos brâmanes e budistas, evidencia de forma triunfante o monoteísmo dos antigos sistemas religiosos. Essa doutrina chama o período de vida de todas as divindades inferiores de "um dia de Brahma". Depois de um ciclo de 4 bilhões, 320 milhões de anos humanos, diz a tradição, a própria trindade, com todas as divindades menores, será aniquilada com o universo e deixará de existir. Então, outro universo emergirá gradualmente de *pralaya* (dissolução) e os homens na terra serão capazes de compreender Svayambhu como ele de fato é. Somente essa causa primordial existirá para sempre, em toda a sua glória, preenchendo o espaço infinito. Que melhor prova poderia ser aduzida do profundo sentimento de reverência com que os "pagãos" consideram a causa suprema e eterna de todas as coisas visíveis e invisíveis?

Se os cristãos entenderam o Gênesis à sua própria maneira e, aceitando os textos literalmente, impuseram às massas incultas a crença na criação do nosso mundo a partir do nada e, além disso, atribuíram a ele um *início*, certamente não são os Tannaim, os únicos expositores do significado oculto contido na Bíblia, que devem ser censurados. Não mais que quaisquer outros filósofos, eles jamais acreditaram em criações espontâneas, limitadas ou *ex nihilo*. A Cabala sobreviveu para mostrar que sua filosofia era precisamente a dos modernos budistas do Nepal, os Svabhavikas. Eles acreditavam na eternidade e na indestrutibilidade da matéria e, portanto, em muitas criações e destruições de mundos anteriores ao nosso. "Velhos mundos pereceram" (*Idrah Zutah* 10.421).

Além disso, eles acreditavam, novamente como os Svabhavikas (agora chamados de ateus), que tudo procede (é criado) de sua própria natureza e que, depois de o primeiro impulso ser dado pela Força Criadora inerente à "Substância autocriada", ou *Sephirah*, tudo evolui por si mesmo, seguindo seu padrão, o protótipo mais espiritual que o precede na escala da criação infinita. "O ponto indivisível, que não tem limite e não pode ser compreendido (pois é absoluto), expandiu-se de dentro e gerou um clarão que serviu de vestimenta (um véu) para os pontos indivisíveis. Também se expandiu de dentro [...]. Assim, tudo se originou por meio de uma agitação constante e finalmente o mundo surgiu" (*Zohar*).

Essa cosmogonia, adotada com uma mudança de nomes na Cabala Rabínica, encontrou seu caminho mais tarde, acrescida de algumas especulações de Manes, o meio-mago e meio-platônico, para o grande corpo do gnosticismo. As verdadeiras doutrinas dos basilidianos, valentinianos e marcionitas não podem ser corretamente averiguadas nos escritos preconceituosos e caluniosos dos Padres da Igreja, mas sim no que resta das obras dos bardesanos, conhecidos como nazarenos. É quase impossível, agora que todos os seus manuscritos e livros foram destruídos, atribuir a qualquer dessas seitas sua parte nos pontos de vista divergentes. Mas ainda existem alguns homens que preservam livros e tradições diretas sobre os ofitas, embora pouco se importem em transmiti-los ao mundo. Entre as seitas desconhecidas do Monte Líbano e da Palestina, a verdade está escondida há mais de mil anos.

Tendo assim traçado a semelhança de pontos de vista sobre o Logos, Metatron e Mediador, conforme encontramos na Cabala e no códice dos nazarenos e gnósticos cristãos, o leitor está preparado para apreciar a audácia do esquema patrístico em reduzir uma figura puramente metafísica a uma forma concreta e simular que o dedo da profecia apontou, desde tempos imemoriais, para o horizonte das eras até a vinda de Jesus como o Messias prometido. Um *theomythos* com pretensões a simbolizar o dia vindouro – próximo ao encerramento do grande ciclo, quando as "boas novas" do céu deveriam proclamar a fraternidade universal e a fé comum da humanidade, o dia da regeneração – foi violentamente distorcido para parecer um fato consumado.

E assim, um por um, pereceram os gnósticos, os únicos herdeiros de cujo quinhão caíram algumas migalhas perdidas da verdade não adulterada do cristianismo primitivo. Tudo era confusão e tumulto durante esses primeiros séculos, até o momento em que todos esses dogmas contraditórios foram finalmente impostos ao mundo cristão e a contestação foi proibida. Por muito tempo, era considerado sacrilégio, punível com penas severas, muitas vezes a morte, tentar compreender aquilo que a Igreja tão convenientemente elevou à categoria de mistério divino. Mas, desde que os críticos bíblicos se encarregaram de "pôr a casa em ordem", os papéis se inverteram. Credores pagãos agora vêm de todas as partes do globo para cobrar o que lhes é devido e começa-se a suspeitar que a teologia cristã faliu completamente.

E assim, todos os nossos filósofos foram banidos pelas massas ignorantes e supersticiosas. Os filaleteios, os amantes da verdade, e sua escola eclética pereceram. E lá onde a jovem Hipátia ensinou as mais elevadas doutrinas filosóficas e onde Amônio Saccas explicou que "o objetivo único de Cristo era restabelecer e restaurar, em sua integridade primitiva, a sabedoria dos antigos – para reduzir ao máximo o domínio universal da superstição vigente... e para exterminar os vários erros que haviam penetrado nas diferentes religiões populares"[2] –, lá, repetimos, vociferaram livremente os *hoi polloi* do cristianismo. Não mais os preceitos da boca do "filósofo ensinado por Deus", mas os expostos pela encarnação de uma das mais cruéis e diabólicas superstições.

NOTAS

1. *Ego sum qui sum* (Êxodo 3,14).
2. J. L. von Mosheim. *Historical Commentaries on the State of Christianity*, trad. ingl. R. S. Vidal. Nova York, 1868, 1:352.

20

Doutrinas Esotéricas do Budismo Parodiadas pelo Cristianismo

No início do século IV, multidões começaram a se reunir na porta da academia, onde a erudita e infeliz Hipátia expunha as doutrinas dos divinos Platão e Plotino, impedindo assim o progresso do proselitismo cristão. Ela havia dissipado com muito sucesso a névoa que pairava sobre os "mistérios" religiosos inventados pelos Padres para não ser considerada perigosa. Isso por si só teria sido suficiente para colocar em perigo ela própria e seus seguidores. Foram precisamente os ensinamentos dessa filósofa pagã, tão livremente aproveitados pelos cristãos para dar um toque final a seu esquema de outro modo incompreensível, que convenceram tanta gente a aderir à nova religião; e agora a luz platônica começava a brilhar de forma tão inconveniente sobre a piedosa colcha de retalhos que todos podiam ver de onde provinham as doutrinas "reveladas". Mas havia um perigo ainda maior. Hipátia havia estudado com Plutarco, o chefe da escola ateniense, e aprendera todos os segredos da teurgia. Enquanto ela viveu para instruir a multidão, nenhum milagre divino poderia ser produzido diante de alguém capaz de explicar as causas naturais pelas quais eles aconteciam. Sua condenação foi selada por Cirilo, cuja eloquência ela eclipsou e cuja autoridade, construída sobre superstições degradantes, teve que ceder diante da de Hipátia, erigida sobre a rocha da lei natural imutável.

Só os odiados e eruditos estudiosos pagãos e os não menos eruditos gnósticos preservavam em suas doutrinas os fios até então ocultos de todas essas marionetes teológicas. Uma vez levantada a cortina, a conexão entre as antigas religiões pagãs e as novas religiões cristãs ficaria exposta. E então que seria dos Mistérios nos quais é pecado e blasfêmia se intrometer? Com tal coincidência entre as alegorias astronômicas de vários mitos pagãos e as datas adotadas pelo cristianismo para a natividade, crucificação e ressurreição, e tamanha identidade de ritos e cerimônias, qual teria sido o destino da nova religião se a Igreja, sob o pretexto de servir a Cristo, não se livrasse dos filósofos muito bem-informados? Adivinhar, se esse golpe houvesse falhado, que religião predominante teríamos agora em nosso século seria de fato uma tarefa difícil. Mas, com toda a probabilidade, o estado de coisas, que fez da Idade Média um período de escuridão intelectual, degradou as nações do Ocidente e rebaixou o europeu daqueles dias quase ao nível de um selvagem de Papua, sem dúvida não teria ocorrido.

Os temores dos cristãos eram muito bem fundados; seu zelo piedoso e sua visão profética foram recompensados desde o início. Na demolição do Serapeion, depois que o tumulto sangrento entre a turba cristã e os adoradores pagãos terminou graças à interferência do imperador, uma cruz latina, de forma cristã perfeita, foi descoberta talhada nas lajes de granito do ádito. Um lance de sorte, com efeito: os monges não deixaram de alegar que a cruz havia sido santificada pelos pagãos, tomados pelo espírito de profecia. Mas a arqueologia e o simbolismo, esses inimigos incansáveis das falsas pretensões clericais, encontraram nos hieróglifos da lenda que envolve o desenho pelo menos uma interpretação parcial de seu significado.

De acordo com C. W. King e outros numismatas e arqueólogos, a cruz foi colocada ali como símbolo da vida eterna. Usava-se esse Tau, ou cruz egípcia, nos Mistérios báquicos e eleusinos. Símbolo do duplo poder de geração, essa cruz era colocada sobre o peito do iniciado depois de seu "novo nascimento" e da volta dos Mystai de seu batismo no mar. Tratava-se de um sinal místico de que seu nascimento espiritual havia regenerado e unido sua alma astral com seu espírito divino, e de que ele estava pronto para ascender, em espírito, às benditas moradas de luz e de glória – as Eleusínias.

O Tau era tanto um talismã mágico quanto um emblema religioso. Foi adotado pelos cristãos por meio dos gnósticos e cabalistas, que o usaram amplamente, como suas muitas joias testemunham. Herdaram o Tau (ou cruz ansata) dos egípcios e a cruz latina dos missionários budistas, que a trouxeram da Índia. Os assírios, os egípcios, os nativos americanos, os hindus e os romanos fabricavam essas cruzes em formatos variados, mas com poucas modificações. Até quase o fim da Idade Média, eram consideradas um poderoso feitiço contra a epilepsia e a possessão demoníaca; e o "sinete do Deus vivo", trazido na visão de são João pelo anjo que subia do Leste para "pôr o sinete de nosso Deus na fronte de seus servos", era o mesmo Tau místico – a cruz egípcia.

No sentido místico, a cruz egípcia deve sua origem como emblema à compreensão, pela filosofia mais antiga, de um dualismo andrógino de todas as manifestações da natureza, que procede do ideal abstrato de uma divindade igualmente andrógina, enquanto o emblema cristão é puro fruto do acaso. Se a lei mosaica houvesse prevalecido, Jesus teria sido apedrejado. O crucifixo era um instrumento de tortura, muito comum entre os romanos, porém desconhecido entre as nações semíticas. Chamavam-no de "Árvore da Infâmia". Depois foi adotado como símbolo cristão, mas durante as primeiras duas décadas os apóstolos o contemplavam com horror. Certamente não era a Cruz Cristã que João tinha em mente quando falava do "sinete do Deus vivo" e sim o místico Tau – o

Tetragrama, ou nome poderoso, representado nos antigos talismãs cabalísticos pelas quatro letras hebraicas que compunham a Santa Palavra.

É bem sabido que os primeiros emblemas cristãos – antes mesmo de se tentar representar a aparência corporal de Jesus – foram o Cordeiro, o Bom Pastor e o Peixe. A origem do último emblema, que tanto intrigou os arqueólogos, torna-se assim compreensível: o segredo todo está no fato facilmente averiguado de que, enquanto na Cabala o Rei Messias é chamado de "Intérprete" ou Revelador do mistério, sendo mostrado como a quinta emanação, no Talmude o Messias é muitas vezes designado como "Dag" ou o Peixe. Essa é uma herança dos caldeus e se relaciona – como o próprio nome indica – com o Dagon da Babilônia, o peixe-homem, que foi o instrutor e intérprete do povo para o qual apareceu.

[Essas formas animais mitológicas simbolizam etapas na evolução do mundo, os vários ciclos pelos quais a Terra e seus habitantes passam.]

O grande ciclo, como observamos até agora, inclui o progresso da humanidade desde o seu germe no homem primordial de forma espiritual até a máxima profundidade de degradação que ele possa alcançar – cada passo sucessivo na descida sendo acompanhado por uma força maior e mais grosseira da forma física do que a de seu precursor – e termina com o Dilúvio. Mas, enquanto o grande ciclo ou era segue seu curso, sete ciclos menores se passam, cada um marcando a evolução de uma nova raça a partir da anterior em um novo mundo. Cada uma dessas raças ou grandes tipos de humanidade se subdivide em famílias e, novamente, em nações e tribos, tal como vemos os habitantes da Terra subdivididos hoje em mongóis, caucasianos, índios etc.

Assim, a doutrina esotérica ensina, como o budismo e o bramanismo (e mesmo a perseguida Cabala), que a Essência única, infinita e desconhecida existe desde toda a eternidade, e em sucessões regulares e harmoniosas é passiva ou ativa. Na fraseologia poética de Manu, essas condições são chamadas de "dia" e "noite" de Brahma. Este último está "acordado" ou "adormecido". Os Svabhavikas, ou filósofos da escola mais antiga do budismo (que ainda existe no Nepal), especulam apenas sobre a condição ativa dessa "Essência", que eles chamam de Svabhavat, e consideram tolice teorizar sobre o poder abstrato e "incognoscível" em sua condição passiva.

Os budistas afirmam que não há Criador, mas uma infinidade de poderes criativos, que formam coletivamente a única substância eterna, cuja essência é inescrutável – não sendo, portanto, assunto de especulação para nenhum filósofo verdadeiro. Ao inaugurar um período ativo, diz a Doutrina Secreta, uma expansão dessa Essência divina ocorre de dentro para fora, em obediência à lei eterna e imutável, e o universo fenomênico ou visível é o resultado da longa cadeia de forças cósmicas postas assim, progressivamente, em movimento. Da mesma forma, quando a condição passiva é retomada, ocorre uma contração da Essência divina e o trabalho anterior da criação é gradualmente e progressivamente desfeito. O universo visível se desintegra, seu material se dispersa; e a "escuridão" vagueia solitária, mais uma vez, sobre a face do "abismo". Para usar uma metáfora que transmitirá a ideia ainda mais claramente, uma expiração da "essência desconhecida" produz o mundo; e uma inspiração faz com que ele desapareça. Esse processo vem acontecendo desde toda a eternidade e nosso universo atual é apenas um de uma série infinita que não teve começo e não terá fim.

Assim, somos capazes de construir nossas teorias apenas a respeito das manifestações visíveis da Divindade e de seus fenômenos naturais objetivos. Aplicar a esses princípios criativos o termo Deus é pueril e absurdo. Poderíamos também chamar o fogo que funde o metal ou o ar que o resfria quando ele é despejado no molde pelo nome de Benvenuto Cellini. Se a Essência espiritual interior sempre oculta, e para nossas mentes abstrata, dentro dessas forças puder ser conectada com a criação do universo físico, será apenas no sentido que lhe dá Platão. Na melhor das hipóteses, ela pode ser denominada a formadora do universo abstrato que evoluiu gradualmente para o Pensamento Divino, dentro do qual estava adormecida.

Quando o ciclo da criação termina, a energia da palavra manifestada enfraquece. Só ele, o Inconcebível, é imutável (sempre latente), mas a Força Criativa, embora também eterna, pois sempre existiu desde o "não começo", ainda deve estar sujeita a ciclos periódicos de atividade e de descanso; e como teve um início em um de seus aspectos quando emanou pela primeira vez, deve, portanto, ter um fim. Assim, a noite sucede ao dia e a noite da divindade se aproxima. Brahma está gradualmente adormecendo. Em um dos livros de *Zohar*, lemos o seguinte:

> Enquanto Moisés vigiava no monte Sinai em companhia da Divindade, oculta a seus olhos por uma nuvem, ele sentiu um grande medo dominá-lo e de repente perguntou: "Senhor, onde estás... Dormes, Senhor?". E o Espírito respondeu-lhe: "Nunca durmo; se adormecesse por um momento antes do meu tempo, toda a Criação se dissolveria imediatamente".

E Vamadeva-Modaliyar descreve assim a "Noite de Brahma" ou o segundo período da existência Divina Desconhecida:

> Estranhos ruídos se ouvem, procedentes de todos os lados. [...] São os precursores da Noite de Brahma; o crepúsculo surge no horizonte, o Sol desaparece atrás do trigésimo grau de *Makara* (signo do zodíaco) e não alcançará mais o signo de *Mina* (o signo zodiacal de Peixes). Os gurus dos pagodes designados para vigiar o *rasi--chakra* (zodíaco) podem agora quebrar seu círculo e seus instrumentos, pois são doravante inúteis.
>
> Gradualmente a luz empalidece, o calor diminui, pontos inabitáveis se multiplicam na terra, o ar se torna cada vez mais rarefeito; as nascentes secam, os grandes rios veem suas ondas esgotadas, o

oceano mostra seu fundo arenoso e as plantas morrem. Homens e animais diminuem de tamanho diariamente. A vida e o movimento perdem sua força, os planetas dificilmente podem gravitar no espaço e vão se extinguindo um a um, como uma lâmpada que a mão do chokra (servo) se esquece de reabastecer. Surya (o Sol) pisca e se apaga, a matéria entra em dissolução (pralaya) e Brahma se funde de novo com Dyaus, o Deus não revelado – e, cumprida sua tarefa, adormece. Mais um dia se passa, a noite chega e permanece até o próximo amanhecer.

E agora entram novamente no ovo dourado de Seu Pensamento os germes de tudo que existe, como nos ensina o divino Manu. Durante Seu descanso pacífico, os seres animados dotados dos princípios de ação cessam suas funções e todos os sentimentos (manas) ficam adormecidos. Quando todos estão absorvidos na Alma Suprema, essa Alma de todos os seres dorme em completo repouso, até o dia em que retoma a sua forma e desperta novamente de sua escuridão primitiva.[1]

Se examinarmos agora os dez avatares míticos de Vishnu, nós os encontraremos registrados na seguinte progressão:

1. Matsya-Avatar: como um peixe. Também será seu décimo e último avatar, no final da Kali-yuga.
2. Kurma-Avatar: como uma tartaruga.
3. Varaha: como um javali.
4. Nara-Sinha: como homem-leão, última etapa animal.
5. Vamana: como um anão, o primeiro passo em direção à forma humana.
6. Parasu-Rama: como um herói, mas ainda um homem imperfeito.

7. Rama-Chandra: como herói do *Ramayana*. Fisicamente um homem perfeito; seu parente mais próximo, amigo e aliado é Hanuman, o deus macaco, o macaco dotado de fala.²
8. Krishna-Avatar: o Filho da Virgem Devanaguy (ou Devaki), formado por Deus, ou melhor, pela Divindade manifestada Vishnu, que é idêntica a Adam-Kadmon. Krishna é também chamado Kaneya, o Filho da Virgem.
9. Gautama Buda, Sidarta ou Sakyamuni. (Os budistas rejeitam a doutrina segundo a qual Buda é uma encarnação de Vishnu.)
10. Este avatar ainda não aconteceu. Acontecerá no futuro, como o Advento Cristão, que é uma ideia indubitavelmente copiada dos hindus. Quando Vishnu aparecer pela última vez, virá como um "Salvador". De acordo com a opinião de alguns brâmanes, ele se apresentará na forma do cavalo Kalki. Outros afirmam que ele montará o cavalo. Esse animal é o invólucro do espírito do mal e Vishnu o montará, invisível para todos, até que o tenha domado pela última vez. O "Kalki-Avatar", ou a última encarnação, divide o bramanismo em duas seitas. A dos Vaishnava se recusa a reconhecer as encarnações de seu deus Vishnu em formas animais, entendidas de maneira literal. Afirmam que elas devem ser compreendidas alegoricamente.

Nesse diagrama de avatares, vemos a evolução gradual e a transformação de todas as espécies a partir da argila pré-siluriana de Darwin e do *ilus* de Sanchoniathon e Berosus. Após a era azoica, correspondente ao *ilus* em que Brahma implanta o germe criador, passamos pelas eras paleozoica e mesozoica compreendidas pela primeira e segunda encarnações como o peixe e a tartaruga; depois, pela cenozoica, que é abrangida pelas encarnações nas formas animal e semi-humana do javali e do homem-leão; por fim, chegamos ao quinto e culminante período geológico, designado como a "era da mente ou era do homem", cujo símbolo na mitologia hindu é o anão – a primeira tentativa da natureza de criação do homem. Nesse diagrama, devemos seguir a ideia principal, não julgando o grau de conhecimento dos antigos filósofos pela aceitação literal da forma popular com a qual ele nos é apresentado no grande poema épico *Mahabharata* e seu capítulo "Bhagavad Gita".

Mesmo as quatro eras da cronologia hindu contêm uma ideia muito mais filosófica do que parece à primeira vista. Ela as define de acordo com os estados psicológicos (ou mentais) e físicos do homem durante seu período. Krita-yuga, a idade do ouro, a "era da alegria" ou a inocência espiritual do homem; Treta-yuga, a idade da prata ou do fogo – o período de supremacia do homem, dos gigantes e dos filhos de Deus; Dvapara-yuga, a idade do bronze – já uma mistura de pureza e de impureza (espírito e matéria), a idade da dúvida; e, finalmente, a nossa, a Kali-yuga, a idade do ferro, das trevas, da miséria e da tristeza. Nessa idade, Vishnu teve que se encarnar em Krishna a fim de salvar a humanidade da deusa Kali, consorte de Shiva, o aniquilador – a deusa da morte, destruição e indigência humana. Kali é o melhor emblema para representar a "queda do homem", a descida do espírito à degradação da matéria, com todos os seus resultados aterradores. Temos de nos livrar de Kali antes de poder alcançar "Moksha", ou Nirvana, a morada da Paz e do Espírito abençoados.

Para os budistas, a última encarnação é a quinta. Quando o Buda Maitreya vier, então nosso mundo atual será destruído e um novo, melhor, vai substituí-lo. Os quatro braços de cada divindade hindu são os emblemas das quatro manifestações anteriores da nossa terra, após seu estado invisível, enquanto sua cabeça tipifica o quinto e último Kalki-Avatar, quando este mundo será destruído e o poder de Budh – a Sabedoria (de Brahma, entre os hindus) – será novamente invocado para se manifestar como um Logos a fim de criar o mundo futuro.

Nessa sucessão de avatares, vemos com a mesma clareza a ideia verdadeiramente filosófica de uma evolução espiritual e física simultânea das criaturas e do homem. De um peixe, o progresso dessa dupla transformação vai assumindo a forma de tartaruga, javali e homem-leão; depois, aparecendo no anão da humanidade, se mostra como Parasu-Rama, uma entidade fisicamente perfeita, mas espiritualmente subdesenvolvida, até levar a humanidade, personificada por um homem semelhante a um deus, ao ápice da perfeição física e espiritual – um deus na terra.

Mas isso nada tem a ver com nossa humanidade degenerada; só ocasionalmente nascem homens como deveriam ser, mas ainda não são. As primeiras raças humanas tinham natureza espiritual e seus corpos protoplásticos não eram compostos das substâncias grosseiras e materiais que agora vemos. Os primeiros homens foram criados com todas as faculdades da Divindade e poderes que transcendiam em muito os da hoste angelical; pois eles eram as emanações diretas de Adam-Kadmon, o homem primitivo, o Macrocosmo, enquanto a humanidade atual está vários graus distante até mesmo do Adão terreno, que era o Microcosmo ou "pequeno mundo".

Consequentemente, o homem foi planejado desde o início para ter uma natureza tanto progressiva quanto retrógrada. Começando no ápice do ciclo divino, ele gradualmente passou a se afastar do centro da Luz, adquirindo em cada esfera nova e inferior do ser (mundos habitados, cada qual, por uma raça diferente de seres humanos) uma forma física mais sólida e perdendo uma parte de suas faculdades divinas.

Na "queda de Adão" devemos ver não a transgressão pessoal do homem, mas simplesmente a lei da evolução dual. Adão ou o "Homem" começa sua carreira de existências morando no jardim do Éden, "vestido com a roupa celestial, que é uma roupa da luz do céu" (*Zohar*, 2.229b); mas, quando expulso, ele é "vestido" por Deus, (ou seja, pela lei eterna da Evolução ou da necessidade) com túnicas de pele. Mas mesmo nesta terra de degradação material – na qual a centelha divina (Alma, uma fagulha do Espírito) deveria começar sua progressão física em uma série de prisões, de uma pedra até o corpo de um homem –, se apenas exercita sua vontade e pede a ajuda divina, o homem pode transcender os poderes do anjo. "Não sabeis que devemos julgar os anjos?", pergunta Paulo (I Coríntios 6,3). O homem verdadeiro é a Alma (Espírito), ensina o *Zohar*.

Nos escritos de Paulo, a entidade do homem é dividida em um trígono – carne, existência psíquica ou alma e a entidade ofuscante, mas ao mesmo tempo interior ou Espírito. Sua fraseologia é muito precisa quando ele ensina a *anastasis* ou continuação da vida daqueles que morreram. Ele afirma que existe um corpo psíquico semeado no corruptível e um corpo espiritual ressuscitado em substância incorruptível. "O primeiro homem é da terra, o segundo é do céu." Até mesmo Tiago (3,15) identifica a alma dizendo que sua "sabedoria não vem do alto, mas é terrestre, psíquica e demoníaca" (ver texto grego). Platão, falando da Alma (*psyche*), observa que, "quando se alia ao *nous* (substância divina, um deus, assim como a *psyche* é uma deusa), ela faz tudo certo e com alegria; mas o caso é diferente quando se apega à *anoia*".

O que Platão chama de *nous*, Paulo chama de Espírito; e Jesus chama de coração o que Paulo chama de carne. A condição natural da humanidade era conhecida como *apostasia* em grego; a nova condição, de *anastasis*. Em Adão veio a primeira (morte), em Cristo a segunda (ressurreição), pois foi ele quem primeiro publicamente ensinou à humanidade o "Nobre Caminho" para a vida eterna, do mesmo modo que Gautama apontou o mesmo Caminho para o Nirvana. Para realizar ambos os fins, havia apenas um caminho, de acordo com o ensinamento de ambos: "Pobreza, castidade, contemplação ou prece interior, desprezo pela riqueza e pelas alegrias ilusórias deste mundo".

NOTAS

1. L. Jacolliot. *Les Fils de Dieu*. Paris, 1875, pp. 229-30.

2. Não se dará o caso de que Hanuman seja o representante desse elo de seres meio-homens e meio-macacos que, segundo as teorias de Hovelacque e Schleicher, foram detidos em seu desenvolvimento e decaíram, por assim dizer, em uma evolução retrógrada?

21

Heresias Cristãs Primitivas e Sociedades Secretas

Nos próximos dois capítulos, estudaremos as mais importantes das seitas secretas cristãs – as chamadas "heresias", que surgiram entre os séculos I e IV da nossa era.

Após um rápido olhar aos ofitas e nazarenos, passaremos aos seus descendentes, que ainda existem na Síria e na Palestina sob o nome de drusos do Monte Líbano e nas imediações de Basra ou Bassorá, na Pérsia, sob o de mandeus ou Discípulos de São João. Todas essas seitas têm uma conexão imediata com o nosso assunto, pois são de ascendência cabalística e outrora se apegaram à secreta "Religião da Sabedoria", reconhecendo, como o Um Supremo, o Deus Misterioso do Nome Inefável. Observando essas numerosas sociedades secretas do passado, vamos compará-las diretamente com várias das modernas. Concluiremos com uma breve pesquisa sobre os jesuítas e o eterno pesadelo da Igreja Católica Romana, a Maçonaria moderna. Todas essas fraternidades modernas e antigas – com exceção da atual Maçonaria – estavam ou estão mais ou menos conectadas com a magia, tanto prática quanto teoricamente; e cada uma delas – *sem* exceção da Maçonaria – foi e ainda é acusada de demonolatria, blasfêmia e licenciosidade.

Nosso objetivo não é escrever a história de nenhuma delas, mas apenas comparar essas comunidades terrivelmente ultrajadas com as seitas cristãs do passado e do presente, e, depois, usando os fatos históricos como guias, defender a ciência secreta, bem como os homens que são os seus estudiosos e paladinos, contra qualquer imputação injusta.

Uma a uma, a maré do tempo tragou as seitas dos primeiros séculos até que, da série total, apenas uma sobreviveu em sua integridade primitiva. Essa ainda existe, ainda ensina a doutrina de seu fundador e ainda exemplifica sua fé em obras de poder. As areias movediças que engoliram todas as outras, surgidas da agitação religiosa da época de Jesus, com seus registros, relíquias e tradições, provaram ser um terreno firme para isso. Expulsos da terra natal, seus membros encontraram refúgio na Pérsia e hoje o viajante ansioso pode conversar com os descendentes diretos dos "Discípulos de João", que ouviram na margem do Jordão o "enviado de Deus", foram batizados por ele e acreditaram em suas palavras. As 30 mil almas ou mais desse povo curioso são erroneamente chamadas de "cristãos de São João", mas na verdade deveriam ser conhecidas por seu antigo nome de nazarenos ou pela denominação mais nova de mandeus.

Chamá-los de cristãos é totalmente injustificado. Eles não acreditam em Jesus como Cristo, nem aceitam a sua expiação, nem aderem à sua Igreja nem reverenciam suas "Sagradas Escrituras". Também não adoram o deus Jeová dos judeus e cristãos, uma circunstância que, é claro, prova que seu fundador, João Batista, também não o adorava. Mas, então, que direito ele tem a um lugar na Bíblia ou na galeria de retratos dos santos cristãos?

Devemos, entretanto, prosseguir em nosso trabalho de mostrar as várias origens do cristianismo e, também, as fontes das quais Jesus derivou suas próprias ideias de Deus e da humanidade.

Os *koinobioi* moravam no Egito, onde Jesus passou o começo da juventude. Eram geralmente confundidos com os *therapeutae*, um ramo dessa sociedade amplamente disseminada. Após a decadência de seus principais santuários, que já havia começado nos dias de Platão, as várias seitas diferentes, como os gimnossofistas, os magos, os pitagóricos, os sufis e os rishis da Caxemira, instituíram uma espécie de maçonaria universal e internacional entre suas sociedades esotéricas.

Os misteriosos drusos do Monte Líbano são os descendentes de todos eles. Coptas solitários, estudantes fervorosos espalhados aqui e ali pelas solidões arenosas do Egito, Arábia Pétrea, Palestina e florestas impenetráveis da Abissínia, embora raramente vistos, podem ser encontrados de vez em quando. Muitas e variadas são as nacionalidades dos discípulos dessa escola misteriosa, muitos são os ramos desse tronco primitivo. O segredo preservado por essas pequenas lojas, bem como pela única e suprema grande loja, sempre foi proporcional à atividade das perseguições religiosas; e agora, em face do crescente materialismo, sua própria existência está se tornando um mistério.

Quem quiser assegurar-se da existência, agora, de uma religião que por séculos tem frustrado a curiosidade impudente dos missionários e a investigação perseverante da ciência, que viole, se puder, a reclusão dos drusos sírios.

Sua religião exibe traços de magismo e gnosticismo? Isso é natural, já que toda a filosofia esotérica ofita está em sua base. Mas o dogma característico dos drusos é a unidade absoluta de Deus. Ele é a essência da vida e, embora incompreensível e invisível, pode ser conhecido por meio de manifestações ocasionais na forma humana.[1] Como os hindus, os drusos afirmam que ele encarnou mais de uma vez na Terra. H'amza foi o precursor da última manifestação, mas não para ser (o décimo avatar),[2] o herdeiro de Hakim, que ainda está por vir. H'amza era a personificação da "Sabedoria Universal". Suas ideias sobre transmigração são pitagóricas e cabalísticas. O espírito, ou al-Tamîmî (a alma divina), estava em Elias e João Batista; e a alma de Jesus era a de H'amza, ou seja, tinha o mesmo grau de pureza e santidade. Até sua ressurreição, pela qual eles entendem o dia em que os corpos espirituais dos homens serão absorvidos na própria essência e ser de Deus (o Nirvana dos hindus), as almas dos homens manterão suas formas astrais, exceto as poucas escolhidas que, a partir do momento da separação de seus corpos, começarão a existir como espíritos puros. Os drusos dividem a vida do homem em alma, corpo e inteligência ou mente. É esta última que dá e comunica à alma a centelha divina de seu H'amza (*Christos*).

"Castidade, honestidade, mansidão e misericórdia" são, portanto, as quatro virtudes teologais de todos os drusos, além de várias outras exigidas dos iniciados; "assassinato, roubo, crueldade, cobiça, calúnia" são os cinco pecados, completados por vários outros inscritos nas tábuas sagradas, mas que não mencionaremos. A moralidade dos drusos é rigorosa e intransigente. Nada pode induzir um desses unitaristas do Líbano a se desviar do que ele aprendeu a considerar seu dever. Como seu ritual é desconhecido dos estranhos, pretensos historiadores negaram que eles tivessem um. Suas "reuniões de quinta-feira" são abertas a todos, mas nenhum intruso jamais participou dos ritos de iniciação que acontecem ocasionalmente nas sextas-feiras, rodeados do maior segredo. As mulheres, também admitidas nos ritos, desempenham um papel de grande importância na iniciação dos homens. A prova, salvo alguma rara exceção, é longa e severa.

Em determinada ocasião, uma cerimônia solene acontece, durante a qual todos os anciãos e os iniciados dos dois graus superiores partem para uma peregrinação de vários dias a um certo lugar nas montanhas. Eles se reúnem nas instalações seguras de um mosteiro que se diz ter sido fundado nos primeiros tempos da era cristã. Exteriormente, vemos apenas velhas ruínas de um edifício outrora grandioso, usado (reza a lenda) por algumas seitas gnósticas como local de culto durante as perseguições religiosas. As ruínas acima do solo, no entanto, são apenas um disfarce conveniente: a capela, passagens e celas subterrâneas cobrem uma área de terreno muito maior que a do edifício superior. A beleza das esculturas antigas, os vasos de ouro e prata desse local sagrado parecem "um sonho de glória", segundo a expressão de um iniciado.

Assim como ocorre nos mosteiros dos lamas da Mongólia e do Tibete, que são visitados em grandes ocasiões pela sombra sagrada do "Senhor Buda", aqui, durante o cerimonial, aparece a forma etérea e resplandecente de H'amza, o Abençoado, que instrui os fiéis. As façanhas mais extraordinárias do que seria chamado de magia acontecem durante as várias noites que dura a reunião; e um dos maiores mistérios – cópia fiel do passado – ocorre no seio discreto de nossa mãe terra. Nem um eco, nem o menor som nem um lampejo de luz revelam ao mundo exterior o grande segredo dos iniciados.

H'amza, como Jesus, era um homem mortal, mas "H'amza" e "*Christos*" são sinônimos (relativamente a seu significado interno e oculto). Ambos são símbolos do Nous, a alma divina e superior do homem – seu espírito. A doutrina ensinada pelos drusos sobre a questão particular da dualidade do homem espiritual, consistindo em uma alma mortal e outra imortal, é idêntica à dos gnósticos, dos filósofos gregos mais antigos e de outros iniciados.

Antes de encerrarmos o assunto, podemos acrescentar que, se um estranho pedir admissão a uma reunião de "quinta-feira", ele nunca será recusado. Apenas, se for cristão, o '*Uqqâl* abrirá uma Bíblia e a lerá; e, se for muçulmano, ouvirá alguns capítulos do Alcorão e a cerimônia terminará por aí. Esperarão até que ele se vá e depois, fechando bem as portas do convento, voltarão a seus próprios livros e ritos, indo com esse propósito para seus santuários subterrâneos.

No entanto, pode-se dizer que os drusos pertencem a uma das menos esotéricas das sociedades secretas. Existem outras muito mais poderosas e eruditas, de cuja existência nem se suspeita na Europa.

Há muitos ramos pertencentes à "Grande Loja" que, fundidos com certas comunidades, podem ser denominados seitas secretas dentro de outras seitas.

Desde o dia em que o primeiro místico encontrou o meio de comunicação entre nosso mundo e o das hostes invisíveis, entre a esfera da matéria e a do puro espírito, ele concluiu que abandonar essa ciência misteriosa à profanação da ralé seria perdê-la. Seu abuso poderia levar a humanidade a uma destruição rápida; era como cercar um grupo de crianças com baterias explosivas e dar-lhes fósforos. O primeiro adepto que se fez sozinho iniciou outros, cuidadosamente selecionados, e manteve silêncio com as multidões. Ele reconheceu seu Deus e sentiu o grande Ser dentro de si. O "Atman", o Eu, o poderoso Senhor e Protetor – depois que o homem o conheceu como o "Eu sou", o *"Ego Sum"*, o *"Asmi"* – mostrou todo o seu poder para aquele que fosse capaz de reconhecer a "voz mansa e delicada".

Desde os dias do homem primitivo descrito pelo primeiro poeta védico até a nossa era moderna, não houve um filósofo digno desse nome que não carregasse no santuário silencioso de seu coração a grande e misteriosa verdade. Se iniciado, ele a aprendia como uma ciência sagrada; do contrário, como Sócrates repetindo para si mesmo e para seus semelhantes a nobre injunção: "Ó homem, conhece-te a ti mesmo", conseguia reconhecer seu Deus dentro de si. "Vós sois deuses", diz-nos o rei salmista; e vemos Jesus lembrando aos escribas que a expressão "Vós sois deuses" foi dirigida a outros homens mortais, reivindicando para si o mesmo privilégio sem qualquer blasfêmia (João 10,34-35). E como um eco fiel, Paulo, ao afirmar que somos todos "o templo do Deus vivo" (II Coríntios 6,16), cautelosamente acrescenta que, no entanto, essas coisas são apenas para os "sábios" e é "ilegal" falar sobre elas.

Portanto, devemos aceitar o lembrete e simplesmente observar que até na fraseologia tortuosa e bárbara do Codex Nazaraeus detectamos, em toda parte, essa ideia. Como uma corrente subterrânea, rápida e límpida, ela corre sem misturar sua pureza cristalina com as ondas turvas e pesadas do dogmatismo. Nós a encontramos no Codex, nos Vedas, no Avesta, no Abhidharma e nos Sankhya Sutras de Kapila, tanto quanto no Quarto Evangelho. Não podemos alcançar o "Reino dos Céus" a menos que nos unamos indissoluvelmente ao nosso *Rex Lucis*, o Senhor do Esplendor e da Luz, nosso Deus Imortal. Devemos primeiro conquistar a imortalidade, oferecida ao nosso eu material, "tomando o Reino dos Céus pela violência". "O primeiro homem é da terra, terreno; o segundo homem é do céu [...] Eis que vos mostro um mistério", diz Paulo (I Coríntios 15,47,51).

Na religião de Sakyamuni, que comentadores eruditos têm se deliciado em definir como puramente niilista, a doutrina da imortalidade é definida com muita clareza, não obstante as ideias europeias, ou melhor, cristãs sobre o Nirvana. Alega-se que Jesus apareceu a seus discípulos após a morte; assim também, ainda hoje, acredita-se que Gautama tenha descido do Nirvana. E, se ele existiu lá, então esse estado não pode ser sinônimo de aniquilação.

Gautama, como todos os outros grandes reformadores, tinha uma doutrina para seus "eleitos" e outra para as massas, embora o objetivo principal de sua reforma consistisse em iniciar todos, sem distinção de casta ou riqueza, nas grandes verdades até então mantidas tão secretas pela classe bramânica egoísta quanto fosse permitido e prudente fazê-lo. Movido pelo sentimento generoso que envolve toda a humanidade em um abraço, Gautama Buda foi o primeiro na história do mundo a convidar os "pobres", os "coxos" e os "cegos" à mesa da festa do Rei, da qual excluiu aqueles que até então ali se sentavam sozinhos, em reclusão arrogante. Foi ele quem, com mão ousada, abriu a porta do santuário para o pária, o fracassado e todos os "afligidos" por homens que, vestidos de ouro e púrpura, eram muitas vezes muito menos dignos do que o marginalizado, a quem apontavam o dedo com desdém. Tudo isso

Sidarta fez seis séculos antes de outro reformador igualmente nobre e amoroso, embora menos favorecido pela oportunidade, em outra terra.

Se ambos, cientes do grande perigo de munir uma população inculta com a arma de dois gumes do conhecimento que dá poder, deixaram o canto mais recôndito do santuário em sombra profunda, quem conhece a natureza humana poderá culpá-los por isso? No entanto, enquanto um foi movido pela prudência, o outro foi forçado a seguir esse caminho. Gautama deixou intocada a parte esotérica e mais perigosa do "conhecimento secreto" e viveu até a idade avançada de oitenta anos com a certeza de ter ensinado as verdades essenciais e de ter convertido a elas um terço do mundo; Jesus prometeu a seus discípulos o conhecimento que confere ao homem o poder de produzir milagres muito maiores do que os dele e morreu deixando apenas alguns fiéis, a meio caminho do conhecimento, para lutarem com o mundo, ao qual poderiam transmitir apenas o que eles próprios só conheciam pela metade. Mais tarde, seus seguidores desfiguraram a verdade ainda mais do que eles próprios haviam feito.

Não é certo dizer que Gautama jamais ensinou coisa alguma sobre uma vida futura ou que negou a imortalidade da alma. "Nirvana" significa a certeza da imortalidade pessoal do Espírito, não da Alma, que como uma emanação finita deve certamente desintegrar suas partículas – um composto de sensações humanas, paixões e anseio por algum tipo objetivo de existência – antes que o espírito imortal do Ego esteja totalmente seguro e livre de mais transmigrações, sob qualquer forma. E como o homem pode alcançar esse estado enquanto o *Upadana*, o estado de desejo pela vida, não desaparecer do ser senciente, do *Ahankara* vestido com um corpo sublimado? É o "Upadana" ou desejo intenso que produz a vontade, é a vontade que desenvolve a força e é a força que gera a matéria ou um objeto dotado de forma.

Assim, o Ego desencarnado, por meio desse único desejo que não morreu nele, fornece inconscientemente as condições de suas sucessivas autoprocriações sob várias formas, que dependem de seu estado mental e *karma*, as boas ou más ações da existência anterior, comumente chamadas de "mérito e demérito". É por isso que o "Mestre" recomendou aos seus mendicantes o cultivo dos quatro graus de Dhyana, o nobre "Caminho das Quatro Verdades", isto é, aquela aquisição gradual de indiferença estoica pela vida ou pela morte, aquele estado de autocontemplação do espírito durante o qual o homem perde totalmente de vista sua individualidade física e dupla, composta de alma e corpo. Em seguida, unindo-se com seu terceiro e superior eu imortal, o homem real e celestial funde-se, por assim dizer, com a Essência divina, de onde seu próprio espírito procedeu como uma centelha da lareira comum. Assim, o Arhat, o santo mendicante, pode alcançar o Nirvana enquanto ainda está na terra; e seu espírito, totalmente livre das amarras da "sabedoria psíquica, terrestre e diabólica", como Tiago a chama, e de posse de sua própria natureza onisciente e onipotente, pode na terra, graças apenas ao poder do pensamento, produzir os mais impressionantes fenômenos.

É claro que Gautama Buda, filho do rei de Kapilavastu e descendente do primeiro Sakya pelo lado do pai, que era da casta Kshatriya ou guerreira, não inventou a sua filosofia. Filantropo por natureza, suas ideias foram desenvolvidas e amadurecidas sob a orientação de Tirthankara, o famoso guru da seita Jaina. Esta apresenta o budismo atual como um ramo divergente de sua própria filosofia e se diz a única seguidora do primeiro Buda, com permissão para permanecer na Índia após a expulsão de todos os outros budistas, provavelmente porque contemporizou e admitiu algumas das noções bramânicas. É curioso, para dizer o mínimo, que três religiões dissidentes e hostis como o bramanismo, o budismo e o jainismo concordem tão perfeitamente em suas tradições e cronologia. Se o nascimento de Gautama pode, com alguma probabilidade, ser colocado por volta de 600 a.C., então os Budas anteriores deveriam ocupar algum lugar na cronologia. Os Budas não são deuses, mas simplesmente indivíduos tocados pelo espírito de Buda – o raio divino.

Embora o nascimento e a vida míticos de Jesus sejam uma cópia fiel do nascimento e da vida do Krishna bramânico, seu caráter histórico de reformador religioso na Palestina é o mesmo de Buda na Índia. Em mais de um aspecto, sua grande semelhança em aspirações filantrópicas e espirituais, bem como em circunstâncias externas, é verdadeiramente notável. Posto que filho de um rei, enquanto Jesus era apenas um carpinteiro, Buda não era da alta casta bramânica por nascimento. Como Jesus, ele se sentia insatisfeito com o espírito dogmático da religião de seu país, a intolerância e a hipocrisia do sacerdócio, sua demonstração externa de devoção, seus cerimoniais e suas orações inúteis.

Assim como Buda quebrou violentamente as leis e regras tradicionais dos brâmanes, Jesus declarou guerra aos fariseus e aos orgulhosos saduceus. O que o Nazareno fez como consequência de seu nascimento e condição humildes, Buda decidiu fazer como penitência voluntária. Ele perambulava como um mendigo e, mais tarde – novamente como Jesus –, buscou preferencialmente a companhia de publicanos e pecadores. Cada um visava a uma reforma social tanto quanto religiosa; e, desferindo um golpe mortal na religião de seu país, cada um se tornou o fundador de uma nova.

NOTAS

1. Essa é a doutrina dos gnósticos, que consideravam *Christos* o Espírito pessoal e imortal do homem.
2. Os dez messias ou avatares nos lembram novamente os cinco avatares budistas e os dez avatares brâmanes.

22

Jesuitismo e Maçonaria

O mandamento maçônico "Boca ao ouvido, palavra em voz baixa" é uma herança dos tannaim e dos antigos mistérios pagãos. Seu uso moderno se deve certamente à indiscrição de algum cabalista renegado, embora a própria "palavra" seja mero "substituto" para "palavra perdida" e uma invenção comparativamente moderna, como mostraremos mais adiante. A verdadeira sentença permaneceu para sempre na posse exclusiva dos adeptos de vários países dos hemisférios oriental e ocidental. Apenas uns poucos chefes templários e alguns rosa-cruzes do século XVII, sempre em relações estreitas com alquimistas e iniciados árabes, poderiam realmente se gabar de possuí-la. Do século XII ao XV, não havia ninguém que ousasse reivindicá-la na Europa; e, embora, existissem alquimistas antes dos dias de Paracelso, este foi o primeiro a passar pela verdadeira iniciação.

Quem foi, de fato, o primeiro maçom ativo de alguma importância? Elias Ashmole, o último dos rosa-cruzes e alquimistas. Em 1646, foi admitido ao privilégio da Operative Masons' Company [Companhia dos Maçons Ativos] em Londres, e morreu em 1692. Naquela época, a Maçonaria não era o que se tornou mais tarde; não era uma instituição política nem cristã, mas uma verdadeira organização secreta que admitia nos laços de comunhão todos os homens ansiosos por obter o benefício inestimável da liberdade de consciência e evitar a perseguição clerical. Somente cerca de trinta anos após sua morte surgiu o que agora é denominado Maçonaria moderna. Nasceu no dia 24 de junho de 1717, na Taverna da Macieira, rua Charles, Covent Garden, em Londres. E foi então, como sabemos pelas *Constituições* de Anderson, que as únicas quatro lojas do sul da Inglaterra elegeram Anthony Sayer como primeiro Grão-Mestre dos Maçons. Apesar de muito nova, essa grande loja sempre reivindicou o reconhecimento de sua supremacia perante todo o corpo da fraternidade espalhado pelo mundo inteiro, como a inscrição em latim na placa colocada sob a pedra fundamental do Salão dos Maçons, Londres, em 1775, diria àqueles que conseguissem lê-la.

Devemos alguma coisa aos jesuítas neste capítulo sobre sociedades secretas, pois, mais que quaisquer outros, eles são um corpo secreto e têm uma conexão bem mais próxima com a Maçonaria real – na França e na Alemanha, pelo menos – do que as pessoas geralmente imaginam. Uma moralidade pública ultrajada se insurgiu contra essa ordem desde o seu nascimento, em 1540. Nem quinze anos haviam se passado desde a promulgação da bula que aprovou sua constituição quando seus membros começaram a ser expulsos de um lugar para outro. Portugal e os Países Baixos livraram-se deles em 1578; a França, em 1594; Veneza, em 1606; Nápoles, em 1622. Foram expulsos de São Petersburgo em 1815 e de toda a Rússia em 1820.

Há provas suficientes de que essa nobre fraternidade é uma sociedade secreta, embora muitos pregadores o tenham negado nos últimos anos. Suas constituições foram traduzidas para o latim pelo jesuíta Polanco e impressas no colégio da Sociedade em Roma, em 1558. "Eram mantidas em rigoroso segredo e a maior parte dos próprios jesuítas sabia apenas trechos delas. Nunca vieram à luz até 1761, quando foram publicadas por ordem do Parlamento francês (em 1761 e 1762), no famoso processo do padre La Valette."[1] Os graus da Ordem são (1) Noviços, (2) Irmãos Leigos ou Coadjutores Temporais, (3) Escolásticos, (4) Coadjutores Espirituais, (5) Professos de Três Votos e (6) Professos de Seis Votos. "Há também uma classe secreta, conhecida apenas pelo Geral e alguns jesuítas confiáveis que, talvez mais que quaisquer outros, contribuíram para o temível e misterioso poder da Ordem", diz Nicolini.

Tudo que os judeus sabiam receberam de nações mais antigas do que eles. Os magos caldeus foram seus mestres na Doutrina Secreta e durante o cativeiro da Babilônia eles aprenderam seus princípios metafísicos e práticos. Plínio menciona três escolas de magos: uma que ele diz ter sido fundada em uma antiguidade desconhecida; a segunda, estabelecida por Osthanes e Zoroastro; a terceira, por Moisés e Jannes [Plínio, *História Natural*, 30: 2]. E todo o conhecimento possuído por essas diferentes escolas, fossem mágicas, egípcias ou judaicas, era derivado da Índia, ou melhor, de ambos os lados do Himalaia. Muitos segredos perdidos estão enterrados sob a areia no deserto de Gobi, no Turquestão Oriental, e os sábios de Khotan preservam estranhas tradições e conhecimentos de alquimia.

A doutrina da imortalidade da alma data de um tempo em que esta era um ser objetivo, não podendo, portanto, ser negada por si mesma. Então, a humanidade era uma raça espiritual e a morte não existia. Perto do declínio do ciclo da vida, o etéreo homem-espírito mergulhou no doce sono da inconsciência temporária em uma esfera, apenas para se descobrir despertando na luz ainda mais brilhante de uma esfera superior. Mas, enquanto o homem espiritual está sempre se esforçando para ascender cada vez mais em direção à sua fonte de ser, passando pelos ciclos e esferas da vida individual, o homem físico teve que descer no grande ciclo da criação universal até se encontrar revestido com as vestes terrestres. Daí em diante, a alma ficou sepultada fundo demais sob a roupa física para reafirmar sua existência, exceto nos casos daquelas naturezas mais espirituais que a cada ciclo iam se tornando mais raras. E, no entanto, nenhuma das nações pré-históricas jamais pensou em negar a existência ou a imortalidade do homem interior, o "eu" real. Mas devemos ter em mente os ensinamentos das antigas filosofias: só o espírito é imortal – a alma, por si só, não é eterna nem divina. Quando ligada muito tenazmente ao cérebro físico de seu invólucro terrestre, ela, aos poucos, se torna uma mente finita, um simples princípio da vida animal e senciente, o *nephesh* da Bíblia Hebraica.

A doutrina da natureza trina do homem é tão claramente definida nos livros herméticos quanto no sistema de Platão ou nas filosofias budista e bramânica. E essa é uma das noções mais importantes e menos compreendidas da ciência hermética. Os Mistérios Egípcios, tão imperfeitamente conhecidos pelo mundo e apenas graças a algumas breves alusões nas *Metamorfoses* de Apuleio, ensinavam as virtudes superiores. Desvendavam para o aspirante aos "mistérios mais elevados" da iniciação aquilo que muitos de nossos modernos estudiosos herméticos procuram inutilmente nos livros cabalísticos.

Nas noções egípcias, como nas de todas as outras religiões fundadas na filosofia, o homem não era meramente, como para os cristãos, uma união de alma e corpo; ele se tornou uma trindade quando o espírito lhe foi acrescentado. Além disso, essa doutrina o fazia consistir de *khat* – corpo; *khaibit* – forma astral ou sombra; *ka* – alma animal ou princípio de vida; *ba* – alma superior; e *akh* – inteligência terrestre. Havia também um sexto princípio, chamado *sahu* ou múmia, mas suas funções começavam somente após a morte do corpo. Depois da devida purificação, durante a qual a alma, separada do corpo, continuava a revisitá-lo na sua condição mumificada, essa alma astral "tornava-se um Deus", pois era finalmente absorvida na "Alma do mundo". Transformava-se em uma das divindades criadoras, "o deus de Ptah", o Demiurgo, um nome genérico para os criadores do mundo, citados na Bíblia como "Elohim".

No Ritual [do Livro dos Mortos], a alma boa ou purificada, em conjunto com seu espírito superior ou incriado, é mais ou menos vítima da influência negra do dragão Apófis. Se atingiu o conhecimento final dos mistérios celestiais e infernais – a gnose, isto é, a reunião completa com o espírito –, ela triunfará sobre seus inimigos; caso contrário, não poderá escapar de sua segunda morte. É "o lago que arde com fogo e enxofre" (elementos): aqueles que aí são lançados sofrem uma "segunda morte" (Apocalipse 21,8). Essa morte é a dissolução gradual da forma astral em seus elementos primordiais, já mencionada várias vezes no decorrer deste trabalho. Mas um destino tão terrível pode ser evitado pelo conhecimento do "Nome Misterioso", a "Palavra", dizem os cabalistas.

O Templo foi a última organização secreta europeia que, como um corpo, tinha em seu poder alguns dos mistérios do Oriente. É verdade que havia no século passado (e talvez ainda haja) "Irmãos" isolados trabalhando fiel e secretamente sob a direção das Irmandades Orientais. Mas esses, quando pertenciam a sociedades europeias, invariavelmente se juntavam a elas tendo em mira objetivos desconhecidos da Fraternidade, embora ao mesmo tempo para benefício desta. Foi deles que os maçons modernos obtiveram tudo que sabem de importante; e a semelhança agora encontrada entre os ritos especulativos da antiguidade, os mistérios dos essênios, gnósticos e hindus, e o mais alto e mais antigo dos graus maçônicos prova bem o fato. Se esses misteriosos Irmãos se tornassem possuidores dos segredos das sociedades, eles nunca poderiam retribuir a confiança, embora em suas mãos os segredos ficassem mais seguros, talvez, do que nas dos maçons europeus. Quando alguns destes últimos eram considerados dignos de se tornar afiliados do Oriente, eram secretamente instruídos e iniciados, sem que os demais o soubessem.

Ninguém jamais pôde pôr as mãos nos rosa-cruzes; e, não obstante as alegadas descobertas de "câmaras secretas", os chamados pergaminhos "T" e as lâmpadas sempre acesas junto a cavaleiros fossilizados, essa associação antiga e seus verdadeiros objetivos são até hoje um mistério. Pretensos templários e falsos rosa-cruzes, com alguns cabalistas genuínos, eram ocasionalmente levados à fogueira, da mesma forma que alguns teosofistas e alquimistas sem sorte, presos e submetidos à tortura; confissões enganadoras foram arrancadas deles pelos meios mais ferozes, mas a verdadeira Sociedade continua sendo como sempre foi, desconhecida de todos e, especialmente, de seu inimigo mais cruel – a Igreja.

Conectando os templários modernos com os antigos, podemos, na melhor das hipóteses, reconhecer que adotaram certos ritos e cerimônias de caráter puramente eclesiástico, inoculados de forma hábil nessa grande e antiga Ordem pelo clero. Desde essa profanação, ela aos poucos foi perdendo seu caráter primitivo e simples, e caminhou rapidamente para a ruína final. Fundada em 1118 pelos cavaleiros Hugues des Payens e Geoffroy de Saint-Adhémar, nominalmente para a proteção dos peregrinos, seu verdadeiro objetivo era a restauração do antigo culto secreto.

A versão autêntica da história de Jesus e do cristianismo primitivo foi transmitida a Hugues des Payens pelo Grão-Pontífice da Ordem do Templo (da seita nazarena ou joanita), chamado Teócletes; depois, foi ensinada a alguns cavaleiros na Palestina por membros superiores e mais eruditos da seita de São João, iniciados em seus mistérios. A liberdade de pensamento intelectual e a restauração de uma religião universal eram seu objetivo secreto. Com o juramento de obediência, pobreza e castidade, eles foram a princípio os verdadeiros Cavaleiros de São João Batista, clamando no deserto e vivendo de mel silvestre e gafanhotos. Essa é a tradição e a verdadeira versão cabalística.

É um erro afirmar que a Ordem só mais tarde se tornou anticatólica. Foi assim desde o início e a cruz vermelha no manto branco, a vestimenta da Ordem, significava a mesma coisa para os iniciados em todos os outros países. Ela aludia aos quatro quadrantes da bússola e simbolizava o universo. Quando, mais tarde, a Irmandade foi transformada em uma Loja, os templários, para evitar perseguições, tiveram que realizar suas próprias cerimônias no maior sigilo, geralmente no salão do capítulo, mais frequentemente em cavernas isoladas ou casas de campo construídas no meio de bosques, enquanto a forma eclesiástica de culto acontecia publicamente nas capelas pertencentes à Ordem.

Embora muitas das acusações lançadas contra eles por ordem de Filipe IV fossem absurdamente falsas, as principais eram sem dúvida corretas do ponto de vista daquilo que a Igreja considerava heresia. Os atuais templários, presos à letra da Bíblia, dificilmente podem se dizer herdeiros daqueles que não acreditavam em Cristo como Deus-homem ou como Salvador do mundo; que rejeitavam o prodígio de seu nascimento e os milagres que ele fazia; que não aceitavam a transubstanciação, os santos, as relíquias sagradas, o purgatório etc. O Cristo Jesus era, a seu ver, um falso profeta – mas o homem Jesus era um Irmão. Eles consideravam João Batista seu líder, mas não o viam do modo como é apresentado na Bíblia. Acatavam as doutrinas da alquimia, astrologia, magia e talismãs cabalísticos, adotando os ensinamentos secretos de seus chefes no Oriente.

A construção do Templo de Salomão representa, simbolicamente, a aquisição gradual da sabedoria secreta ou magia; a ereção e o desenvolvimento do espiritual a partir do terreno; a manifestação do poder e do esplendor do espírito no mundo físico, por meio da sabedoria e do gênio do construtor. Este, quando se torna um adepto, é um rei mais poderoso do que o próprio Salomão, o emblema do sol ou da Luz – a luz do mundo subjetivo real, brilhando na treva do universo objetivo. É o Templo que pode ser erguido sem o som do martelo ou de qualquer ferramenta de ferro enquanto a casa estiver "em construção".

No Oriente, essa ciência é chamada em alguns lugares de Templo de "sete andares", em outros de Templo de "nove andares"; cada andar corresponde alegoricamente a um grau de conhecimento adquirido. Em todos os países do Oriente, onde quer que a magia e a Religião da Sabedoria sejam estudadas, os praticantes e discípulos são conhecidos em seu ofício como Construtores – pois constroem o templo do conhecimento, da ciência secreta. Os adeptos ativos são chamados de construtores práticos ou operativos, enquanto os estudantes ou neófitos recebem os nomes de especulativos ou teóricos. Os primeiros exemplificam em obras seu controle sobre as forças da natureza inanimada e animada; os últimos ainda estão aprendendo os rudimentos da ciência sagrada. Esses termos foram evidentemente tomados de empréstimo, no início, pelos fundadores desconhecidos das primeiras guildas maçônicas. No jargão agora popular, "maçons operativos" são os pedreiros e os artesãos que compuseram a Arte até a época de sir Christopher Wren e "maçons especulativos" são todos os membros da Ordem como ela é hoje.

O iniciado tornou-se, ele próprio, um construtor, pois conheceu o *dodecaedro*, a figura geométrica segundo a qual o universo foi construído. Ao que ele havia aprendido em iniciações anteriores sobre o uso da regra e dos princípios arquitetônicos, foi adicionada uma cruz, cujas linhas perpendiculares e horizontais deveriam formar a base do templo espiritual quando colocadas na junção ou ponto primordial central, o elemento de todas as existências, representando a primeira ideia concreta de divindade. Doravante ele poderia, como um Mestre construtor (I Coríntios 3,10), erguer um templo de sabedoria para si mesmo naquela rocha de *Petra* e, tendo lançado um alicerce seguro, deixar que "outros ali construíssem".

A sabedoria das eras arcaicas ou a Doutrina Secreta incorporada na Cabala do Oriente, da qual, como dissemos, a rabínica é apenas um resumo, não morreu com os filaleteus da última escola eclética. A Gnose ainda permanece na terra e seus devotos, embora desconhecidos, são muitos. Mais de um grande autor mencionou essas irmandades secretas. Se passaram por meras ficções do romancista, esse fato só ajudou os irmãos adeptos a se manterem incógnitos com mais facilidade. Conhecemos pessoalmente vários deles que, para sua grande alegria, viram a história de suas lojas, as comunidades em que moravam e os poderes maravilhosos que exerciam havia muitos anos ironizados e negados por céticos que sequer sabiam quem eles eram.

Alguns desses irmãos pertencem a pequenos grupos de "viajantes". Até o fim do reinado feliz de Luís-Filipe, eles eram pomposamente chamados pelos *garçons* e comerciantes parisienses de *nobres estrangeiros* e inocentemente considerados "boiardos", "valáquios", "gospodares", "nababos" indianos e "margraves" húngaros, que haviam se reunido na capital do mundo civilizado para admirar seus monumentos e participar de suas dissipações. Há, no entanto, uns poucos insanos que chegam a conectar a presença de alguns desses misteriosos convidados em Paris com os grandes eventos políticos que ocorreram posteriormente. Isso lembra pelo menos certas coincidências notáveis como a eclosão da Revolução de 1793 e a explosão anterior da Bolha dos Mares do Sul logo após o aparecimento dos "nobres estrangeiros", que convulsionaram toda a Paris por períodos mais ou menos longos com suas doutrinas ou "dons sobrenaturais". Os Saint-Germains e os Cagliostros deste século, tendo aprendido amargas lições com as difamações e perseguições do passado, adotam hoje em dia táticas diferentes.

Mas há muitas dessas irmandades místicas que nada têm a ver com países "civilizados"; e é em suas comunidades desconhecidas que estão escondidos os esqueletos do passado. Esses "adeptos" poderiam, se quisessem, reivindicar uma ancestralidade estranha e exibir documentos verificáveis que explicariam muitas páginas misteriosas da história tanto sagrada quanto profana. Se as chaves dos escritos hieráticos e o segredo do simbolismo egípcio e hindu fossem conhecidos pelos Pais Cristãos, eles não teriam permitido que um único monumento antigo permanecesse intacto. E, no entanto, se estivermos bem-informados – e achamos que sim –, nada disso aconteceu em todo o Egito e os anais secretos de seus hieróglifos foram cuidadosamente registrados pela casta sacerdotal. Tais registros ainda existem, embora não estejam "disponíveis" para o público em geral, pouco importando que os monumentos tenham desaparecido para sempre da vista humana.

"O reino dos céus sofre violência e os violentos o tomam pela força" (Mateus 11,12). Muitos são os candidatos apinhados às portas daqueles que deveriam conhecer o caminho conducente às irmandades secretas. A grande maioria não é admitida e sai interpretando a recusa como prova da inexistência de sociedades secretas. Da minoria aceita, mais de dois terços falham no teste. A sétima regra das antigas irmandades rosa-crucianas, universal entre todas as verdadeiras sociedades secretas, "O rosa-cruz se torna, não se faz", é mais do que a generalidade dos homens considera aplicável a eles. Mas não se pense que, dos candidatos malsucedidos, qualquer deles vá divulgar ao mundo sequer o pouco que possa ter aprendido, como fazem alguns maçons. Ninguém sabe melhor que eles mesmos como é improvável um neófito falar sobre o que lhe foi comunicado. Assim, essas sociedades se perpetuam e são negadas sem que digam uma só palavra. Mas dia virá em que porão de lado sua reserva a fim de mostrar que são os senhores absolutos da situação.

NOTA

1. G. B. Nicolini. *History of the Jesuits*, Londres, 1873, p. 30 (nota de rodapé).

23

Os Vedas e a Bíblia

Nossa tarefa terá sido mal executada se os capítulos anteriores não demonstraram que o judaísmo, o gnosticismo anterior e posterior, o cristianismo e até mesmo a maçonaria cristã foram erigidos sobre mitos, símbolos e alegorias cósmicas idênticos, cuja plena compreensão só é possível para aqueles que herdaram a chave de seus inventores.

Nas páginas seguintes, tentaremos mostrar até que ponto esses sistemas foram mal interpretados pelas doutrinas muito diferentes, embora intimamente relacionadas, que enumeramos acima. Elas apenas os adaptaram às suas necessidades individuais. Assim, não só o estudioso se beneficiará, como um ato de justiça muito protelado e agora muito necessário será praticado em proveito das gerações anteriores cujo gênio merece a gratidão de toda a raça humana. Comecemos comparando mais uma vez os mitos da Bíblia com os dos livros sagrados de outras nações, para ver qual é o original e quais são as cópias.

Existem apenas dois métodos que, corretamente explicados, podem nos ajudar a chegar a esse resultado. Eles são os Vedas – literatura bramânica – e a Cabala Judaica. O primeiro, com um espírito muito filosófico, concebeu esses mitos grandiosos; o último, tomando-os emprestados dos caldeus e persas, transformou-os em uma história da nação judaica, na qual, seu espírito de filosofia foi enterrado além do reconhecimento de todos, exceto dos eleitos e, sob uma forma muito mais absurda do que os arianos haviam dado a eles. A Bíblia da Igreja Cristã é o último receptáculo desse esquema de alegorias desfiguradas que foram erguidas em um edifício de superstição, assim como ela nunca entrou nas concepções daqueles de quem a igreja obteve seu conhecimento. As ficções abstratas da antiguidade, que durante séculos encheram a fantasia popular apenas com sombras bruxuleantes e imagens incertas, assumiram no cristianismo as formas de personagens reais e tornaram-se fatos consumados. A alegoria, metamorfoseada, torna-se história sagrada e, o mito pagão é ensinado ao povo como uma narrativa revelada do relacionamento de Deus com Seu povo escolhido.

Os mitos, diz Horácio em sua *Arte Poética*, foram inventados por homens sábios para fortalecer as leis e ensinar verdades morais. Contudo, se Horácio se esforçava para deixar claro o próprio espírito e a essência dos mitos antigos, Evêmero pretendia, ao contrário, que "os mitos são a história lendária de reis e heróis, transformados em deuses pela admiração das nações".

Tentaremos sistematizar nosso assunto tanto quanto permita a necessidade sempre recorrente de traçar paralelos entre as opiniões conflitantes que se basearam nos mesmos mitos. Começaremos com o livro do Gênesis e buscaremos seu significado oculto nas tradições bramânicas e na Cabala caldaico-judaica.

A primeira lição das escrituras em nossa infância foi que Deus criou o mundo em seis dias e descansou no sétimo. Consequentemente, uma solenidade peculiar deve ser atribuída ao sétimo dia e os cristãos, adotando as rígidas observâncias do sábado judaico, impuseram-no aos fiéis substituindo o sétimo dia da semana pelo primeiro.

Todos os sistemas de misticismo religioso são baseados em numerais. Com Pitágoras, a Mona ou unidade, projetando a díade e formando assim a trindade, e o quaternário ou Arba-il (o místico quatro), compõem o número sete. A sacralidade dos números começa com o grande Primeiro, o UM, e termina apenas com o zero – símbolo do círculo infinito e sem limites que representa o universo. Todas as figuras intervenientes, em qualquer combinação ou multiplicadas, representam ideias filosóficas, de contornos vagos até um axioma científico definitivamente estabelecido, relacionado a um fato moral ou físico da natureza. Eles são a chave para as antigas visões da cosmogonia em seu sentido amplo, incluindo o homem e os outros seres, e a evolução da raça humana, tanto espiritual quanto fisicamente.

O número sete é o mais sagrado de todos e é sem dúvida de origem hindu. Tudo o que era importante foi calculado e encaixado nesse número pelas ideias dos primeiros filósofos indianos – ideias tanto quanto localidades.

Esse número reaparece da mesma forma em quase todas as páginas do Gênesis, nos livros mosaicos e, com destaque (ver o capítulo seguinte) no Livro de Jó e na Cabala Oriental. Se os semitas hebreus o adotaram tão prontamente, devemos inferir que não o fizeram às cegas, mas com um conhecimento completo de seu significado secreto: portanto, absorveram as doutrinas de seus vizinhos "pagãos" também. É natural, pois, que busquemos na filosofia pagã a interpretação desse número, que novamente reapareceu no cristianismo com seus sete sacramentos, as sete igrejas da Ásia Menor, os sete pecados capitais, as sete virtudes (quatro cardeais e três teologais) etc.

As sete cores prismáticas do arco-íris vistas por Noé não terão outro significado senão o pacto entre Deus e o homem para refrescar a memória deste último? Para o cabalista, pelo menos, eles têm um significado inseparável dos sete trabalhos da magia, das sete esferas superiores, das sete notas da escala musical, dos sete numerais de Pitágoras, das sete maravilhas do mundo, das sete eras e até mesmo dos sete graus dos maçons, que levam ao Santo dos Santos após o três e o cinco.

Virá daí, então, a identidade desses enigmáticos e sempre recorrentes numerais que são encontrados em cada página das escrituras judaicas, assim como em cada *ola* e *sloka* dos livros budistas e bramânicos? Virão daí esses numerais que são a alma do pensamento pitagórico e platônico, e que nenhum orientalista ou estudioso bíblico não esclarecido jamais foi capaz de sondar? E, no entanto, eles teriam uma chave nas mãos caso soubessem usá-la. Em nenhum lugar o valor místico da linguagem humana e seus efeitos na ação dos homens são tão perfeitamente compreendidos como na Índia, nem mais bem explicados do que pelos autores dos mais vetustos *brahmanas*. Por mais antigas que sejam suas épocas, elas apenas expressam, de forma mais concreta, as especulações metafísicas abstratas de seus próprios ancestrais.

Tal é o respeito dos brâmanes pelos mistérios sacrificiais que, segundo eles, o próprio mundo surgiu na criação como consequência de uma "palavra sacrificial" pronunciada pela Causa Primeira. Essa palavra é o "Nome Inefável" dos cabalistas, discutido no último capítulo.

O segredo dos Vedas, por mais "Conhecimento Sagrado" que sejam, é impenetrável sem a ajuda dos *brahmanas*. Mais propriamente falando, os Vedas (que são escritos em verso e compreendem quatro livros) constituem a porção chamada Mantra, ou oração mágica e, os *brahmanas* (em prosa) contêm sua chave. Só a parte do Mantra é sagrada; a parte dos *brahmanas* contém todas as exegeses teológicas, especulações e explicações sacerdotais.

Existem palavras que possuem uma qualidade destrutiva em suas próprias sílabas, como se fossem coisas objetivas; pois cada som desperta outro correspondente no mundo invisível do espírito e a repercussão produz um efeito bom ou ruim. Um ritmo harmonioso, uma melodia vibrando suavemente na atmosfera exercem uma influência benéfica e doce, atuando mais poderosamente sobre a natureza psicológica e física de todos os seres vivos na terra; afetam até mesmo objetos inanimados, pois a matéria ainda é espírito em sua essência, por mais invisível que possa parecer aos nossos sentidos mais grosseiros.

O mesmo ocorre com os numerais. Para onde quer que nos voltemos, dos Profetas ao Apocalipse, veremos os escritores bíblicos constantemente usando os números três, quatro, sete e doze.

Enquanto isso, sem olhos para pretensas autoridades, tentemos peneirar alguns desses mitos antigos. Buscaremos uma explicação dentro da interpretação popular e tatearemos com a ajuda da lâmpada mágica de Trismegisto – o misterioso número sete. Deve ter havido algum motivo pelo qual esse número foi universalmente aceito como cálculo místico. Todo povo antigo instalou o Criador ou Demiurgo no sétimo céu.

Deve-se consultar os pitagóricos e os cabalistas para entender a potencialidade desse número. Esotericamente, os sete raios do espectro solar são representados concretamente no deus de sete raios Heptaktys. Esses sete raios, resumidos em três raios primários (vermelho, azul e amarelo), formam a trindade solar e tipificam, respectivamente, o espírito-matéria e a essência-espírito.

Os pitagóricos chamavam o número sete de veículo da vida, pois ele contém corpo e alma. Sua explicação é que o corpo humano se compõe de quatro elementos principais e que a alma é tripla, constituída de razão, paixão e desejo.

O Heptaktys não é a Causa Suprema, mas simplesmente uma emanação sua – a manifestação visível do Poder Não Revelado. É a emanação do Altíssimo, o Demiurgo, a multiplicidade na unidade, os Elohim, que vemos criando nosso mundo, ou melhor, moldando-o, em seis dias e descansando no sétimo. E quem são esses Elohim senão os poderes evemerizados da natureza, os fiéis servos manifestos, as leis Daquele que é a lei imutável e a própria harmonia?

Eles permanecem no sétimo céu (ou mundo espiritual), pois são eles que, de acordo com os cabalistas, formaram em sucessão os seis mundos materiais, ou melhor, as tentativas de mundos anteriores ao nosso, que eles dizem ser o sétimo. Se, deixando de lado a concepção metafísico-espiritual, dermos atenção apenas ao problema científico-religioso da criação em "seis dias", sobre o qual nossos melhores estudiosos bíblicos têm se debruçado inutilmente há tanto tempo, talvez possamos encontrar o caminho da verdadeira ideia subjacente à alegoria. Os antigos eram filósofos, proficientes em tudo. Assim, eles ensinaram que cada um desses mundos desaparecidos, tendo completado sua evolução física e alcançado – por meio do nascimento, crescimento, maturidade, velhice e morte – o fim de seu ciclo, retornou à sua forma subjetiva primitiva de uma terra espiritual. Posteriormente, teve que servir por toda a eternidade como morada daqueles que viveram nele como homens e até mesmo animais, mas agora eram espíritos. Essa ideia, ainda que seja tão carente de uma demonstração exata quanto a de nossos teólogos a respeito do Paraíso, é pelo menos um pouco mais filosófica.

Nosso planeta, tal como o homem e todas as outras coisas vivas que abriga, teve sua evolução espiritual e física. De um pensamento impalpável e ideal sob a Vontade criativa d'Aquele de quem nada sabemos, mas que vagamente concebemos em nossa imaginação, este globo se tornou fluídico e semiespiritual, depois se condensou cada vez mais até que seu desenvolvimento físico – matéria, o demônio tentador – obrigou-o a experimentar sua própria faculdade criativa. A matéria desafiou o Espírito, e a terra também teve sua "queda". A maldição alegórica sob a qual vive é esta: ela apenas procria, não cria. Nosso planeta físico é apenas a serva, ou melhor, a empregada doméstica do espírito, seu mestre. "Maldito seja o solo [...] espinhos e abrolhos ele produzirá", teriam dito os Elohim. "Com dor parirás filhos." Os Elohim dizem isso tanto para o chão quanto para a mulher. E essa maldição durará até que a menor partícula de matéria na terra tenha cumprido seus dias, até que cada grão de poeira tenha, por transformação gradual evolutiva, se tornado parte constituinte de uma "alma vivente" e até que esta percorra o arco cíclico para finalmente se deter – seu próprio Metatron ou Espírito Redentor – ao pé do degrau superior dos mundos espirituais, como na primeira hora de sua emanação. Para além disso, jaz o grande "Abismo" – um MISTÉRIO!

Vale lembrar que toda cosmogonia tem uma trindade de trabalhadores no alto: Pai, espírito; Mãe, natureza ou matéria; e universo manifestado, o Filho ou produto dos dois. O universo também, assim como cada planeta que ele compreende, passa por quatro idades como o próprio homem. Todos têm sua infância, juventude, maturidade e velhice; e essas quatro, somadas às outras três, criam o sete sagrado novamente.

Os capítulos introdutórios do Gênesis nunca tiveram a intenção de apresentar nem mesmo uma alegoria remota da criação de nossa Terra. Eles abraçam uma concepção metafísica de algum período indefinido na eternidade, quando tentativas sucessivas estavam sendo feitas pela lei da evolução para a formação de universos. Essa ideia está claramente expressa no *Zohar*: "Houve velhos mundos, que pereceram assim que passaram a existir; não tinham forma e eram chamados de *faíscas*. Assim o ferreiro, ao malhar o ferro, deixa faíscas voarem em todas as direções. Elas são os mundos primordiais que não podiam subsistir porque o Sagrado Idoso (*Sephirah*) ainda não havia assumido sua forma (de andrógino ou sexos opostos) de rei e rainha (*Sephirah* e Kadmon) e o Mestre ainda não começara a trabalhar".[1]

Os seis períodos ou "dias" de Gênesis se referem à mesma crença metafísica. Cincos dessas tentativas ineficazes foram feitas pelos Elohim, mas a sexta resultou em mundos como o nosso (ou seja, todos os planetas e a maioria das estrelas são mundos habitados, embora não como a nossa Terra). Tendo, finalmente, formado este mundo no sexto período, os Elohim descansaram no sétimo. Assim, o "Sacrossanto", quando criou o mundo atual, disse: "Este me agrada, os anteriores não me agradaram" (*Bereshith Rabbah*, parsha 9). E os Elohim "viram tudo o que ele tinha feito e eis que era bom. E a tarde e a manhã foram o sexto dia" (Gênesis 1,31).

O leitor se lembrará de que foi dada uma explicação sobre o "dia" e a "noite" de Brahma. O primeiro representa um certo período de atividade cósmica, o último um período igual de repouso cósmico. No primeiro, os mundos estão evoluindo e passando por suas quatro idades de existência; no último, a "inspiração" de Brahma inverte a tendência das forças naturais; tudo o que é visível se dispersa gradualmente; o caos vem; e uma longa noite de repouso revigora o cosmos para seu próximo período de evolução. Na manhã de um desses "dias", os processos formativos vão atingindo gradativamente seu clímax de atividade e à noite a diminuem imperceptivelmente até chegar o *pralaya* e, com ele, a "noite". Essa manhã e essa noite constituem, de fato, um dia cósmico; e era um "dia de Brahma" que o autor cabalístico do Gênesis tinha em mente toda vez que dizia: "E a tarde e a manhã foram o primeiro (ou o quinto, o sexto ou qualquer outro) dia". Seis dias de evolução gradual, um de repouso e depois a noite! Desde a primeira aparição do homem em nossa terra, houve um eterno sábado ou descanso para o Demiurgo.

As especulações cosmogônicas dos primeiros seis capítulos do Gênesis são mostradas nas raças de "filhos de Deus", "gigantes" etc., do capítulo 6. Com mais propriedade, a história da formação de nossa terra (ou "criação", como é chamada muito indevidamente) começa com o resgate de Noé do dilúvio.

A existência sucessiva de um número incalculável de mundos antes da evolução subsequente do nosso era aceita e ensinada por todos os povos antigos.

As doutrinas hindus falam de dois *pralayas* ou dissoluções; um universal, o *maha-pralaya*, o outro parcial ou *pralaya* menor. Isso não se relaciona com a dissolução universal que ocorre no fim de cada "Dia de Brahma", mas com os cataclismos geológicos no final de cada ciclo menor de nosso globo. Um cataclismo parcial ocorre no fim de cada "era" do mundo, dizem eles, o que não o destrói, mas apenas muda sua aparência geral. Novas raças de homens e animais, e uma nova flora, evoluem da dissolução das anteriores.

Mas se um desses cataclismos universais tivesse alguma vez ocorrido, os homens se lembrariam dele e certamente alguns monumentos egípcios, dos quais muitos são de uma assombrosa Antiguidade, teriam registrado a ocorrência. Até agora, porém, não foi encontrada a mínima alusão a tal calamidade. Por outro lado, os caldeus preservaram essa tradição, testificada por Beroso, e os antigos hindus possuíam uma lenda semelhante. Mas os egípcios, cujos primeiros colonizadores sem dúvida vieram do sul da Índia, tiveram menos motivos para registrar o cataclismo, uma vez que talvez nunca os tivesse afetado, exceto indiretamente.

Estamos preparados para sustentar que o Egito deve sua civilização, comunidade e artes – especialmente a arte de construir – à Índia pré-védica e que foi uma colônia de arianos de pele escura, ou aqueles a quem Homero e Heródoto chamam de orientais etíopes, isto é, os habitantes do sul da Índia. Eles trouxeram para o Egito sua civilização já pronta nas eras pré-cronológicas (que Bunsen chama de pré-menitas, embora correspondam aos tempos históricos).

Até o momento, apesar de todas as controvérsias e pesquisas, a história e a ciência permanecem mais do que nunca nas trevas quanto à origem dos judeus. Eles podem ser os exilados chandalas, ou párias, da velha Índia, os "pedreiros" mencionados por Vina-Snati, Veda-Vyasa e Manu, os fenícios de Heródoto, os hicsos de Josefo, os descendentes dos pastores páli ou uma mistura de tudo isso.

Não existe uma história real no Antigo Testamento e as poucas informações históricas que se podem recolher são encontradas apenas

nas revelações indiscretas dos profetas. O livro, como um todo, deve ter sido escrito em várias épocas, ou melhor, inventado como justificativa para algum culto posterior, cuja origem pode ser facilmente remontada, em parte, aos Mistérios Órficos e, em parte, aos antigos ritos egípcios, em familiaridade com os quais Moisés foi educado desde a infância.

O plano exotérico da Bíblia foi concebido para atender também às quatro idades. Assim, cobre a Idade do Ouro de Adão a Abraão; a da Prata, de Abraão a Davi; a do Cobre, de Davi ao Cativeiro; e daí em diante, a do Ferro. Mas o cálculo secreto é bem outro e não difere em nada dos cálculos zodiacais dos brâmanes. Estamos na Idade do Ferro, ou Kali-Yuga, mas ela começou com Noé, o ancestral mítico de nossa raça.

Quase todas as profecias sobre Cristo são creditadas aos patriarcas e profetas. Se alguns destes últimos podem ter existido como personagens reais, cada um dos primeiros é um mito. Faremos o possível para prová-lo pela interpretação oculta do zodíaco e pelas relações de seus signos com esses homens antediluvianos.

Se o leitor tiver em mente as ideias hindus de cosmogonia, compreenderá melhor a relação entre os patriarcas antediluvianos bíblicos e aquele quebra-cabeça dos comentadores – "a roda de Ezequiel". Assim, que seja lembrado: (1) O universo não é uma criação espontânea, mas uma evolução da matéria preexistente. (2) É apenas um de uma série infinita de universos. (3) A eternidade é dividida em grandes ciclos, em cada um dos quais ocorrem doze transformações de nosso mundo, seguindo sua destruição parcial pelo fogo e pela água, alternadamente, de modo que quando um novo período menor se inicia, a terra é tão mudada, até geologicamente, a ponto de quase se tornar um novo mundo. (4) No curso dessas doze transformações, a terra, depois das seis primeiras, fica mais grosseira e tudo nela – o homem incluído – mais material do que depois da precedente; depois das seis restantes, o contrário é verdadeiro, com a terra e o homem se tornando cada vez mais refinados e espirituais a cada mudança terrestre. (5) Quando o ápice do ciclo é alcançado, uma dissolução gradual ocorre e toda forma viva e objetiva é destruída. Mas quando esse ponto é atingido, a humanidade se torna apta a viver tanto subjetiva quanto objetivamente. E não apenas a humanidade, mas também os animais, plantas e todos os átomos. Após um tempo de descanso, dizem os budistas, quando da autoformação de um novo mundo, as almas astrais dos animais e de todos os seres, exceto aqueles que alcançaram o Nirvana mais elevado, retornarão à terra novamente para encerrar seus ciclos de transformações e se tornar homens por sua vez.

Os antigos sintetizaram essa concepção estupenda, para instrução do povo comum, em um único esquema pictórico – o zodíaco ou cinturão celeste. Em vez dos doze signos agora usados, havia apenas dez conhecidos do público em geral, a saber: Áries, Touro, Gêmeos, Câncer, Leão, Virgo-Escorpião, Sagitário, Capricórnio, Aquário e Peixes. Esses eram exotéricos. Mas, além disso, havia dois signos místicos inseridos, que só os iniciados compreendiam: no meio ou ponto de junção onde agora está Libra e no signo agora chamado de Escorpião, que segue Virgem. Quando se julgou necessário torná-los exotéricos, esses dois signos secretos foram acrescentados com as atuais denominações à maneira de cortinas para ocultar os nomes verdadeiros que davam a chave de todo o segredo da criação e divulgavam a origem do "bem e do mal".

Nesse sentido, o dilúvio aponta então para aquela luta final entre elementos conflitantes que encerrou o primeiro grande ciclo do nosso planeta. Esses períodos, gradualmente, fundiram-se uns com os outros, a ordem surgindo do caos, ou desordem, e os tipos sucessivos de organismos sendo desenvolvidos apenas quando as condições físicas da natureza estavam preparadas para seu aparecimento; pois nossa raça atual não poderia ter subsistido na terra durante aquele período intermediário, já que não possuía ainda as alegóricas túnicas de peles.

E se houve um período, talvez vários períodos, em que o homem *existiu* e ainda não era um ser orgânico – não podendo, portanto, ter deixado qualquer vestígio de si mesmo para a ciência exata? O espírito não deixa esqueletos ou fósseis para trás, mas pouca gente duvida que o homem possa viver tanto objetiva quanto subjetivamente. Em todo o caso, a milenar teologia dos brâmanes, que divide os períodos formativos da Terra em quatro idades e coloca entre cada uma delas um lapso de 1.728.000 anos, concorda muito mais com a ciência oficial e as descobertas modernas do que com as absurdas noções cronológicas promulgadas pelos Concílios de Niceia e Trento.

NOTA

1. *Idrah Zutah* 10.421-30. O Supremo falando com o Arquiteto do mundo – seu Logos – sobre a criação.

24

O Mito do Demônio

O Diabo é o gênio tutelar do cristianismo teológico. Esse dogma do Diabo e da redenção parece se basear em duas passagens do Novo Testamento: "Para isso se manifestou o Filho de Deus: para destruir as obras do Diabo" (I João 3,8). "E houve guerra no céu; Miguel e seus anjos lutaram contra o Dragão; o Dragão lutou, os seus anjos lutaram, mas não prevaleceram; nem o seu lugar foi mais encontrado no céu. E foi expulso o grande Dragão, aquela antiga serpente chamada Diabo e Satanás, que engana o mundo inteiro" (Apocalipse 12,7-9). Vamos, então, explorar as antigas teogonias a fim de averiguar o que significavam essas expressões notáveis.

A primeira pergunta é se o termo *Diabo*, como usado aqui, realmente representa a divindade maligna dos cristãos ou uma força antagônica e cega – o lado negro da natureza. Por este último conceito, não devemos entender a manifestação de um princípio que seja *malum in se*, mas apenas a sombra da Luz, por assim dizer. As teorias dos cabalistas falam em uma força antagônica, mas ao mesmo tempo essencial para a vitalidade, a evolução e o vigor do bom princípio. As plantas pereceriam em seu primeiro estágio de existência se fossem mantidas expostas a uma luz solar constante; a alternância da noite com o dia é essencial para seu crescimento e desenvolvimento saudáveis. A bondade, da mesma forma, rapidamente deixaria de ser bondade caso não se alternasse com seu oposto. Na natureza humana, o mal denota o antagonismo entre a matéria e o espírito, e assim eles se purificam mutuamente. No cosmos, o equilíbrio deve ser preservado; a operação de dois contrários produz harmonia, como as forças centrípetas e centrífugas, que são necessárias uma à outra. Se uma for contida, a ação da outra se tornará imediatamente destrutiva.

A personificação denominada *Satanás* deve ser encarada a partir de três planos diferentes: o Antigo Testamento, os Padres Cristãos e a atitude dos antigos gentios. Ele teria sido representado pela Serpente no Jardim do Éden; não obstante, nos escritos sagrados hebraicos, o epíteto de *Satanás* não é aplicado em parte alguma a essa ou a qualquer outra variedade de cobra.

A tentação ou provocação de Jesus é a ocasião mais dramática em que Satanás aparece. Como que para provar a designação de Apolo, Esculápio e Baco, *Diabolos* ou filho de Zeus, ele também é denominado *Diabolos* ou acusador. O cenário da provocação foi o deserto. No deserto às margens do Jordão e do Mar Morto estavam as moradas dos "filhos dos profetas" e dos essênios (Plínio, *Hist. Nat.* 5.16). Esses ascetas costumavam submeter seus neófitos a provações, análogas às torturas dos ritos mitraicos, e a tentação de Jesus foi evidentemente uma cena desse tipo. Mas o Diabolos, ou Diabo, nesse caso não é evidentemente um princípio maligno, mas alguém que exerce a disciplina. Nesse sentido, os termos *Diabo* e *Satã* são repetidamente empregados (ver I Coríntios 5,5; II Coríntios 11,14; I Timóteo 1,20).

A história de Satanás no Livro de Jó tem um caráter semelhante. Ele é introduzido entre os "Filhos de Deus", apresentando-se ao Senhor como em uma iniciação mística. O Senhor conversa com Satanás e lhe dá carta branca para testar a fidelidade de Jó. Este último é despojado de sua riqueza e família, e atacado por uma doença repulsiva. No limite, sua esposa duvida de sua integridade e o exorta a adorar Deus, pois ele está para morrer. Todos os seus amigos o assediam com acusações e, finalmente, o Senhor, o próprio hierofante principal, acusa-o de proferir palavras em que não há sabedoria e de lutar com o Todo-Poderoso. Em todas essas cenas, não se manifesta o diabolismo maligno que supostamente caracteriza "o adversário das almas".

A alegoria de Jó, se corretamente entendida, dará a chave para toda essa questão do Diabo, sua natureza e seu ofício, e embasará nossas assertivas. Que nenhum indivíduo piedoso faça objeções a essa designação de alegoria. O mito era o método preferido e universal de ensino nos tempos arcaicos. Paulo, escrevendo aos coríntios, declarou que toda a história de Moisés e dos israelitas são "figuras"; e, em sua epístola aos gálatas, afirmou que toda a história de Abraão, suas duas esposas e seus filhos era uma alegoria.[2] Na verdade, essa teoria nos garante que os livros históricos do Antigo Testamento eram do mesmo caráter. Não tomamos nenhuma liberdade extraordinária com o Livro de Jó quando lhe damos a mesma designação que Paulo deu às histórias de Abraão e Moisés.

Mas, talvez, devêssemos explicar o antigo uso da alegoria e da simbologia. O símbolo expressava alguma qualidade abstrata da Divindade que os leigos podiam facilmente apreender. Seu sentido superior terminava aí e foi empregado pela multidão a partir de então como uma imagem em ritos idólatras. Mas a alegoria era reservada para o santuário interno, onde só se admitiam os eleitos. Daí a réplica de Jesus quando seus discípulos lhe perguntaram por que ele falava à multidão por meio de parábolas. "A vós", disse ele, "é dado conhecer os mistérios do Reino dos Céus, mas a eles não é dado. Para o que tem, mais lhe será dado e possuirá tudo em abundância, mas do que não tem será tirado até o que tem" [Matheus 13,11-12].

Toda a alegoria de Jó é um livro aberto para quem entende a linguagem pictórica do Egito, conforme registrada no Livro dos Mortos. Na cena do julgamento, Osíris é representado em seu trono, segurando em uma das mãos o símbolo da vida, "o gancho da atração", e na outra o místico leque báquico. Diante dele estão os filhos de Deus, os quarenta e dois assessores dos mortos. Um altar está bem diante do trono, coberto com oferendas e encimado pela flor de lótus sagrada, sobre a qual pairam quatro espíritos. Na entrada, posta-se a alma prestes a ser julgada, a quem Thmei [Maat], o gênio da Verdade, dá as boas-vindas para a conclusão da provação. Thoth, segurando uma vara de junco, faz o registro do processo no Livro da Vida. Hórus e Anúbis, de pé junto a uma balança, aferem o peso que determina se o coração do falecido equilibra o símbolo da verdade ou se este prepondera. Em um pedestal está sentada uma cadela – o símbolo do acusador.

A iniciação dos mistérios, como toda pessoa inteligente sabe, era uma representação dramática de cenas do submundo. Essa era a alegoria de Jó.

Vários críticos atribuíram a autoria desse livro a Moisés. Mas ele é mais antigo do que o Pentateuco. Jeová não é mencionado no próprio poema; e se o nome ocorre no prólogo, o fato deve ser atribuído a um erro dos tradutores ou à premeditação exigida pela posterior necessidade de transformar o politeísmo em uma religião monoteísta. O plano adotado foi muito simples: atribuir os muitos nomes dos Elohim (deuses) a um único deus. Assim, em um dos textos hebraicos mais antigos de Jó (12,9), aparece o nome de Jeová, enquanto todos os outros manuscritos trazem "Adonai". Mas, no poema original, Jeová está ausente. No lugar desse nome encontramos *Al*, *Aleim*, *Ale*, *Shaddai*, *Adonai* etc. Portanto, devemos concluir, ou que o prólogo e o epílogo foram adicionados em um período posterior, o que é inadmissível por muitas razões, ou que o texto foi adulterado como o resto dos manuscritos.

Satanás é chamado nele de um "Filho de Deus", um membro do conselho que se apresenta diante do Senhor, que o autoriza a pôr à prova a fidelidade de Jó. Nesse poema, mais claro e simples do que em qualquer outro lugar, encontramos o significado do nome *Satanás*. É um termo para o cargo ou qualidade de *acusador público*. Satanás é o Tifão dos egípcios, vociferando suas acusações em Amenti, uma função tão respeitável quanto a do promotor público em nossa época; e se, por ignorância dos primeiros cristãos, ele se tornou mais tarde idêntico ao Diabo, não foi por conivência sua.

O Livro de Jó é uma representação completa da antiga iniciação e das provas que geralmente precedem a mais grandiosa de todas as cerimônias. O neófito se vê privado de tudo o que valorizava e afligido por uma doença repulsiva. Sua esposa sugere que ele adore a Deus e morra; não há mais esperança para ele. Três amigos combinam visitá-lo e aparecem em cena: Elifaz, o erudito temanita, cheio do conhecimento "que os sábios receberam dos pais [...] a quem, só a eles, a terra foi dada"; Bildade, o conservador, que encara as coisas como elas são e acha que Jó agiu mal por causa de suas aflições; e Zofar, inteligente e habilidoso em "generalidades", mas não interiormente sábio. Jó responde com ousadia:

> Se cometi um erro, o erro é meu. Vós vos engrandeceis me acusando em meu opróbio; mas foi Deus quem me abateu [...] Por que me persegues e não ficais satisfeitos com minha carne assim destruída? Porém eu sei que meu Defensor vive e um dia será por mim na terra; e embora, com minha pele, tudo que está por baixo dela vá ser destruído, ainda sem minha carne eu verei a Deus... Dizeis: "Por que nós o molestamos?", pois a raiz da matéria se encontra em mim! [19,4-6, 22, 25-28]

Essa passagem, como todas as outras em que podem ser encontradas vagas alusões a um "Defensor", "Libertador" ou "Vingador", foi interpretada como uma referência direta ao Messias; mas na Septuaginta [Jó 19,25-27], esse versículo é traduzido assim:

> Pois eu sei que Ele, o Eterno,
> Está prestes a me libertar na terra
> E restaurar esta minha pele que suporta tais coisas.

Na versão do rei Jaime, a tradução não tem qualquer semelhança com o original. Os astutos tradutores se saíram com esta: "Eu sei que *meu Redentor vive*" etc. E, no entanto, a Septuaginta, a Vulgata e o hebraico original são considerados a Palavra inspirada de Deus. Jó se refere ao seu próprio espírito imortal, que é eterno e que, quando a morte vier, o libertará de seu corpo terrestre pútrido e o revestirá com um novo invólucro espiritual. Nos Mistérios Eleusinos, no Livro dos Mortos egípcio e em todas as outras obras que tratam de questões de iniciação, esse "ser eterno" tem um nome. Para os neoplatônicos era o *Nous*, os *Augoeides*; para os budistas, *Agra*; e, para os persas, *Feroher*. Todos eles são chamados de "Libertadores", "Defensores", "Metatrons" etc. Nas esculturas mitraicas da Pérsia, o Feroher é representado como uma figura alada pairando no ar acima de seu "objeto" ou corpo. É o Eu luminoso – o Atman dos hindus, nosso espírito imortal, o único que pode redimir nossa alma e vontade, se o seguirmos em vez de ser arrastados para baixo pelo nosso corpo. Portanto, nos textos caldeus, o texto acima diz: "Meu libertador, meu restaurador", ou seja, o Espírito que restaurará o corpo deteriorado do homem e o transformará em uma roupa de éter. E é esse Nous, Augoeides, Feroher, Agra, Espírito de si mesmo que o triunfante Jó verá sem sua carne – quando tiver escapado de sua prisão corporal – e que os tradutores chamam de "Deus".

Em vez de oferecer consolo, os três amigos do sofredor Jó procuram fazê-lo acreditar que seu infortúnio deve ser uma punição por algumas transgressões extraordinárias de sua parte. Devolvendo-lhes todas as suas imputações, Jó jura que enquanto respirar manterá sua postura. Em seguida, ele afirma sua simpatia pelos desafortunados, sua castidade, sua integridade, sua probidade, sua justiça estrita, sua caridade, sua moderação, sua distância do culto predominante do sol, sua ternura para com os inimigos, sua hospitalidade para com os estranhos, sua bondade de coração e seu apego ao direito, embora enfrentasse a multidão e o desprezo das famílias; ele invoca o Deus Todo-Poderoso para lhe responder e desafia seu adversário a registrar sua culpa.

Para isso não havia, e não poderia haver, nenhuma resposta. Os três procuraram esmagar Jó com súplicas e argumentos gerais, e ele exigiu consideração pelos seus atos específicos. Então, apareceu o quarto: Eliú, filho de Baraquel, o buzita, da família de Ram.

Elihu é o hierofante; ele começa com uma repreensão e os sofismas dos falsos amigos de Jó são varridos como areia tangida pelo vento oeste.

> E Eliú, filho de Baraquel, falou: "Grandes homens nem sempre são sábios [...] Há um espírito no homem; o espírito dentro de mim me constrange [...] Deus fala uma vez, duas vezes, mas o homem não o percebe. Em um sonho, em uma visão noturna, quando um sono profundo desce sobre o homem, em cochilo na cama, então ele abre os ouvidos dos homens e dá suas instruções. Ó Jó, ouve-me: cala-te e eu te ensinarei sabedoria". [32, 8, 9, 18, 33, 14-16, 33]

O atormentado Jó, coberto de chagas, para o clero oficial havia vacilado em sua fé paciente devido ao desespero – esse mesmo clero que só oferecia como esperança a fatalidade da danação. E Jó respondeu:

> Como vós sabeis, também eu o sei; não vos sou inferior [...] Nasce como a flor e murcha: foge como a sombra e não permanece [...] O homem, porém, morre e fica prostrado. Morrendo o homem,

porventura tornará a viver? [...] Passados alguns anos, tomarei um caminho do qual não voltarei [...] Quem dera se pudesse suplicar por um homem diante de Deus, como um homem suplica pelo seu próximo! [13,2; 14, 2, 10, 14; 16,21-22]

Jó encontra alguém que responde ao seu grito de agonia. Ele ouve a sabedoria de Eliú, o hierofante, o mestre perfeito, o filósofo inspirado. De seus lábios severos vem a justa repreensão por sua impiedade em imputar ao Ser Supremo os males da humanidade. "Deus", diz Eliú, "é excelente em poder, em julgamento e em abundância de justiça; Ele não afligirá" [37,23].

Enquanto o neófito se satisfazia com sua própria sapiência mundana, avaliando irreverentemente a Divindade e Seus propósitos, e dava ouvidos aos sofismas perniciosos daqueles conselheiros, o hierofante se calava. Mas quando essa mente ansiosa ficou pronta para o conselho e a instrução, sua voz foi ouvida e ele falou com a autoridade do Espírito de Deus.

Jó ouve as palavras de sabedoria e então o "Senhor" lhe responde "do redemoinho" da natureza. É a primeira manifestação visível de Deus: "Cala-te, Jó, cala-te! Considera as obras maravilhosas de Deus, pois só por meio delas podes conhecê-Lo. 'Eis que Deus é grande e nós não o conhecemos', Aquele que reúne as gotas de água que derrama em chuva do seu vapor" (Jó 36,26-27; 37,14; 38,1).

"Quem é este que obscurece o conselho com palavras sem conhecimento?", diz a voz de Deus por meio do Seu porta-voz, a natureza.

> Onde estavas tu quando lancei os alicerces da terra? Responde, se tens entendimento. Quem lhe fixou as medidas, se é que o sabes? Quando as estrelas da manhã cantaram juntas e todos os filhos de Deus exultaram? [...] Estavas presente quando eu disse aos mares: "Até aqui vireis, mas não ireis adiante; aqui tuas ondas orgulhosas

se deterão"? Sabes tu quem fez chover sobre a terra, onde não havia homem, e no deserto, onde não se via homem algum? [...] Podes acaso harmonizar as doces influências das Plêiades ou soltar as amarras de Órion? [...] Consegues desferir relâmpagos que te digam: "Cá estamos"? [Jó, 38]

"Então Jó respondeu ao Senhor." Ele entendeu os caminhos de Deus e seus olhos se abriram pela primeira vez. A Suprema Sabedoria desceu sobre ele. O leitor talvez fique perplexo diante desse Petroma final de iniciação, mas pelo menos Jó, ou o homem "aflito" em sua cegueira, percebeu então a impossibilidade de apanhar "Leviatã enfiando um anzol em seu nariz". Leviatã é a ciência encoberta, que alguém pode tocar, porém "não fazer mais" (Jó 41,2, 8); seu poder e "proporção correta", Deus não deseja ocultar.

Jó reconheceu seu "Defensor" e teve a certeza de que havia chegado o momento de sua justificação. Imediatamente, o Senhor disse a cada um dos "amigos" de Jó: "Minha ira está acesa contra ti e contra teus dois companheiros porque não falaste de mim o que é certo, como o meu servo Jó fez". Então "o Senhor voltou-se para o cativeiro de Jó" e "deu-lhe mais do que ele tivera" [42,7, 10].

No julgamento [egípcio], o falecido invoca quatro espíritos que presidem o Lago de Fogo e é purificado por eles. Vai então para sua morada celeste, onde é recebido por Hathor e Ísis, na presença de Atum,[3] o Deus essencial. Ele agora é Turu, o homem essencial, um espírito puro e, doravante, On-ati, o olho do fogo e um associado dos deuses.

Pode-se perceber, por essas ilustrações extensas, que o Satanás do Antigo Testamento, o *Diabolos* ou Diabo dos Evangelhos e Epístolas Apostólicas, era apenas o princípio antagônico da matéria, necessariamente inerente a ele, e não perverso no sentido moral do termo. Os judeus, oriundos do país persa, trouxeram consigo a doutrina de dois princípios. Não poderiam trazer a Avesta, porque este ainda não tinha sido escrito. Mas eles – queremos dizer os asisdianos [chasidim] e parses – atribuíram a Ormazd o nome secreto de Jeová e a Ahriman o nome dos deuses da terra, o Satanás dos hititas e o *Diabolos*, ou melhor, *Diobolos*, dos gregos. Na Igreja primitiva – pelo menos sua parte paulina –, os gnósticos e seus sucessores refinaram ainda mais suas ideias; e a Igreja Católica as adotou e adaptou, enquanto passava seus promulgadores a fio de espada.

Devemos, talvez, dar uma breve notícia sobre o diabo europeu. Ele é o gênio que intervém na feitiçaria, na bruxaria e em outros malefícios. Os Padres, apropriando-se da ideia dos fariseus judeus, transformaram em demônios os deuses pagãos, Mitra, Serápis e os outros. A Igreja Católica Romana denunciou o antigo culto como comércio com os poderes das trevas. Os *malefeci* e as bruxas da Idade Média eram, portanto, apenas os devotos do culto proscrito. A magia, em todos os tempos antigos, foi considerada como ciência divina, sabedoria e conhecimento de Deus. A arte da cura nos templos de Esculápio, nos santuários do Egito e do Oriente sempre foi mágica.

Tudo então mudou. A ignorância foi entronizada como a mãe da devoção. O aprendizado foi denunciado e os sábios cultivavam as ciências com risco de vida. Eles eram obrigados a usar um jargão para esconder suas ideias de todos, exceto seus próprios adeptos, e a aceitar o opróbrio, a calúnia e a pobreza.

Os devotos do antigo culto foram perseguidos e condenados à morte sob acusação de bruxaria. Os albigenses, descendentes dos gnósticos, e os valdenses, precursores dos protestantes, foram caçados e massacrados sob acusações semelhantes. O próprio Martinho Lutero foi acusado de companheirismo com Satã. Todo o mundo protestante, ainda, está sob a mesma imputação. Não há distinção, nos julgamentos da Igreja, entre dissidência, heresia e bruxaria. E, exceto onde há a proteção da autoridade civil, todos esses são considerados crimes capitais.

Parece incrível que, das várias nações da Antiguidade, nenhuma acreditasse mais em um demônio pessoal do que os cristãos liberais do século XIX, mas, coisa triste, essa é a verdade. Nem os egípcios, que Porfírio chama de "a nação mais erudita do mundo" (*De abstinentia* 2.5), nem a Grécia, sua fiel copista, jamais foram culpados de tamanho absurdo. Podemos acrescentar de imediato que nenhum deles, nem mesmo os antigos judeus, acreditava no inferno ou na danação eterna mais do que no Diabo, embora nossas igrejas cristãs sejam tão liberais em atribuir essas crenças aos pagãos. Quando a palavra "inferno" ocorre nos textos sagrados hebraicos, a tradução está errada. Os hebreus ignoravam essa ideia.

No Antigo Testamento, as expressões "portas da morte" e "câmaras da morte" simplesmente aludem às "portas da sepultura", que são especificamente mencionadas nos Salmos e Provérbios. O inferno e seu soberano são invenções do cristianismo, contemporâneas de sua ascensão ao poder e recurso à tirania. São alucinações nascidas dos pesadelos dos Santos Antônios no deserto. Antes de nossa era, os antigos sábios conheciam o "Pai do Mal" e não o tratavam melhor do que a um asno, o símbolo escolhido de Tifão, "o Diabo". Triste degeneração de cérebros humanos!

Ophios e Ophiomorphos, Apolo e Python, Osíris e Tifão, Cristos e a Serpente são todos termos conversíveis. São todos Logoi e um é ininteligível sem o outro, pois o dia não poderia ser conhecido se não tivéssemos a noite. Todos são regeneradores e salvadores, um no sentido espiritual e o outro no sentido físico. Um garante a imortalidade para o Espírito Divino; o outro a dá por meio da regeneração da semente. O Salvador da humanidade tem de morrer porque revela à humanidade o grande segredo do ego imortal; a serpente do Gênesis é amaldiçoada porque disse à matéria: "Não morrereis". No mundo do paganismo, a contrapartida da "serpente" é o segundo Hermes, a reencarnação de Hermes Trismegisto.

A grande diferença que existe entre as várias concepções do Diabo é muitas vezes ridícula. Embora os fanáticos invariavelmente o dotem de chifres, rabo e todas as características repulsivas concebíveis, até mesmo um cheiro humano ofensivo, Milton, Byron, Goethe, Lermontov e uma série de romancistas franceses cantaram seus elogios em versos fluidos e prosa emocionante. O Satã de Milton e mesmo o Mefistófeles de Goethe são, sem dúvida, figuras muito mais imponentes do que alguns dos anjos representados na prosa dos fanáticos extáticos.

NOTAS

1. I Coríntios 10,11: "Todas essas coisas lhes aconteceram como figuras".
2. Gálatas 4,22,24: "Está escrito que Abraão teve dois filhos, um da escrava e o outro da mulher livre [...] o que é uma alegoria".
3. Atum ou At-mu é o Deus Oculto, ao mesmo tempo Ptah e Amon, Pai e Filho, Criador e Criatura, Pensamento e Aparência, Pai e Mãe.

25

Resultados Comparativos de Budismo e Cristianismo

Qualquer que seja a fé, se o adorador for sincero, ela deve ser respeitada em sua presença. Se não aceitarmos Jesus como Deus, devemos reverenciá-lo como homem. Tal sentimento lhe faz mais honra do que se lhe atribuíssemos os poderes e a personalidade do Supremo, creditando-lhe ao mesmo tempo a encenação de uma comédia inútil perante a humanidade – pois, afinal, sua missão foi pouco mais que um completo fracasso; 2 mil anos se passaram e os cristãos não representam um quinto da população do globo, nem é provável que o cristianismo progrida mais no futuro. Não, nosso objetivo é a justiça estrita, deixando toda personalidade de lado.

Nenhum brâmane e budista ortodoxo negaria a encarnação cristã; mas eles a entendem de acordo com sua própria visão filosófica. Como poderiam negá-la? A própria pedra angular de seu sistema religioso são as encarnações periódicas da Divindade. Sempre que a humanidade está se afundando no materialismo e a degradação moral, um Espírito Supremo se encarna em sua criatura selecionada para entrar em ação. O "Mensageiro do Altíssimo" liga-se à dualidade da matéria e da alma, e, quando a tríade é assim completada pela união de sua Coroa, nasce um salvador que ajudará a reencaminhar a humanidade para a verdade e a virtude.

A igreja cristã primitiva, imbuída de filosofia asiática, evidentemente compartilhava a mesma crença – caso contrário, não teria erigido como artigo de fé o segundo advento nem inventado astuciosamente a fábula do Anticristo como uma precaução contra possíveis encarnações futuras. Nem poderiam imaginar que Melquisedeque era um avatar de Cristo. Só precisavam recorrer ao Bhagavad Gita para encontrar Krishna ou Bhagavat dizendo a Arjuna: "Aquele que me segue é salvo pela sabedoria e até mesmo pelas obras. [...] Sempre que a virtude diminui no mundo, eu me manifesto para salvá-lo" [3,4].

Na verdade, é difícil evitar o compartilhamento dessa doutrina de encarnações periódicas. O mundo não testemunhou, em raros intervalos, o advento de grandes personagens como Krishna, Sakyamuni e Jesus? Como os dois últimos personagens, Krishna parece ter sido um ser real, divinizado por sua escola em algum momento do crepúsculo da história e inserido na estrutura de um programa religioso consagrado pelo tempo. Compare os dois Redentores, o hindu e o cristão, um precedendo o outro em milhares de anos; coloque entre eles Sidarta Buda, refletindo Krishna e projetando na noite do futuro sua própria sombra luminosa, de cujos raios coletados se formaram os contornos do Jesus mítico e de cujos ensinamentos foram extraídos os do histórico Christos: descobrirá então que, sob uma vestimenta idêntica de lenda poética, viveram e respiraram três figuras humanas reais. O mérito individual de cada um deles é posto em maior relevo por esse mesmo colorido mítico, pois nenhum personagem indigno poderia ter sido selecionado para deificação pelo instinto popular, tão infalível e justo quando deixado sem entraves. *Vox Populi, vox Dei* já foi verdadeiro, embora errôneo quando aplicado à atual turba dominada por padres.

Kapila, Orfeu, Pitágoras, Basilides, Márcion, Amônio e Plotino fundaram escolas e semearam os germes de muitos pensamentos nobres e, ao desaparecer, deixaram atrás de si uma refulgência de semideuses. Mas as três personalidades de Krishna, Gautama e Jesus apareceram como verdadeiros deuses, cada um em sua época, e legaram à humanidade três religiões construídas na rocha inquebrantável dos séculos. Que todas três, especialmente a fé cristã, com o tempo se tornassem adulteradas, e a última quase irreconhecível, não é culpa de nenhum dos nobres reformadores. Livrem-se os três sistemas dos dogmas humanos e se verá que a essência pura remanescente será a mesma.

A Roda da Lei afirma o seguinte: "Budistas acreditam que todo ato, palavra ou pensamento tem sua consequência, que aparecerá mais cedo ou mais tarde no estado presente ou futuro. Atos maus produzirão consequências más, [...] atos bons produzirão boas consequências: prosperidade neste mundo ou nascimento no céu [...] em algum estado futuro" [(Londres, 1871), p. 45].

Essa é uma justiça estrita e imparcial. Essa é a ideia de um Poder Supremo que não pode falhar e, portanto, não tem ira nem misericórdia, mas deixa que toda causa, grande ou pequena, produza seus efeitos inevitáveis. "Com a medida com que tiverdes medido, vos hão de medir a vós" (Mateus 7,2) não acena, nem na expressão nem na implicação, com qualquer esperança de misericórdia futura ou salvação por procuração. Crueldade e misericórdia são sentimentos finitos. A Suprema Deidade é infinita, portanto, só pode ser justa e a Justiça deve ser cega. Os antigos pagãos defendiam essa tese com muito mais embasamento filosófico do que os cristãos modernos, pois representavam sua Têmis de olhos vendados.

Muitas vezes nos perguntamos sobre as ideias extraordinárias de Deus e Sua justiça que parecem ser honestamente defendidas por aqueles cristãos que confiam cegamente no clero por causa de sua religião e nunca de sua razão. Quão estranhamente ilógica é a doutrina da Expiação! Propomos discuti-la com os cristãos do ponto de vista budista e mostrar de uma vez por todas como uma série de sofismas, elaborados com o único objetivo de apertar o jugo eclesiástico no pescoço popular, e sua aceitação como ordem divina foi finalmente efetuada e, também, como se revelou uma das doutrinas mais perniciosas e desmoralizantes.

Segundo o clero, por maiores que sejam nossos crimes contra as leis de Deus e do homem, bastará crer no autossacrifício de Jesus para a salvação da humanidade, pois seu sangue lavará todas as manchas. A misericórdia de Deus é ilimitada e insondável. É impossível conceber um pecado humano tão condenável que o preço pago antecipadamente pela redenção do pecador não o elimine, ainda que seja mil vezes pior. E, além disso, nunca é tarde para se arrepender. Embora o ofensor espere até o último minuto da última hora do último dia de sua vida mortal para seus lábios pálidos pronunciarem a confissão de fé, ele poderá ir para o Paraíso; o ladrão moribundo fez isso e o mesmo poderão fazer todos os outros vilões da mesma espécie. Tais são as suposições da Igreja.

Mas se sairmos do pequeno círculo de crenças e considerarmos o universo, como um todo, equilibrado pelo ajuste primoroso das partes, toda lógica sólida e o mais tênue senso de justiça se revoltarão contra essa expiação vicária! Se o criminoso pecou apenas contra si mesmo e não fez mal a mais ninguém, e se por um arrependimento sincero conseguiu obliterar os eventos passados, não apenas da memória do homem, mas também daquele registro imperecível que nenhuma divindade – nem mesmo o mais Supremo dos Supremos – pode fazer desaparecer, então esse dogma talvez não seja incompreensível. Mas dizer que alguém pode prejudicar seu próximo, matar, perturbar o equilíbrio da sociedade e a ordem natural das coisas, e depois – por covardia, esperança ou compulsão, não importa – ser perdoado por acreditar que o derramamento de um só sangue lava outro sangue derramado – isso é absurdo!

Podem os resultados de um crime desaparecer mesmo que o próprio crime seja perdoado? Os efeitos de uma causa nunca se atêm aos limites da causa, nem os resultados do crime podem ser confinados ao agressor e sua vítima. Toda ação boa e má tem seus efeitos, tão palpavelmente quanto a pedra lançada em águas calmas. A comparação é banal, mas a melhor já concebida, então vamos usá-la. Os redemoinhos são maiores e mais rápidos conforme o objeto perturbador seja maior ou menor, mas o seixo mais insignificante, ou melhor, uma simples partícula provoca ondulações. E essa perturbação não é só visível ou superficial. Abaixo, invisível, em todas as direções – para fora e para baixo –, gota empurra gota até que os lados e o fundo sejam pressionados pela força. Além disso, o ar acima da água é agitado e essa perturbação passa, como nos dizem os físicos, de camada a camada no espaço para todo o sempre; um impulso foi dado à matéria e nunca se perde, então nunca pode ser detido!

O mesmo ocorre com o crime e seu oposto. A ação pode ser instantânea, os efeitos são eternos. Se, depois de lançar a pedra à lagoa, pudermos recuperá-la, reverter as ondulações, obliterar a força despendida, restaurar as ondas etéricas em seu estado anterior de não existência e eliminar todos os vestígios do arremesso, para que o registro do Tempo não mostre que isso alguma vez aconteceu, então – e só *então* – poderemos ouvir pacientemente os cristãos defendendo a eficácia dessa Expiação.

O presente livro terá sido escrito quase em vão se não mostrou (1) que Jesus, o Cristo-Deus, é um mito inventado dois séculos depois da morte do verdadeiro Jesus hebreu; (2) que, portanto, ele nunca teve qualquer autoridade para dar a Pedro, ou a qualquer outra pessoa, plenos poderes; (3) que, mesmo tendo outorgado tal autoridade, a palavra *pedra* (rocha) se referia às verdades reveladas do Petroma, não àquele que três vezes o negou; e que, além disso, a sucessão apostólica é uma fraude grosseira e palpável; e (4) que o Evangelho de Mateus é uma fabricação baseada em um manuscrito totalmente diferente. A coisa toda, portanto, é uma imposição tanto sobre o padre quanto sobre o penitente.

Mas, deixando todos esses pontos de lado por enquanto, é suficiente perguntar a esses pretensos agentes dos três deuses da Trindade como eles a reconciliam com as noções mais rudimentares de equidade: por que, se o poder de perdoar pecadores pelo pecado lhes foi dado, eles não receberam também a capacidade de anular por milagre os erros cometidos contra uma pessoa ou propriedade. Que eles devolvam a vida aos assassinados, a honra aos desonrados, a propriedade aos espoliados, e forcem a balança da justiça humana e divina a recuperar o equilíbrio. Então, poderíamos falar de sua comissão divina de ligar e desligar.

Mas todos ficam em silêncio: nenhuma resposta, nenhuma réplica e, ainda assim, a inexorável e infalível Lei da Compensação segue em seu caminho inabalável. Se apenas observarmos seu progresso, descobriremos que ela ignora todos os credos, não mostra preferências, e sua luz do sol e seus raios caem tanto sobre os pagãos quanto sobre os cristãos. Nenhuma absolvição pode proteger o último quando culpado, nenhum anátema pode ferir o primeiro quando inocente.

Os Evangelhos são para os cristãos uma "revelação divina" e eles, sem dúvida, consideram seu testemunho como conclusivo. Não sustentam que Jesus se ofereceu em sacrifício voluntário? Entretanto, não há ali uma palavra sequer para sustentar essa ideia. Os Evangelhos, ao contrário, deixam claro que ele teria preferido continuar vivendo para dar sequência ao que considerava sua missão e que morreu porque não pôde evitá-lo e somente depois de ser traído. Antes, quando ameaçado de violência, ele havia se tornado invisível empregando sobre os espectadores o poder mesmérico reivindicado por todo adepto oriental e fugiu. Finalmente, ao ver que sua hora tinha chegado, curvou-se ao inevitável. Mas vejam-no no jardim, no Monte das Oliveiras, contorcendo-se em agonia até que "seu suor escorresse, por assim dizer, como grandes gotas de sangue", orando com súplicas fervorosas para que o cálice fosse afastado de seus lábios, tão exausto por essa luta que um anjo do céu teve de acudir para fortalecê-lo; e agora se diga se essa imagem é a de um refém e de um mártir que se autoimola. Para coroar tudo e não deixar nenhuma dúvida em nossa mente, temos as próprias palavras desesperadas: "Não a minha, mas a tua vontade seja feita!" (Lucas 22,42).

Os preceitos de Hillel parecem mais citações que expressões originais do Sermão da Montanha. Jesus não ensinou ao mundo nada que não tivesse sido ensinado anteriormente, com igual sinceridade, por outros mestres. Ele começa seu sermão com preceitos puramente budistas, que encontraram aceitação entre os essênios e eram comumente praticados pelos órficos e os neoplatônicos. Tenta insinuar nos corações de sua audiência o desdém pela riqueza mundana, uma despreocupação semelhante à de um faquir pelo amanhã, o amor pela humanidade, a pobreza e a castidade. Ele abençoa os pobres de espírito, os humildes, os famintos e os sedentos de justiça, os misericordiosos e os pacificadores e, como um Buda, não dá quase nenhuma oportunidade às castas orgulhosas de entrarem no reino dos céus. Cada palavra de seu sermão é um eco dos princípios essenciais do budismo monástico. Os dez mandamentos de Buda, conforme encontrados em um apêndice do *Pratimoksha Sutra* (texto em páli-birmanês), são repetidos quase literalmente em Mateus. Se quisermos conhecer o Jesus histórico, teremos de deixar o Cristo mítico inteiramente de lado e aprender tudo o que pudermos sobre o homem no primeiro Evangelho. Suas doutrinas, visões religiosas e maiores aspirações estão todas ali, em seu sermão.

Há o bastante, nos quatro evangelhos, para mostrar qual era a esperança secreta e mais fervorosa de Jesus, a esperança pela qual ele começou a ensinar e pela qual morreu. Em seu amor imenso e altruísta pela humanidade, ele considera injusto privar muitos dos resultados do conhecimento adquirido por poucos. Por isso, ele divulga esse resultado – a unidade de um Deus espiritual, cujo templo está dentro de cada um de nós e em quem nós vivemos como Ele vive em nós, em espírito.

Havia mesmo aqueles, entre os mais altos *epoptai* dos maiores mistérios, que nada sabiam de seu último e temido rito – a transferência voluntária da vida do hierofante para o candidato. Na *Terra dos Fantasmas*,[1] essa operação mística de transferência da entidade espiritual do adepto, após a morte de seu corpo, para o jovem que ele ama com todo o amor ardente de um pai espiritual é descrita de maneira soberba. Como no caso da reencarnação dos lamas do Tibete, um adepto da mais alta ordem pode viver indefinidamente. Seu invólucro mortal se desgasta, apesar de certos segredos alquímicos para prolongar o vigor da juventude muito além dos limites usuais. No entanto, o corpo raramente pode ser mantido vivo por um excedente de mais de dez ou doze anos. A velha vestimenta se desgasta e o Ego espiritual, forçado a deixá-la, escolhe para sua habitação um novo corpo, fresco e cheio de princípios vitais saudáveis.

Só o Alto Hierofante sabia realizar essa operação solene ao infundir sua própria vida e alma astral no adepto, escolhido por ele como seu sucessor, que assim se tornava dotado de duas vidas.[2]

"Em verdade, em verdade vos digo que, se o homem não nascer de novo, não verá o reino de Deus" (João 3,3). Jesus disse a Nicodemos: "O que é nascido da carne é carne; e o que é nascido do espírito é espírito".

Essa alusão, tão ininteligível em si mesma, é explicada no *Satapatha-Brahmana*. Vê-se ali que um homem em busca da perfeição espiritual deve ter três nascimentos: (1) um físico, de seus pais mortais; (2) um espiritual, por meio do sacrifício religioso (iniciação); (3) e o último no mundo do espírito, após a morte. Embora possa parecer estranho termos que ir à velha terra do Punjabe e às margens do sagrado Ganges para encontrar um intérprete de palavras faladas em Jerusalém e expostas à beira do Jordão, o fato é evidente. Esse segundo nascimento, ou regeneração do espírito, após o nascimento natural daquele que é nascido da carne, pode ter surpreendido um governante judeu. No entanto, isso foi ensinado 3 mil anos antes do aparecimento do grande profeta galileu, não apenas na velha Índia, mas a todos os *epoptai* das iniciações pagãs que foram instruídos nos grandes mistérios da vida e da morte.

Esse segredo dos segredos, de que a alma não está ligada à carne, foi demonstrado na prática pelos yogues, os seguidores de Kapila. Tendo emancipado suas almas dos grilhões de *Prakrit* ou *Mahat* (a percepção física dos sentidos e da mente – poderíamos dizer "criação"), eles desenvolveram a tal ponto seu poder de alma e sua força de vontade que realmente conseguiam, enquanto na terra, se comunicar com os mundos celestes e realizar o que é desajeitadamente chamado de "milagres". Homens cujos espíritos astrais alcançam na terra o *naihsreyasa* ou *mukti* são semideuses; alcançam Moksha ou Nirvana como espíritos desencarnados e esse é o seu segundo nascimento espiritual.

Buda ensina a doutrina de um novo nascimento tão claramente quanto Jesus. Desejando romper com os antigos Mistérios, aos quais era impossível admitir as massas ignorantes, o reformador hindu, embora geralmente silencioso sobre mais de um dogma secreto, expressa claramente seu pensamento em várias passagens. Assim, ele diz: "Algumas pessoas nascem de novo; os malfeitores vão para o Inferno; os justos vão para o Céu; aqueles que estão livres de todos os desejos mundanos entram no Nirvana" (*Dhammapada* 126). Em outro lugar, Buda afirma que é melhor acreditar em uma vida futura, na qual a felicidade ou a miséria possam ser sentidas, pois se o coração acreditar nela, "abandonará o pecado e agirá virtuosamente; e mesmo que não houver ressurreição, essa vida acarretará um bom nome e o respeito dos homens. Mas aqueles que acreditam na extinção após a morte não deixarão de cometer qualquer pecado que lhes ocorra, por causa de sua descrença em um futuro" (*A Roda da Lei* 42).

Pode-se acreditar que existam segredos terríveis na natureza quando, como no caso do *znachar'* russo, o feiticeiro não pode morrer antes de passar a palavra a outro, e os hierofantes da Magia Branca raramente o fazem. Parece que o terrível poder da "Palavra" só pode ser confiado a um homem de um determinado distrito ou a um grupo de pessoas de cada vez. Quando o Brahmatma estava para depor o fardo da existência física, comunicava seu segredo ao sucessor, oralmente ou em um escrito colocado em uma caixa bem fechada e entregue somente nas mãos deste. Moisés "impõe as mãos" sobre seu neófito, Josué, na solidão do Nebo e parte para sempre. Aarão inicia Eleazar no Monte Hor e morre. Sidarta Buda promete a seus mendicantes, antes de partir, que viverá naquele que o merecer, abraça seu discípulo favorito, sussurra em seu ouvido e morre; e quando a cabeça de João repousa sobre o seio de Jesus, este lhe diz que o discípulo "esperará" até que ele volte.

Como as fogueiras de sinalização dos tempos antigos, que acesas e apagadas alternadamente no topo de uma colina após outra transmitiam informação ao longo de todo um trecho de um país, vemos uma longa linhagem de homens "sábios", desde o início da história até os nossos próprios tempos, comunicando a palavra de sabedoria aos seus sucessores diretos. Passando de vidente para vidente, a "Palavra" brilha como um relâmpago e, afastando para sempre o iniciador da vista humana, apresenta o novo iniciado. Enquanto isso, nações inteiras se matam em nome de outra "Palavra", um substituto vazio aceito literalmente por cada uma e mal interpretado por todas!

Na espoliação geral do budismo pela nova religião cristã, não era de se esperar que um personagem tão incomparável quanto Gautama Buda fosse deixado de lado. Era natural que, depois de usar sua história lendária para preencher as lacunas deixadas no relato fictício de Jesus, depois de aproveitar o que puderam de Krishna, eles deveriam pegar o homem Sakyamuni e colocá-lo em seu calendário sob pseudônimo. Isso eles realmente fizeram e o Salvador hindu, no devido tempo, apareceu na lista dos santos como Josafá.

Mas fiquemos por aqui – já dedicamos muito espaço a eles e à sua teologia abstrusa. Pesamo-los na balança da história, da lógica, da verdade e vimos que deixavam a desejar.

Conforme a ocasião exigia, reforçamos nosso argumento com descrições de alguns dos inúmeros fenômenos testemunhados por nós em diferentes partes do mundo. O restante do espaço à nossa disposição será dedicado a temas afins. Tendo lançado as bases para elucidar a filosofia dos fenômenos ocultos, parece oportuno ilustrar o tema com fatos ocorridos sob nosso próprio olhar e que podem ser verificados por qualquer viajante. Os povos primitivos desapareceram, mas a sabedoria primitiva sobrevive e pode ser alcançada por aqueles que "querem", "ousam" e podem "calar-se".

NOTAS

1. *Ghost-Land; or Researches into the Mysteries of Occultism*, org. E. Hardinge-Britten, Boston, 1876, cap. 15.
2. O atroz costume introduzido posteriormente entre o povo, de sacrificar vítimas humanas, é uma cópia pervertida do Mistério Teúrgico. Os sacerdotes pagãos que não pertenciam à classe dos hierofantes continuaram por algum tempo praticando esse rito hediondo, que serviu para encobrir o propósito genuíno. Bunsen [*Egypt's Place* 1:18] mostra, pela própria ausência de qualquer representação de sacrifício humano nos monumentos mais antigos, que esse costume havia sido abolido no Antigo Império no fim do século VII após Menés.

26

Conclusões e Esclarecimentos

Seria pouco discernimento de nossa parte supor que fomos seguidos até agora, durante todo este trabalho, apenas por metafísicos ou místicos de algum tipo. De outro modo, certamente deveríamos aconselhá-los a poupar-se o trabalho de ler este capítulo; pois, embora nada se diga aqui que não seja estritamente verdadeiro, eles não deixariam de considerar a menos maravilhosa das narrativas como absolutamente falsa, por mais comprovações que tivesse.

Para compreender os princípios da lei natural envolvidos nos diversos fenômenos descritos a seguir, o leitor deve ter em mente as proposições fundamentais da filosofia oriental que já elucidamos. Vamos recapitular, muito brevemente:

1. Não há milagres. Tudo o que acontece é resultado da lei – eterna, imutável, sempre atuante. O milagre aparente é apenas uma operação de forças antagônicas ao que o dr. W. B. Carpenter, F. R. S. – um homem de grande erudição, mas pouco conhecimento –, chama de "as bem verificadas leis da natureza". Como muitos de sua classe, o dr. Carpenter ignora o fato de

que pode haver leis antes "conhecidas", mas agora desconhecidas para a ciência.

2. A natureza é tríplice: há uma natureza visível e objetiva; uma invisível, interna e energizante, o modelo exato da outra e seu princípio vital; e, acima dessas duas, o *espírito*, fonte de todas as forças, só ele eterno e indestrutível. As duas inferiores mudam constantemente; a terceira, superior, não.

3. O homem é também tríplice: ele tem seu corpo objetivo, físico; seu corpo astral vitalizante (ou a alma), o homem verdadeiro; e esses dois são fecundados e iluminados pelo terceiro – o espírito soberano, imortal. Quando o homem real consegue se fundir com o último, ele se torna uma entidade imortal.

4. A magia, como ciência, é o conhecimento desses princípios e da maneira pela qual a onisciência, a onipotência do espírito e seu controle sobre as forças da natureza podem ser adquiridos pelo indivíduo ainda no corpo. A magia, como arte, é a aplicação desse conhecimento na prática.

5. O conhecimento arcano mal aplicado é feitiçaria; usado para o bem, é verdadeira magia ou sabedoria.

6. A condição de médium é o oposto da condição de adepto; o médium é o instrumento passivo de influências estranhas, o adepto controla ativamente a si mesmo e a todas as potências inferiores.

7. Todas as coisas que já existiram, existem ou existirão, com seu registro na luz astral ou na tábua do universo invisível, podem ser conhecidas pelo adepto iniciado quando usa a visão de seu próprio espírito.

8. As raças de homens diferem em dons espirituais assim como diferem em cor, estatura ou qualquer outra qualidade externa; entre alguns povos prevalece naturalmente a vidência, entre outros a mediunidade. Alguns são ligados à feitiçaria e

transmitem suas regras secretas de prática de geração em geração, resultando em uma gama de fenômenos psíquicos mais ou menos ampla.

9. Uma fase da habilidade mágica é a retirada voluntária e consciente do homem interno (forma astral) do homem externo (corpo físico). Nos casos de alguns médiuns ocorre a retirada, mas é inconsciente e involuntária. Com eles, o corpo fica mais ou menos cataléptico nessas ocasiões; mas com o adepto a ausência da forma astral não seria notada, pois os sentidos físicos continuam em alerta e o indivíduo parece estar tendo apenas uma crise de abstração – "um estudo marrom", como alguns o chamam.

Aos movimentos da forma astral errante, nem o tempo nem o espaço oferecem obstáculos. O taumaturgo, plenamente versado na ciência oculta, pode fazer com que ele mesmo (isto é, seu corpo físico) pareça desaparecer ou aparentemente tome qualquer forma que ele escolha. Pode tornar sua forma astral visível ou dar-lhe aparências diversas. Em ambos os casos, esses resultados serão alcançados por uma alucinação mesmerizada dos sentidos de todas as testemunhas, provocada simultaneamente. A alucinação é tão perfeita que quem a presencia é capaz de jurar por sua própria vida que viu uma realidade, quando tudo não passou de uma imagem em sua própria mente e impressa em sua consciência pela vontade irresistível do hipnotizador.

Embora a forma astral possa ir a qualquer lugar, atravessar qualquer obstáculo e ser vista a qualquer distância do corpo físico, este último depende de métodos comuns de transporte. Pode levitar sob condições magnéticas prescritas, mas não pode passar de uma localidade a outra, exceto da maneira usual. Consequentemente, desacreditamos todas as histórias de voo aéreo de médiuns no corpo, pois isso seria um milagre e milagres nós repudiamos. A matéria inerte pode, em certos casos e sob determinadas condições, desintegrar-se, atravessar paredes e recombinar-se, mas os organismos de animais vivos, não.

Os swedenborguianos acreditam e a ciência arcana ensina que o abandono do corpo vivo pela alma ocorre frequentemente e que encontramos todos os dias, em todas as condições de vida, esses corpos vivos. Várias causas, entre elas o medo avassalador, a tristeza, o desespero, um violento ataque de doença ou a sensualidade excessiva podem causar isso. A carcaça vazia pode ser penetrada e habitada pela forma astral de um feiticeiro adepto, de um elementar (alma humana desencarnada e presa à terra) ou, muito raramente, de um elemental. Claro, um adepto da magia branca tem o mesmo poder, mas a menos que algum objetivo excepcional e grandioso precise ser realizado, ele nunca consentirá em poluir-se ocupando o corpo de uma pessoa impura. Na insanidade, o ser astral do paciente está semiparalisado, desnorteado e sujeito à influência de todos os tipos de espíritos que acorrem; ou, então, partiu para sempre e o corpo é possuído por alguma entidade vampírica perto de sua própria desintegração e se agarrando desesperadamente à terra, cujos prazeres sensuais podem ser desfrutados por mais algum tempo graças a esse expediente.

10. A pedra angular da magia é um conhecimento prático, íntimo, de magnetismo e eletricidade, com suas qualidades, correlações e potências. Especialmente necessária é a familiaridade com seus efeitos no reino animal e no homem. Existem propriedades ocultas em muitos outros minerais, tão estranhas quanto as do ímã, que todos os praticantes de magia devem conhecer e das quais a chamada ciência exata é totalmente ignorante. As plantas, também, têm propriedades místicas semelhantes em um grau maravilhoso, mas os segredos das ervas dos sonhos e encantamentos são desconhecidos da ciência europeia, exceto em alguns casos marcantes, tais como

o ópio e o haxixe. No entanto, seus efeitos físicos sobre o sistema humano são considerados evidências de um distúrbio mental temporário. As mulheres da Tessália e do Epiro, as hierofantes femininas dos ritos de Sabázio não levaram seus segredos embora com a queda de seus santuários. Eles ainda estão preservados e aqueles que conhecem a natureza do Soma conhecem também as propriedades de outras plantas.

Para resumir tudo em poucas palavras, magia é sabedoria espiritual; natureza é o aliado material, discípulo e servo do mago. Um princípio vital comum permeia todas as coisas e isso é controlável pela vontade humana aperfeiçoada. O adepto pode estimular o movimento das forças espirituais em plantas ou animais em um grau sobrenatural. Esses experimentos não são obstruções da natureza, mas acelerações; as condições de ação vital mais intensa são dadas.

O adepto pode controlar as sensações e alterar as condições dos corpos físico e astral de outras pessoas não adeptas; ele pode também governar e empregar, como quiser, os espíritos dos elementos. Não pode controlar o espírito imortal de nenhum ser humano, vivo ou morto, pois todos esses espíritos são fagulhas da Essência Divina e não estão sujeitos a nenhum domínio externo.

Desde os tempos mais remotos, a humanidade como um todo sempre esteve convencida da existência de uma entidade espiritual pessoal dentro do homem físico pessoal. Essa entidade interna era mais ou menos divina, de acordo com sua proximidade com a *coroa* – Chrestos. Quanto mais estreita a união, mais sereno é o destino do homem, menos perigosas são as condições externas. Essa crença não é nem fanatismo nem superstição, apenas um sentimento sempre presente e instintivo da proximidade de outro mundo espiritual e invisível que, embora seja subjetivo para os sentidos do homem exterior, é perfeitamente objetivo para o ego interior.

Além disso, eles acreditavam que existem condições internas e externas que afetam a determinação de nossa vontade sobre nossas ações. Rejeitaram o fatalismo, pois o fatalismo implica um curso cego de algum poder ainda mais cego. Mas eles acreditavam no destino, que, do nascimento à morte, todo homem tece fio por fio em torno de si mesmo, como uma aranha faz com sua teia; e esse destino é guiado por aquela presença que alguns chamam de "anjo da guarda" ou por nosso homem interno astral mais íntimo, que muitas vezes é o gênio do mal do homem de carne e osso. Ambos conduzem ao homem exterior, mas um deles deve prevalecer; desde o início da contenda invisível, a severa e implacável lei da compensação intervém e segue seu curso, acompanhando passo a passo as flutuações. Quando o último fio é tecido, e o homem está aparentemente envolvido na rede de suas próprias ações, ele se vê completamente sob o império desse destino que construiu. Então, o destino o fixa como uma concha inerte contra a rocha imóvel ou, como uma pena, o carrega em um redemoinho levantado por seus próprios atos.

Os adeptos da magia oriental têm, uniformemente, perfeita saúde mental e física e, de fato, a produção voluntária e independente de fenômenos é impossível para quaisquer outros. Conhecemos muitos, nenhum deles doente. O adepto retém consciência perfeita; não mostra alteração da temperatura corporal ou outro sinal de morbidade; não requer "condições", opera seus feitos em todos os lugares; e, em vez de ser passivo e sujeito a uma influência exterior, governa as forças com uma vontade de ferro. Mas já mostramos em outro lugar que o médium e o adepto são tão opostos quanto os polos. Apenas acrescentaremos aqui que o corpo, a alma e o espírito do adepto são todos conscientes e trabalham em harmonia, ao passo que o corpo do médium é um torrão inerte: sua alma pode até mesmo se ausentar em um sonho enquanto sua habitação é ocupada por outro.

O médium não precisa exercer nenhuma força de vontade. Basta que ele ou ela saiba o que os investigadores esperam. A entidade "espiritual" do médium, quando não está obcecada por outros espíritos, agirá independentemente da vontade ou da consciência do ser físico, tão certamente quanto age dentro do corpo durante um ataque de sonambulismo. Suas percepções, externas e internas, serão mais agudas e muito mais desenvolvidas, exatamente como no sonâmbulo. E é por isso que "a forma materializada, às vezes, sabe mais do que o médium", pois a percepção intelectual da entidade astral é proporcionalmente muito mais aguçada do que a inteligência corporal do médium em seu estado normal, assim como a entidade espiritual é mais sutil do que a entidade astral. Em geral, o médium será encontrado frio, o pulso terá mudado visivelmente e um estado de prostração nervosa sucedeu aos fenômenos, inábil e indiscriminadamente atribuídos a espíritos desencarnados: na verdade, apenas um terço deles pode ser produzido por estes últimos, outro terço pelos elementais e o resto pelo duplo astral do próprio médium.

Nossa firme convicção é que a maioria das manifestações físicas, ou seja, aquelas que não precisam nem mostram inteligência ou grande tirocínio, são produzidas mecanicamente pelo *scîn-lâc* (duplo) do médium (o mesmo ocorre a uma pessoa em sono profundo que, ao despertar, faz coisas das quais não reterá nenhuma lembrança). Mas os fenômenos puramente subjetivos são, em uma proporção muito pequena dos casos, devidos à ação do corpo astral pessoal. Eles são na maioria das vezes, e de acordo com a pureza moral, intelectual e física do médium, obra de elementares ou de espíritos humanos muito puros. Os elementais nada têm a ver com manifestações subjetivas. Em casos raros é o espírito divino do médium que os guia e os produz.

Anos atrás, um pequeno grupo de viajantes seguia arduamente da Caxemira para Leh, uma cidade de Ladakh (Tibete Central). Entre nossos guias tínhamos um xamã tártaro, um personagem muito misterioso, que falava um pouco de russo e nada de inglês, mas ainda assim conseguia conversar conosco e nos prestou um grande serviço. Ao saber que alguns do nosso grupo eram russos, imaginou que nossa proteção era todo-poderosa e lhe permitiria encontrar com segurança o caminho de volta para sua casa na Sibéria, de onde, por razões desconhecidas, cerca de vinte anos antes fugira, como nos disse, atravessando Kyakhta e o grande deserto de Gobi para a terra dos *chakhars*. Graças a essa confiança, acreditávamos estar seguros sob sua guarda.

Para resumir a situação: nossos companheiros haviam elaborado o plano imprudente de penetrar no Tibete sob vários disfarces, nenhum deles falava a língua local, embora um, o sr. K., tivesse aprendido alguma coisa do tártaro de Kazan e achasse que sim. Como mencionamos isso apenas incidentalmente, podemos também dizer de imediato que dois deles, os irmãos N., foram cordialmente trazidos de volta à fronteira após penetrar dezesseis milhas na estranha terra do Bod oriental; e o sr. K., ex-ministro luterano, não conseguiu nem mesmo deixar sua miserável aldeia perto de Leh, pois desde os primeiros dias se viu prostrado de febre e teve que retornar a Lahore via Caxemira. Mas um fato que presenciou foi, para ele, o mesmo que testemunhar a reencarnação do próprio Buda. Tendo ouvido a história desse "milagre" de algum velho missionário russo em quem julgava poder confiar mais que no abade Huc, durante anos alimentou o desejo de desmascarar a "grande trapaça pagã", como a chamava. K. era um positivista e orgulhava-se bastante desse neologismo antifilosófico. Mas seu positivismo estava condenado a receber um golpe mortal.

A cerca de quatro dias de viagem de Islamabade, em uma insignificante aldeia de choças de barro, cuja única característica redentora era o seu magnífico lago, paramos para descansar alguns dias. Nossos companheiros tinham se separado temporariamente de nós e a aldeia seria nosso ponto de encontro. Lá, fomos informados por nosso xamã de que um grande grupo de lamas "santos", em peregrinação a vários santuários, se alojara no antigo templo de uma caverna e ali estabelecera um vihara provisório. Ele acrescentou que, como se comentava que os "Três Honoráveis"[1] viajavam com eles, os bhikshu (monges) sagrados eram capazes de produzir os maiores milagres. O sr. K., entusiasmado ante a perspectiva de denunciar essa farsa de todos os tempos, passou imediatamente a visitá-los e logo as relações mais amigáveis foram estabelecidas entre os dois campos.

O vihara ficava em um local isolado e romântico, protegido contra qualquer intrusão. Apesar das efusivas atenções, presentes e protestos do sr. K., o Chefe, que era Pase-Budhu (um asceta de grande santidade), recusou-se a exibir o fenômeno da "encarnação" até que um talismã de posse desta autora lhe foi mostrado. Então, iniciaram-se preparativos imediatamente e trouxeram um bebê de três ou quatro meses, filho de uma mulher pobre da vizinhança. Em primeiro lugar, o sr. K. precisou fazer o juramento de que não divulgaria, pelo espaço de sete anos, qualquer coisa que pudesse ver ou ouvir ali. O talismã é uma simples ágata ou cornalina conhecida entre os tibetanos e outros como *A-yu*, naturalmente possuidora ou artificialmente dotada de propriedades muito misteriosas. Tem um triângulo gravado na superfície, dentro do qual se veem algumas palavras místicas.[2]

Vários dias se passaram antes que tudo estivesse pronto; enquanto isso, nada de caráter misterioso ocorreu, exceto que, por ordem de um bhikshu, rostos horríveis nos espiaram do seio vítreo do lago, quando nos sentamos em sua margem, à porta do vihara. Um deles era o semblante da irmã do sr. K., a quem ele havia deixado bem e feliz em casa, mas que, como ficamos sabendo depois, morrera algum tempo antes de ele partir para aquela viagem. A visão o afetou a princípio, mas ele chamou o ceticismo em seu auxílio e se aquietou com teorias de sombras de nuvens, reflexos de galhos de árvores etc., tal como sempre fazem pessoas de seu tipo.

Na tarde marcada, o bebê, trazido para o vihara, foi deixado no vestíbulo ou sala de recepção, já que K. não podia passar dali. Deitaram então a criança em um pedaço de tapete no meio do recinto, todos os não pertencentes ao grupo precisaram sair e dois "mendigos" se postaram do lado de fora para impedir a entrada de intrusos. Em seguida, todos os lamas se sentaram no chão, com as costas apoiadas na parede de granito, cada um separado da criança por um espaço de pelo menos três metros. O chefe se acomodou em um pedaço de couro quadrado estendido para ele pelo servo, no canto mais distante. Sozinho, o sr. K. sentou-se perto do bebê e observou cada um de seus movimentos com intenso interesse. A única condição exigida de nós foi que mantivéssemos silêncio absoluto e esperássemos pacientemente o que iria acontecer.

Uma forte luz do sol entrava pela porta aberta. Gradualmente, o "Superior" foi mergulhando numa espécie de meditação profunda; os outros, após uma breve invocação *sotto voce*, silenciaram subitamente e pareciam ter ficado completamente petrificados. A quietude era opressiva e o choro da criança era o único som que se ouvia. Estávamos sentados havia alguns minutos quando os movimentos dos membros do bebê cessaram repentinamente e seu corpo pareceu ficar rígido. K. acompanhava atentamente cada movimento e nós dois, trocando um rápido olhar, ficamos satisfeitos ao perceber que todos os presentes estavam sentados imóveis. O Superior, com o olhar fixo no chão, nem mesmo olhou para a criança; pálido e imóvel, lembrava mais a estátua de bronze de um *talapoin* em meditação do que um ser vivo.

Súbito, para nosso grande espanto, vimos a criança, não se levantar por si, mas, de fato, ser violentamente impelida para uma postura sentada! Mais algumas sacudidelas e, como um autômato posto em movimento por fios ocultos, o bebê de quatro meses ficou de pé! Imagine-se nossa perplexidade e, no caso do sr. K., horror. Nenhuma mão foi estendida, nenhum movimento feito, nenhuma palavra falada; e, no entanto, lá estava um bebê de colo ereto e firme como um homem!

O resto da história vamos citar de uma cópia das notas escritas pelo sr. K. na mesma noite e entregues a nós para o caso de não chegar a seu destinatário ou de a escritora não conseguir ver mais nada. "Depois de um minuto ou dois de hesitação", escreve ele,

> O bebê virou a cabeça e olhou para mim com uma expressão de inteligência simplesmente horrível! Isso me fez arrepiar. Apertei as mãos e mordi os lábios até quase fazer sangue, para ter a certeza de que não sonhava. Mas isso foi só o começo. A criatura milagrosa, dando, como imaginava, dois passos em minha direção, retomou sua postura sentada e, sem tirar os olhos de mim, repetiu, frase por frase, no que supus ser a língua tibetana, as próprias palavras que, segundo me haviam dito antes, são comumente pronunciadas nas encarnações de Buda, começando com "Eu sou Buda; Eu sou o velho Lama; Eu sou seu espírito em um novo corpo" etc. Senti um verdadeiro terror, meu cabelo se eriçou na cabeça e meu sangue gelou. Nem para salvar a vida eu conseguiria balbuciar uma palavra sequer. Não havia truques aqui, nenhum ventriloquismo. Os lábios da criança se mexiam e seus olhos pareciam vasculhar minha alma com uma expressão que me fez pensar que era o próprio rosto do Superior, os seus olhos, o seu próprio olhar que eu comtemplava. Era como se o seu espírito tivesse entrado no pequeno corpo e me olhasse através da transparente máscara do rosto do bebê. Meu cérebro girava. O bebê se aproximou de mim e pousou sua mãozinha na minha. Foi como se tivesse sido tocado por uma brasa; e, incapaz de suportar a cena por mais tempo, cobri o rosto com as mãos. Um instante depois, quando as retirei, o pequeno ator voltara a ser de novo um bebê deitado de costas e chorando alto. O superior retomara sua condição normal e conversava com os outros.
>
> Só depois de uma série de experimentos semelhantes, que se estenderam por dez dias, é que concluí ter visto o incrível e

espantoso fenômeno descrito por certos viajantes, porém sempre denunciado por mim como uma impostura. Entre uma infinidade de perguntas sem resposta, apesar do meu interrogatório, o Superior deixou escapar uma informação que deve ser considerada altamente significativa. "O que teria acontecido", indaguei por meio do xamã, "se, enquanto o bebê falava, eu, tomado por um medo insano ao pensar que ele era o 'Diabo', o matasse?" Ele respondeu que, se o golpe não tivesse sido fatal instantaneamente, só a criança teria morrido. "Mas", continuei, "e se o golpe fosse tão rápido quanto um relâmpago?" "Em tal caso", ele respondeu, "você teria me matado também."

Tanto no oeste quanto no leste do Tibete, como em qualquer outro lugar onde predomina o budismo, há duas religiões distintas, do mesmo modo que no bramanismo – a filosofia secreta e a religião popular. A primeira é a dos que seguem a doutrina da seita dos sautrantikas[3]. Esses se apegam estreitamente ao espírito dos ensinamentos originais do Buda, que mostram a necessidade da percepção intuitiva e todas as deduções dela decorrentes. Não divulgam suas visões nem permitem que venham a público.

"Todos os compostos são perecíveis", foram as últimas palavras pronunciadas pelos lábios do moribundo Gautama, enquanto se preparava debaixo da árvore Sala para entrar no Nirvana. "O espírito é a única, elementar e primordial unidade, e cada um de seus raios é imortal, infinito e indestrutível. Tomai cuidado com as ilusões da matéria." O budismo foi espalhado por toda a Ásia e ainda mais longe por Dharmasoka. Ele era neto do fazedor de milagres Chandragupta, o ilustre rei que resgatou o Punjabe dos macedônios – se é que algum dia os macedônios estiveram no Punjabe – e recebeu Megástenes em sua corte de Pataliputra. Dharmasoka foi o maior rei da dinastia Maurya. De devasso e ateu impenitente, ele se tornou Priyadarsin, o "amado dos deuses", e a pureza de suas opiniões filantrópicas nunca foi superada pelas de nenhum governante terreno. Sua memória viveu por séculos no coração dos budistas e foi perpetuada em éditos humanitários gravados em vários dialetos populares em colunas e rochas de Alaabade, Délhi, Guzerate, Peshawar, Orissa e outros lugares. Seu famoso avô uniu toda a Índia sob seu poderoso cetro. Quando os nagas, ou adoradores de serpentes da Caxemira, foram convertidos pelos esforços dos apóstolos enviados pelos Sthaviras do terceiro conselho, a religião de Gautama se espalhou como um incêndio. Gandara, Cabul e até mesmo muitas das satrapias de Alexandre, o Grande, aceitaram a nova filosofia. O budismo do Nepal, possivelmente o que divergiu menos que qualquer outro da fé primitiva (o lamaísmo da Tartária, Mongólia e Tibete, que é uma criação direta desse país), pode ser assim considerado o mais puro budismo; pois, repetimos, o lamaísmo não é senão uma forma ritualística exterior.

Os Upasakas e os Upasikas, ou semimonásticos e semileigos masculinos e femininos, como os próprios lamas, devem se abster estritamente de violar qualquer uma das regras de Buda, devem estudar *Meipo* e todos os fenômenos psicológicos. Quem se torna culpado de qualquer um dos "cinco pecados" perde todo o direito de se reunir com a comunidade piedosa. A mais importante dessas regras é nunca amaldiçoar, pois a maldição volta para aquele que a profere e, com frequência, para seus parentes inocentes, que respiram o mesmo ar que ele. Amar o próximo e até mesmo nossos piores inimigos; dar a vida até pelos animais, a ponto de nos abstermos de armas defensivas; obter a maior das vitórias vencendo a si mesmo; evitar todos os vícios; praticar todas as virtudes, especialmente a humildade e a brandura; obedecer aos superiores, respeitar zelosamente os pais, a velhice, o saber, os homens virtuosos e santos; dar comida a homens e animais; plantar árvores nas estradas e cavar poços para o conforto dos viajantes: tais são os deveres morais dos budistas. Toda ani ou bikshuni (monja) está sujeita a essas leis.

Numerosos são os budistas e lamas santos que ficaram famosos pela santidade insuperável de suas vidas e de seus "milagres". Ao contrário da ideia predominante, poucos desses santos são *Hubilgans* ou shaberons (reencarnações).

Algumas monjas possuem maravilhosos poderes psicológicos. Encontramos algumas dessas mulheres em seu caminho de Lhasa a Kandi, a Roma do budismo, com seus santuários milagrosos e as relíquias de Gautama. Para evitar encontros com muçulmanos e adeptos de outras seitas, elas viajavam à noite sozinhas, desarmadas e sem o menor medo de animais selvagens, pois estes não as atacavam. Ao primeiro vislumbre do amanhecer, abrigavam-se em cavernas e viharas preparadas para elas por seus correligionários a distâncias calculadas; pois, apesar do fato de que o budismo se refugiou no Ceilão e, nominalmente, há poucos membros dessa denominação na Índia britânica, ainda assim as Byauds (irmandades) secretas e os viharas budistas são numerosos, e todo jainista se sente obrigado a ajudar, indiscriminadamente, budistas ou lamaístas.

Sempre à procura de fenômenos ocultos, com ânsia de visões, um dos mais interessantes que vimos foi produzido por uma dessas pobres bhikshus viajantes. Isso aconteceu há anos, numa época em que todas essas manifestações eram novas para a autora. Fomos levados para visitar os peregrinos por um amigo budista, um cavalheiro místico nascido na Caxemira, de pais katchi, mas um budista-lamaísta por conversão, que geralmente reside em Lhasa.

"Por que carregas esse monte de plantas mortas?", perguntou uma das bhikshunis, uma mulher emaciada, alta e idosa, apontando para um grande ramalhete de flores lindas, frescas e perfumadas que eu tinha nas mãos.

"Mortas?", estranhei. "Como assim, se foram colhidas há pouco no jardim?"

"No entanto, estão mortas", replicou ela, gravemente. "Nascer neste mundo não é morrer? Vê como ficam essas ervas quando vivas no mundo da luz eterna, nos jardins da nossa abençoada Foh?"

Sem se mover do lugar onde estava sentada no chão, a ani pegou uma flor do ramalhete, colocou-a no colo e começou a juntar em grandes punhados, por assim dizer, material invisível da atmosfera circundante. Logo um vapor muito, muito tênue se formou e foi lentamente assumindo forma e cor, até que, pairando no ar, apareceu uma cópia da flor que havíamos dado a ela. Era idêntica nos detalhes de cor e textura das pétalas à original, porém mil vezes mais linda em tonalidade e primorosa em beleza, tal como o glorificado espírito humano é mais belo do que a sua cápsula física. Flor após flor e até o raminho mais insignificante foram reproduzidos, para logo desaparecer e reaparecer por força de nosso desejo, ou melhor, de nosso simples pensamento. Tendo escolhido uma rosa plenamente desabrochada, segurei-a com o braço estendido – e, em poucos minutos, braço, mão e flor, perfeita em todos os detalhes, apareceram refletidos no espaço vazio a cerca de dois metros de onde estávamos sentados. Mas, enquanto a flor parecia incomensuravelmente bela e tão etérea quanto as outras flores espirituais, o braço e a mão não eram mais que um reflexo em um espelho, mostrando até mesmo uma grande mancha no antebraço, deixada ali por um torrão úmido que ficara preso a uma das raízes.

A religião dos lamas preservou fielmente a ciência primitiva da magia e produz feitos tão grandes agora quanto nos dias de Cublai Cã e seus barões. A antiga fórmula mística do rei Song-tsen Gampo, o "Aum mani padme hum",[4] realiza suas maravilhas agora como realizava no século VII.

Nos claustros de Tashi-lhunpo e Si-dzang, esses poderes, inerentes a cada homem, mas invocados por tão poucos, são cultivados em sua máxima perfeição. Quem na Índia nunca ouviu falar do Panchen Rimpoche, o *Hutuktu* da capital do Alto Tibete? Sua irmandade de Khe-lan era famosa em todo o país; um dos "irmãos" mais famosos foi um *Peh--ling* (um inglês) que um belo dia chegou do Ocidente no início deste século, um budista completo, e, após um mês de preparação, conseguiu ser admitido entre os Khe-lans. Ele falava todas as línguas, incluindo o tibetano, e conhecia todas as artes e ciências, diz a tradição. Sua santidade e os fenômenos produzidos por ele fizeram com que fosse proclamado um shaberon após uma residência de apenas alguns anos. Sua memória vive até os dias atuais entre os tibetanos, mas seu nome verdadeiro é um segredo que apenas os shaberons conhecem.

Os xamãs da Sibéria são todos ignorantes e analfabetos. Os da Tartária e do Tibete – poucos em número – são pela maioria homens eruditos à sua própria maneira e não se permitem cair sob o controle de espíritos de qualquer espécie. Os primeiros são médiuns no sentido pleno da palavra; os últimos, magos.

Mencionamos uma espécie de pedra cornalina em nossa posse que teve um efeito bastante inesperado e favorável sobre a decisão do xamã. Todo xamã tem um talismã igual, que ele usa preso a um cordão e carrega sob o braço esquerdo.

"De que serve esse talismã para você e quais são as virtudes dele?" Era a pergunta que sempre fazíamos ao nosso guia. A isso o homem nunca respondia diretamente, evitando toda explicação e prometendo que, quando surgisse a oportunidade e estivéssemos sozinhos, pediria à pedra que respondesse por ele. Com essa esperança indefinida, fomos deixados por conta de nossa própria imaginação.

Mas o dia em que a pedra "falou" não tardou a chegar. Foi durante o período mais crítico de nossa vida, numa época em que a natureza errante da autora a levava para terras longínquas, onde nem a civilização era conhecida nem a segurança podia ser garantida sequer por uma hora. Uma tarde, quando todos os homens e mulheres deixaram a *yurta* (tenda tártara) que havia sido nossa casa por mais de dois meses, a fim de testemunhar a cerimônia de exorcismo lamaico de um jedker,[5] acusado de quebrar e fazer sumir todos os pedaços dos móveis pobres e cerâmica de uma família que vivia a cerca de três quilômetros de distância, o xamã, que se tornara nosso único protetor naqueles desertos sombrios, foi lembrado de sua promessa. Suspirou e hesitou, mas, após um breve silêncio, deixou seu lugar sobre a pele de carneiro onde estivera sentado e, saindo, colocou uma cabeça de bode ressecada, com seus chifres proeminentes, sobre uma estaca de madeira. Baixando a cortina de lona da tenda, explicou que agora nenhum vivente poderia entrar, pois a cabeça do bode era um sinal de que ele estava "trabalhando".

Depois disso, levando a mão ao peito, tirou dali a pedrinha, do tamanho de uma noz, e, desembrulhando-a com cuidado, fez menção de engoli-la. Passados alguns instantes, seus membros se inteiriçaram, seu corpo ficou rígido e ele caiu, frio e imóvel como um cadáver. Não fosse por uma leve contração dos lábios a cada pergunta que lhe fazíamos, a cena teria sido embaraçosa – ou melhor, terrível. O sol estava se pondo e, na ausência das brasas mortiças que tremeluziam no centro da tenda, a escuridão completa teria se juntado ao silêncio opressor reinante no local. Percorremos as pradarias do Oeste e as estepes ilimitadas do sul da Rússia; mas nada pode ser comparado ao silêncio que reina ao pôr do sol nos desertos da Mongólia, nem mesmo as solidões áridas dos areais da África, embora os primeiras sejam parcialmente habitados e as últimas totalmente vazias de vida. E lá estava a autora destas linhas, a sós com o que parecia um cadáver estendido no chão. Felizmente, esse estado não durou muito.

"Mahandu!", proferiu uma voz que parecia vir das entranhas da terra, na qual o xamã continuava prostrado. "A paz esteja contigo... Que queres que eu faça por ti?"

Por mais surpreendente que o fato parecesse, estávamos bastante preparados para ele, pois vimos outros xamãs em atuações semelhantes. "Não importa quem sejas," pronunciamos mentalmente, "vai até K. e tenta trazer o *pensamento* dele aqui. Vê o que o outro grupo está fazendo e conta-lhe onde estamos e o que fazemos."

"Eu estou lá", respondeu a mesma voz. "Vejo a velha senhora (cucoana)[6] sentada no jardim... Coloca os óculos e lê uma carta."

"Qual é o conteúdo da carta, rápido!", foi a ordem apressada que lhe demos, enquanto preparávamos lápis e papel. O conteúdo foi sendo transmitido vagarosamente, como se, ao ditar, a presença invisível desejasse nos dar tempo para escrever as palavras foneticamente, pois falava na língua valáquia, que podíamos reconhecer, mas não entender. Dessa forma, uma página inteira foi preenchida.

"Olha para o oeste [...] na direção da terceira estaca da yurta", pronunciou o tártaro com sua voz natural, que, no entanto, soava oca e distante. "O *pensamento* dela está aqui."

Então, com um solavanco convulsivo, a parte superior do corpo do xamã pareceu erguer-se e sua cabeça tombou pesadamente sobre os pés da autora, que ele agarrou com ambas as mãos. Aquela atitude estava se tornando cada vez menos atraente, mas a curiosidade provou ser uma boa aliada da coragem. No canto oeste surgiu de pé, com aparência de vida, mas vaga e nebulosa, a forma de uma velha amiga querida, uma senhora romena da Valáquia, uma mística por temperamento, mas totalmente descrente desse tipo de fenômeno oculto.

"Seu pensamento está aqui, mas seu corpo jaz inconsciente. Não poderíamos trazê-la aqui de outro modo", disse a voz.

Dirigimo-nos à aparição e lhe suplicamos que respondesse, mas inutilmente. As feições se moviam e a forma gesticulava como que tomada de medo e agonia, mas nenhum som escapava daqueles lábios tenebrosos; pensamos – talvez fosse fantasia – ouvir, vindas aparentemente de bem longe, estas palavras em romeno: *Non se póte* (Não é possível).

Por cerca de duas horas, tivemos a prova mais substancial e inequívoca de que a alma astral do xamã estava viajando em atenção a nosso desejo não expresso. Dez meses depois, recebemos uma carta de nossa amiga valáquia em resposta à nossa, na qual tínhamos anexado a página do caderno, perguntando-lhe o que ela estivera fazendo naquele dia e descrevendo a cena em detalhe. Naquela manhã, escreveu ela, estava sentada no jardim[7], prosaicamente ocupada em ferver algumas conservas; a carta que lhe fora enviada era, palavra por palavra, uma cópia da que recebera de seu irmão; de repente – por causa do calor, ela pensou –, desmaiou e depois se lembrava distintamente de sonhar que vira a autora em um lugar deserto, que descreveu com precisão, sentada sob uma "tenda cigana", conforme se expressou. "Doravante", acrescentou ela, "não posso mais duvidar!"

Mas nosso experimento se revelou ainda melhor. Havíamos direcionado o ego interior do xamã para o mesmo amigo mencionado anteriormente, o Katchi de Lhasa, que viaja constantemente para a Índia britânica e volta. Sabemos que ele foi informado de nossa situação crítica no deserto, pois poucas horas depois veio o socorro e fomos resgatados por um grupo de vinte e cinco cavaleiros. Estes tinham sido orientados por seu chefe para nos encontrar no local onde estávamos, que nenhum homem vivo dotado de poderes comuns poderia ter conhecido. O chefe dessa escolta era um shaberon, um adepto que nunca tínhamos visto antes nem vimos depois, pois ele nunca deixava o *süme* (mosteiro) e não podíamos ter acesso a ele. Mas era amigo pessoal do Katchi.

O que foi dito acima, com certeza, não provocará nada além de incredulidade no leitor em geral. Mas nós escrevemos para aqueles que acreditarão, para aqueles que, como a autora, entendem e conhecem os poderes ilimitados e as possibilidades da alma astral humana. Nesse caso, acreditamos de bom grado, ou melhor, sabemos que o "duplo espiritual" do xamã não agiu sozinho, pois ele não era adepto, mas simplesmente um médium. De acordo com uma de suas expressões favoritas, assim que colocou a pedra na boca, "seu pai apareceu, arrastou-o para fora de sua pele e o levou para onde ele pediu".

Viajando de uma tribo a outra, passamos algum tempo na companhia dos curdos. Como nosso objetivo não é autobiográfico, omitimos todos os detalhes que não têm relação imediata com os fatos ocultos e, mesmo para esses, não temos muito espaço. Assim, diremos apenas que uma sela muito cara, um tapete e duas adagas circassianas, ricamente encrustadas e cinzeladas em ouro, foram roubadas da tenda; e que os curdos, com o chefe da tribo à frente, vieram e tomaram Alá por testemunha de que o culpado não poderia pertencer à sua tribo. Acreditamos nisso, pois o fato seria algo sem precedentes entre essas tribos nômades da Ásia, tão famosas pela sacralidade com que mantêm seus hóspedes quanto pela facilidade com o que os saqueiam e ocasionalmente os matam depois de ultrapassarem os limites de seu *aûl*.

Um georgiano integrante de nossa caravana sugeriu então que recorrêssemos às luzes do *kudian* (feiticeiro) de sua tribo. Isso foi arranjado em grande sigilo e solenidade, e a entrevista foi marcada para acontecer à meia-noite, quando a lua estivesse bem alta. Na hora indicada fomos conduzidos à tenda descrita acima.

Um grande buraco, ou abertura quadrada, foi feito no teto arqueado da tenda e através dele derramavam-se verticalmente os raios esfuziantes da lua, misturando-se com a vacilante chama tríplice da pequena lâmpada. Após vários minutos de encantamentos dirigidos à lua, conforme nos pareceu, o mago, um velho de enorme estatura, cujo turbante piramidal tocava o topo da tenda, produziu um espelho redondo, do tipo conhecido como "espelhos persas". Após desparafusar a tampa, começou a soprar sobre ele por dez minutos e em seguida o desembaçou com um molho de ervas, enquanto murmurava encantamentos o tempo todo *sotto voce*. Depois de cada limpeza, o vidro ficava cada vez mais brilhante, até que seu cristal deu a impressão de emitir raios refulgentes em todas as direções.

Por fim, a operação foi encerrada; o velho, com o espelho na mão, permanecia imóvel como uma estátua. "Olha, Hanoum... olha bem", sussurrou, mal movendo os lábios. Sombras e manchas escuras começaram a se formar, onde um momento antes nada se refletia além da face radiante da lua cheia. Mais alguns segundos e lá apareceram a conhecida sela, o tapete e as adagas, que pareciam subir como que de uma água profunda e límpida, tornando-se a cada instante mais definidas. Então, uma sombra ainda mais escura surgiu pairando sobre esses objetos; gradualmente se condensou e, então, delineou-se, tão visível quanto por um telescópio, a figura completa de um homem debruçado sobre eles.

"Eu o conheço!", exclamou a autora. "É o tártaro que nos procurou a noite passada, querendo vender sua mula!"

A imagem desapareceu como que por encanto. O velho assentiu com a cabeça, mas permaneceu imóvel. Em seguida, murmurou novamente algumas palavras estranhas e, de súbito, começou a cantar. A melodia era lenta e monótona, mas depois de ter cantado algumas estrofes na mesma língua desconhecida, sem mudar o ritmo e a melodia, ele pronunciou, em forma de recitativo, as seguintes palavras, em seu russo rudimentar:

"Agora, Hanoum, vê bem: se vamos pegá-lo – o ladrão –, saberemos esta noite" etc.

As mesmas sombras começaram a se formar e, quase sem transição, vimos o homem deitado de costas, em uma poça de sangue, sobre a sela e dois outros homens galopando para longe. Apavorados e angustiados com a visão dessa cena, não quisemos ver mais. O velho, saindo da tenda, chamou alguns curdos que estavam lá fora e pareceu dar-lhes instruções. Dois minutos depois, uma dúzia de cavaleiros galopava a toda brida pela encosta da montanha em que estávamos acampados.

No início da manhã, voltaram com os objetos perdidos. A sela estava toda coberta de sangue coagulado.

A história que contaram foi que, ao avistar o fugitivo, viram desaparecer no topo de uma colina distante dois cavaleiros e, ao subir, encontram o ladrão tártaro morto na propriedade roubada, exatamente como havíamos visto no vidro mágico. Acabava de ser assassinado pelos dois bandidos, cujo evidente propósito de roubá-lo fora interrompido pelo súbito aparecimento do grupo enviado pelo velho feiticeiro.

Aqueles que nos seguiram até agora naturalmente perguntarão qual o objetivo prático deste livro; muito se tem falado sobre a magia e sua potencialidade e muito sobre a imensa antiguidade de sua prática. Queremos afirmar que as ciências ocultas devem ser estudadas e praticadas em todo o mundo? Substituiremos o espiritualismo moderno pela magia antiga? Não. A substituição não poderia ser feita, nem o estudo realizado universalmente sem o risco de enormes perigos públicos.

Não queremos que cientistas, teólogos ou espiritualistas se transformem em magos praticantes, mas que todos se conscientizem de que havia ciência verdadeira, religião profunda e fenômenos genuínos antes da era moderna. Gostaríamos que todos os responsáveis pela educação das massas primeiro soubessem, e depois ensinassem, que os guias mais seguros para a felicidade humana e a iluminação são aqueles escritos que chegaram até nós desde a mais remota antiguidade e que as aspirações espirituais mais nobres e uma moralidade geral superior prevalecem nos países onde as pessoas tomam seus preceitos como a regra de suas vidas. Gostaríamos que todos constatassem que os poderes mágicos, isto é, espirituais existem em cada homem; e que os praticassem os poucos que se sintam chamados a ensinar e estejam prontos a pagar o preço da disciplina e da autoconquista que seu desenvolvimento exige.

Como há apenas uma Verdade, o homem precisa apenas de uma igreja – o Templo de Deus dentro de nós, cercado de matéria, mas penetrável por qualquer um que possa encontrar o caminho; o puro de coração vê Deus. A trindade da natureza é a fechadura da magia, a trindade do homem é sua chave. No recinto solene do santuário, o Supremo não tinha e não tem nome. É inconcebível e impronunciável; e, no entanto, todo homem encontra em si mesmo seu deus.

Além disso, existem muitas boas razões pelas quais o estudo da magia, exceto em sua filosofia geral, é quase impraticável na Europa e na América. Sendo a magia o que é – a mais difícil de todas as ciências de se aprender experimentalmente –, sua aquisição está praticamente fora do alcance da maioria das pessoas de pele branca, quer se esforcem em sua terra ou no Oriente. Provavelmente, não mais que um homem em um milhão de sangue europeu esteja apto – seja física, moral ou psicologicamente – a se tornar um mago prático e nem um em dez milhões seria considerado dotado de todas essas três qualificações exigidas para o trabalho.

As nações ocidentais civilizadas carecem dos poderes fenomenais de resistência, tanto mentais quanto físicos, dos orientais; as idiossincrasias de temperamento dos orientais são totalmente inexistentes nelas. No hindu, no árabe e no tibetano, uma percepção intuitiva das possibilidades das forças naturais ocultas e sujeitas à vontade humana vem por herança; e neles os sentidos físicos, bem como os espirituais, são muito mais finamente desenvolvidos do que nas raças ocidentais. Apesar da notável diferença na espessura dos crânios de um europeu e de um hindu do sul, essa diferença, sendo um resultado puramente climático devido à intensidade dos raios do sol, não envolve princípios psicológicos.

Além disso, haveria enormes dificuldades na forma de treinar, se assim podemos dizer. Contaminado por séculos de superstição dogmática, por um senso indelével – embora bastante injustificado – de superioridade sobre aqueles a quem o inglês chama tão desdenhosamente de "negros", o europeu branco dificilmente se submeteria à instrução prática de um copta, um brâmane ou um lama. Para se tornar um neófito, é preciso que a pessoa esteja pronta a se dedicar de corpo e alma ao estudo das ciências místicas. Magia – a mais ciumenta das amantes

– não tolera rivais. Ao contrário de outras ciências, um conhecimento teórico de fórmulas sem habilidades mentais ou poderes da alma é totalmente inútil para a magia. O espírito deve manter em completa sujeição a combatividade do que é vagamente denominado razão educada, até que os fatos tenham dominado os frios sofismas humanos.

Nosso exame das inúmeras crenças religiosas que a humanidade professou no passado e no presente indica, com certeza, que todas elas derivaram de uma fonte primitiva. É como se fossem modos diferentes de expressar o anseio da alma humana cativa por contatos com as esferas superiores. Assim como o raio de luz branca é decomposto pelo prisma nas várias cores do espectro solar, o feixe da verdade divina, ao passar pelo prisma de três lados da natureza do homem, se divide em fragmentos multicoloridos chamados religiões. E assim como os raios do espectro, por nuances imperceptíveis, se fundem uns com os outros, as grandes teologias que apareceram em diferentes graus de divergência da fonte original foram conectadas por cismas menores, escolas e ramificações de um lado ou de outro. Juntas, seu agregado representa uma verdade eterna; separadas, são apenas sombras do erro humano e sinais de imperfeição. Basta termos a percepção correta das coisas objetivas para finalmente descobrir que o único mundo da realidade é o subjetivo.

O que foi desdenhosamente denominado paganismo era sabedoria antiga repleta de divindades; e o judaísmo e seus descendentes, o cristianismo e o islamismo, derivaram toda inspiração que continham desse pai étnico. O bramanismo pré-védico e o budismo são a fonte dupla da qual todas as religiões surgiram; Nirvana é o oceano para o qual fluem todas.

Para o propósito de uma análise filosófica, não precisamos levar em conta as enormidades que obscurecem a história de muitas religiões do mundo. A verdadeira fé é a personificação da caridade divina; aqueles que ministram em seus altares são apenas humanos. À medida que viramos as páginas manchadas de sangue da história eclesiástica, descobrimos que, quem quer que tenha sido o herói e quaisquer que fossem os trajes que os atores usaram, o enredo da tragédia sempre foi o mesmo. Mas a Noite Eterna estava dentro e por trás de tudo; passamos do que vemos para o que é invisível aos olhos dos sentidos. Nosso desejo fervoroso foi mostrar às almas verdadeiras como elas podem levantar a cortina e, no brilho daquela Noite que se tornou Dia, mirar com um olhar impassível a Verdade Revelada.

NOTAS

1. Esses são os representantes da trindade budista, Buda, *Dharma* e *Sangha*, ou Fo, Fa e Sengh, como são chamados no Tibete.
2. Essas pedras são altamente veneradas entre os lamaístas e os budistas. Elas são encontradas nos montes Altai e perto do rio Yarkhun. Nosso talismã foi um presente do venerável sumo-sacerdote, um *Gelong*, de uma tribo calmuque. Tratados como apóstatas de seu lamaísmo, esses nômades mantêm relações amistosas com seus irmãos calmuques, os khoshuts do Tibete oriental e Kokonor, e até mesmo com os lamaístas de Lhasa. As autoridades eclesiásticas, porém, não têm relações com eles.
3. Palavra composta de *sutra*, máxima ou preceito, e *antika*, junto ou próximo.
4. *Aum* (termo sânscrito místico para "Trindade"), *mani* ("joia sagrada"), *padme* ("no lótus", *padma* sendo o nome do lótus), *hum* ("assim seja"). As seis sílabas da frase correspondem aos seis principais poderes da natureza que emanam de Buda (a divindade abstrata, não Gautama), que é o sétimo, o Alfa e o Ômega do ser.
5. Um demônio elemental, em que todo nativo da Ásia acredita.
6. "Senhora", em moldavo.
7. A hora em Bucareste correspondia perfeitamente à do país em que a cena ocorreu.

Índice Remissivo

aborto, reencarnação e, 127-28
Abraão, 243, 290, 295, 304
Abrasax, 231
Academia Francesa de 1784, 64
acadianos, 175
Adão Primus, 103, 243
Adão, 19-20, 21, 34, 50-60, 99, 145, 175, 258, 259, 290
   como andrógeno, 101-02, 104
   composição de, 103
   queda de, 104, 109, 258
Adão-Kadmon, 49, 102, 103, 230, 240, 256, 258
adeptos de Voltaire, 51
Adi, Buda, 221
Adonai, 241, 296
AIN SOPH, 25, 88, 96, 231, 240, 241, 243
akasa, 57, 139, 182, 207
albigenses, 302
Aleim, 175

Alexandre da Macedônia, 24, 32, 176
Alexandre Severo, 140
Alexandria, 191, 192, 197
alkahest, 55, 62
alma astral, 23, 79
   aniquilação da, 93, 110, 113
   após a morte, 115, 117, 144-45, 274
   como intermediária, 105-06
   como matéria, 93
   desencarnada, 96
   e corpo físico, 71, 115
   e localização do espírito, 109-10
   levitação por, 71
   separação do corpo da, 149
   ver também corpo astral
   viagem pela, 334
alma(s), 88, 258-59, 263-64
   abandono do corpo pela, 320
   duas de homem, 23, 97
   e espírito, 69
   filosofia egípcia da, 274

imortalidade e, 111, 268, 273-74
no corpo físico, 205, 227, 273-74
segunda morte da, 275
ver também corpo astral; alma astral
alquimia, 55, 75, 106, 157
Amenti, 189
Amônio Saccas, 148, 196, 246, 306
anastasis, 259
Anata, 231
Andhera, 189
Anfiteatro da Sabedoria Eterna, O, 114
anima mundi, 79, 95
animais,
  espíritos dos, 44, 117
  fascinação nos, 57, 78
  instintos dos, 145, 146
ano heliacal, 30
Anticristo, 306
Anu, 231
Apolônio de Tiana, 27, 130, 147, 156, 199, 216, 223
Aporrheta, 204, 236
apostasia, 259
apóstolos, 130, 156, 211
Apuleio, 274
arcontes, 200
Arhats, 95, 126, 269
Arimã, 302
Aristóteles, 24, 30, 107, 140, 141, 193
arquiteto (construtor), como título, 277-78
  Mestre, 201, 278
Ártemis, 220
Ashmole, Elias, 271
asidianos, 302

Asoka, rei, 195, 214
Asvattha, 61
Atlântida, 168, 169, 178-80
Atman, 298
atração e repulsão, 57, 69, 77-8, 89, 121-22
  ver também magnetismo
Atum, 301, 304
augoeides, 23, 79, 106, 109, 144
Aum mani padme hum, 331, 341
Avatares, 221, 255-57, 270
Azoth, 159

babilônios, 167, 168, 175, 179
Balder, 188-89
Basilides, 211, 220-21, 227, 306
basilidianos, 229, 245
Bel, 231
Beroso, 35, 54, 122, 127, 256, 289
Bertrand, A. J. F., 65
Bhagavad Gita, 257, 306
Bíblia, 147, 156, 202, 236, 274
  alegoria e fato na, 174, 281-82
  evolução e, 60 35
  geena na, 129, 189
  idades da, 290
  maçons e, 277
  mestre arquiteto" na, 201
  Pedro na, 156, 201-02
  religiões não cristãs e, 262
  seitas cristãs primitivas e, 202, 229, 233
  ver também Novo Testamento; Velho Testamento
biblioteca alexandrina, 160, 197
Bin, 231
Binah, 240

Blavatsky, Helena, fenômenos testemunhados por, 133-34, 325-28, 330-31, 332-34, 336-38
Brahma, 48-9, 51, 55, 95, 229-30, 231, 257
   dias e noites de, 244, 252, 254-56, 288-89
Brahman-Dyaus, 231, 255
Brahmatma, 204, 314
bramanas, 284
brâmanes, 26, 96, 148, 175
bramanismo, 61, 92, 181, 205, 222, 274, 284, 290, 292, 328, 340
   avatares do, 255-56, 257
   budismo e, 211, 214-15, 227, 229-30, 269
   cosmogonia do, 241, 244-45, 283
   cristianismo e, 305
   dias e noites de Brahma no, 244, 252, 254-55, 288-89
   Rishis do, 51
   Trimurti do, 230-31
   ver também hinduísmo
Brihaspati, 30
Bruchion, 190
Bruno, G., 49
Buda (divindade), 265, 269-70, 341
Buda, Gautama, 32, 156, 214, 223, 230, 269-70, 314
   encarnações de, 95-6, 256
Budas, 95, 158, 269
budismo, 92-7, 112-13, 125-27, 188, 220, 298, 328-29
   aniquilação no, 93, 94, 96
   bramanismo e, 227, 229-30
   causa e efeito no, 307
   ciclos de cronologia do, 30

   como fonte de outras religiões, 211-12, 237, 340
   cristianismo primitivo e, 211, 222, 314
   doutrinas do, 205, 207, 221, 227, 239-40, 244-45, 252-53, 257-58, 273-74, 291, 305
   essênios e, 195, 213-14, 226
   filosofia pitagórica e, 92, 95, 126
   gnosticismo e, 229-30
   ilusão no, 93, 222
   iniciações do, 206
   jainismo e, 269
   mandamentos do, 225-26, 311
   pré-védico, 211, 214-15, 340
   quatro verdades do, 94, 269
   reencarnação no, 125-26
   regras do, 329
   Sermão na Montanha e, 311
   trindade do, 341
Bunsen, Christian C. J., 31, 165, 183, 289, 315
Bythos, 230, 231-32

Cabala, 58, 141, 192, 193, 230, 239-45, 252
   judaica, 25, 145, 278, 281, 282
   no Gênesis, 145
   oriental, 25, 177, 193, 194, 239, 278, 283
Caim, raça de, 179
caldeus, 174-75, 181, 200, 203, 213, 214, 273, 282, 289
calmucos, 341
caos, 53, 55, 59, 122-23, 131, 242
Caríbdis, 168
Carpenter, W. B., 164, 317

Cassandro, 119
cativeiro babilônico, 175, 220, 273, 290
causa e efeito, 307-09
Cavaleiros Templários, 276-77
    ver também maçons
Celso, 196, 197
Ceres-Deméter, 205
César, 189-90
Chandragupta, 328
Chokmah, 240
Christos, 95, 212, 223, 231, 232, 235, 264, 265, 270, 303, 306
Chtonia-Vesta, 86
ciclos,
    da humanidade, 19-20, 21, 29-32, 82-4, 100-01, 104, 252, 258, 273, 290-91
    da terra, 29-32, 35, 119, 289, 290-91, 292
ciência moderna, 183
    achados arqueológicos da, 21-2
    antigas alegorias e, 85, 87
    e Deus, 24-5
    e princípio de vida, 151-52
    evolução e, 60
    ignorância da, 58
    luz astral e, 159
círculo de necessidade, 125, 126
Cirilo, 197, 249
Clemente de Alexandria, 23, 35, 103, 211, 223
Cleópatra, 190, 191
clima, mudança de, 30
cobras ver serpentes
Codex Nazaraeus, 214, 266-67
Coleman, Charles, 35
compensação, lei da, 113, 310, 322

Confúcio, 223
consciência, 105, 116
Constantino, 147
coptas, 191, 236, 263
Coríntios, 200, 294
corpo astral, 69, 79, 89, 318
    após a morte, 117, 145, 153-54
    como alma, 69
    como matéria, 93
    fenômenos e, 319, 322-23
    retorno ao corpo físico do, 153-54
    ver também, alma astral
    viagem durante o sono pelo, 68
corpo, físico, 64, 79, 91
    densidade do, 99-100
    fenômenos e, 320
    magnetismo e, 65-6
    perispírito e, 71
    pureza do, 89
corpos astronômicos, 64, 79-80
    antigos e, 85-6, 88
    egípcios e, 166-67
    evolução dos, 136-38
    influências dos, 108-09
    magnetismo dos, 63, 65, 76-7, 89
    movimento dos, 90, 100
cosmogonia(s), 143-44, 230-32, 240-45, 285-91
    caldaica, 230-31
    crime, 308-09
    da Cabala, 239-41, 244-45
    do bramanismo, 241-42, 283, 287-88
    do Gênesis, 175, 242, 244, 282-83, 287-88
    doutrina das emanações e, 230-32, 239-42, 244-45
    egípcia, 48, 59

éter e caos na, 121-22
evolução e, 56
Elohim na, 285-86, 287, 288
hindu, 48, 230-32, 241-42, 290-91
ofita, 230-32
crianças, reencarnação e, 127-28
cristãos, destruição e perseguição
　por, 140-41, 147-48, 160, 189, 193,
　194, 195-96, 221, 245-46, 250-51
cristianismo, 181, 191
　demônio e inferno no, 188, 189-90,
　　293-94, 297, 302, 303
　desvios do, 99, 192-93, 245-46,
　　281-82, 306, 310-11
　emblemas do, 251-52
　expiação no, 194-95, 307-09
　heréticas do, 60-1, 103, 188,
　　194-95, 196, 202, 208-09, 245-46,
　　249-50, 282-83, 340
　imortalidade no, 110-12
　judaísmo e antigo, 224-25
　número sete no, 283
　origens asiáticas do, 92-3, 211-12,
　　236, 305-06, 314
　origens pagãs
　origens platônicas do, 192, 193,
　　194, 196, 205, 235, 249
　seitas do antigo, 211, 212-15, 217,
　　219-23, 232-35, 245, 261
　trindade do, 86, 193
　ver também sob nomes de seitas
　　individuais
crocodilos, faquires e, 135
Crookes, William, 38-9, 156
cruz, como símbolo, 159, 250-51,
　276, 278
cura, 81-2

imaginação na, 136
no Egito antigo, 166-68

d'Eslon, Charles, 65
Dagon, 54, 252
Darwin, Charles, 91, 99, 144
Davis, S., 31
de Beaumont, Élie, 157
de Jussieu, Antoine L., 65
de Payens, Hugues, 276
de Saint-Adhémar, Geoffroy, 276
Demiurgo, 40, 86-7, 101, 221, 274,
　285, 288
Demócrito, 40, 140
demônio, 149, 188, 293, 294, 297,
　301-02, 303, 304
demônios, 129-30
destino, 321-22
deuses, homens como, 218-19, 223
Devanaguy, 256
Dharma, 341
Dharmasoka, 328
Dhyani, Budas, 221
diabolos, 294, 301-02
Diocleciano, 140
Diodoro, 141
Discípulos de São João, 261, 262
dor, budismo e, 94
doutrina cabalística, 76, 99, 212-13,
　221, 275
　AIN SOPH na, 25, 240, 241, 243
　cristianismo e, 236
　das emanações, 230, 239-42,
　　244-45
　de ciclos, 126-27, 138
　de permutação, 217

desenvolvimento humano na, 136-37
deuses em, 218-19
espírito e matéria na, 121
forças antagônicas na, 293-94
futuro na, 70
Gênesis na, 174-75
Hades na, 116
lei da harmonia na, 111, 293-94
morte na, 152-53, 154
número sete na, 283, 285-86
poderes da natureza na, 151
trindades da, 239-40
doutrina pitagórica, 48-9, 147
   da cosmogonia, 121-22
   da metempsicose, 22-3, 136
   de Deus como mente universal, 92-3
   dos números, 283, 284, 285
   Jesus e, 215, 216
Doutrina Secreta, 60, 117, 144-45, 148, 151, 160, 173, 175, 235, 273, 278
Draper, John W., 100
druidas, 26
drusos, 236, 261, 263-65
Du Potet, J., 57, 66
Dvapara-yuga, 30, 257

ebionitas, 212, 234, 235
Eddas, 54
Éden, Jardim do, 174
Éfeso, 220
Egito, 24, 47, 140-41, 163-68, 170, 263, 302-03
   alegorias de julgamento do, 295-96, 301-02

cosmogonia do antigo, 48, 59
e Índia, 47, 163-64, 176-77, 289
encantadores de serpentes no, 133-34
inscrições do, 141, 279-80, 289-90
Livros Sagrados do, 35
Mistérios do, 166, 167, 195, 203, 274-75
mitologia do antigo, 54
progresso do antigo, 163-68
sacrifícios humanos no, 315
ego, 110, 145, 268
Eikon, 231
El Hay, 241
elementos, 75, 122-23, 131, 159-60
Eliseu, 154-55
Elísio, 216
Eloá, 240
Elohim, 103, 174, 177, 241, 274, 285-86, 287-88, 296
Elohim-Tsabaôth, 241
emanações, doutrina das, 193, 230-32, 240-42, 244-45
Emepht, 58
emoções ver sentimentos
Ennoia, 230, 231, 232
ensinamentos de, 92, 93, 95, 124-25, 126, 205, 211-12, 267-68, 328
Epifânio, 224
epopteia, 201, 204, 206
escritos de, 31, 35, 140-41, 148, 158-59, 167, 207, 229, 242, 274
escrituras, antigas, 140-42
   de Hermes, 31, 35, 141, 148, 158, 167, 207, 229, 242, 274
   destruição de, 140-41, 160, 189-90, 221
   preservação de, 189-91, 196-97

espiritismo/espiritualismo, 38, 42-3, 75, 112
espírito astral, 64, 68-9, 115-16, 182
  ver também espírito; espírito divino
espírito divino, 69, 79, 95, 102, 111
  conhecimento do, 105
  de Christos, 223
  deserção do homem pelo, 89-90, 110-11, 115-16, 144-45
  localização do, 109
  na matéria, 23, 145
espírito(s), 321
  e alma, 69
  e matéria, 143-44
  em Jó, 298
  imortalidade do, 268, 273
  nomes para, 297-98
  três de homem, 79
  união com o homem de, 218-19, 223-24, 243, 317-19
  ver também espírito astral; espírito divino
espíritos da natureza ver espíritos elementais
espíritos elementais, 121, 123, 127, 157, 320, 341
  classes de, 107-08, 113-14
  espíritos humanos se tornando, 183
  evolução dos, 90-1
  fenômenos pelos, 42, 43, 49-51, 107-08, 113-14, 123-24, 182-83, 322-23, 325
  habitando o éter, 90
espíritos terrestres, 107, 113-14
espíritos, humanos
  como demônios, 129-30
  comunicação com, 206
  diversidade de, 124

evocação e atração de, 44, 114-15, 123
fenômenos pelos, 41-2, 49-50, 114, 182
formas de, 96
tornando-se elementais, 183
essênios, 24, 156, 203, 212, 214, 217, 220, 226, 275, 294
  Jesus e, 213-14, 215, 216, 311
éter, 53-5, 83, 90, 93-4, 121-22, 131
  ver também luz astral
etíopes, 140, 164, 289
Eulâmio, 148
Eusébio, 141, 221, 234
Eva, 99, 155, 236
Evêmero, 282
evolução, 60-1, 101-02, 105, 143-44, 283
  avatares e, 256, 257
  ciclos individuais da, 138
  conhecimento antigo, 56-7, 60-2, 91
  dupla, 80, 258
  elos perdidos na, 23, 51, 91, 259-60
  espiritual, 51, 60-1, 91, 101-02, 104-05, 117, 128, 258, 283
expiação vicária ver expiação, doutrina da
expiação, doutrina da, 111, 194, 195, 307-09

Fa, 341
faquires, 135, 156, 201-02, 206-07
fariseus, 126, 213, 233-34, 235, 270, 302
farsi, 301-02
fascinação, 57, 78

fé, 81
feitiçaria, 130, 155, 302
fenícios, 168, 289
fenômenos, físicos
  autenticidade dos, 114
  ciência e, 39-40
  Crookes, teorias sobre, 38-9
  de animação de matéria inerte, 181-82
  de materialização, 43, 113-14
  pelos espíritos, 41-2, 43-4, 49-50
  perigos dos, 82-3
  por adeptos, 207, 319, 322, 323
  relatos testemunhados, 325-28, 330-32, 333-35, 336-37
Feroher, 298
fetos,
  desenvolvimento dos, 136
  e reencarnação, 128-29
  impacto de mães sobre, 136, 138-39
Ficino, Marsilio, 136, 141
Filaletes, 106
Filaletianos, 246, 278
filhos de Deus, 20, 59, 103, 104, 177, 178
Fílon, o Judeu, 20, 29, 61, 192, 242
filosofia caldaica, 188, 220, 251-52, 298
  cosmogonia da, 54-5
  desespiritualização do homem na, 59
  doutrina de emanações na, 230-31, 244
filosofia hermética, 115, 157-58
  cosmogonia da, 121-22, 241-42
  do homem e da matéria, 19

  dos ciclos da humanidade, 19-20, 100-01
  luz astral na, 159
  natureza trina do homem na, 273-74
  pedra filosofal na, 106
Fo, 93, 341
força(s), 59
  antagônica ou contrária, 158, 293
  e matéria, 71-2, 143, 268
  e vontade, 39-40, 72, 90, 268
  sideral, 64
Fragmento de Hérmias, 122
Francomaçons ver maçons
Frigga, 188

Gabriel, anjo, descendência de, 219
galileus, 215, 217
gan-dunias, 174, 183
Geburah, 240
geena, 117, 129, 189
Gênesis, 54, 101, 179, 282, 283, 303
  Cabala e, 145
  como alegoria, 174-75, 242
  cosmogonia do, 242, 244, 287, 288
  seleção natural e, 104
  túnicas de pele" do, 59-60, 99
Gênghis Khan, tumba de, 180
geometria, 122
  conhecimento egípcio da, 28, 166
  de Deus, 40, 158, 159, 160
Gibbon, Edward, 126, 192
gigantes, raça de, 60, 104, 179
Giles, Chauncey, 112
gimnossofistas, 47-8, 263
Gnose, 193, 217, 219-20, 223, 278
gnósticos, 195, 203, 265, 275, 281

cristianismo primitivo e, 147, 193,
  194, 196, 221-22, 226, 233-34,
  235, 236, 246, 249-50, 251
  doutrinas dos, 23, 219, 220-21,
    222-23, 229-32, 245-46, 250,
    265, 270
  drusos e, 264, 265
  Jesus e, 219, 232-33, 235
Gobi, deserto, 180, 273
Goethe, J. W. von, 304
Gogard, 102
gravidez, feto durante a, 136-40
Grécia, antiga, 166, 167, 169, 176,
  303

H'amza, 263-64, 265
Hades, 113, 116, 129, 188, 216, 227
Hakim, 263
Hanuman, 256, 260
harmonia, lei da, 70, 111, 118, 128
Hathor, 48
Haug, M., 51
Heptaktys, 285
Hércules, 86
Hermeias, 148
Hermes, 24, 49, 158, 303
Heródoto, 22, 164, 166, 289
Hesed, 240
Hibil-Ziwa, 219
hierofantes, 156, 175, 177, 203, 204,
  313, 321
  da Atlântida, 178, 180
  doutrinas dos, 96, 101, 214
  expiação dos, 195
  gimnossofistas e, 48
  poderes dos, 71
  transferência de vida pelos, 312

Higgins, Godfrey, 31, 208
Hillel, 217, 311
hinduísmo, 47-8, 61, 62, 182, 189,
  226, 239, 240, 263-64, 275, 283, 298
  avatares do, 255-56, 257
  cosmogonia do, 48, 241
  cronologia do, 257, 288
  dez virtudes do, 202
  iniciação no, 202-03, 206
  reencarnação no, 125
  ver também bramanismo
Hinnom, 189
Hipátia, 197, 246, 249-50
Hoa, 231
Hod, 241
homem
  como microcosmo do macrocosmo,
    40, 79, 122, 218, 258
  desenvolvimento físico do, 136-37
  involução do, 59, 273-74
  natureza tríplice do, 21, 39, 79-80,
    106-07, 259, 273-74, 318, 338-39
  queda do, 20, 101, 109, 257, 258
  raças do, 20-2, 51, 59, 60, 101, 102,
    103-06, 177-79, 252, 258, 273,
    288, 291-92, 318-19
  três espíritos do, 79
  três nascimentos do, 312
Homero, 168, 289
Horácio, 282
Hovelacque, A.-A., 260

idades do homem, 32-3, 56-7,
  99-100, 257-58, 290
idiotia, reencarnação e, 128, 129
Igreja Católica, 187, 261, 276, 277,
  302

Ilu, 231
imaginação, 135-36
imortalidade, 110-11, 116, 144, 152, 267, 268, 273-74
Índia, 169, 190, 194, 215, 273, 284, 329, 330
  antiga, 175-76
  comunicação do espírito na, 206-07
  Egito e, 47, 163-64, 176, 289
  faquires da, 135, 156
  Mistérios da, 201-02
individualidade, 109-11, 115, 144-45
inferno, 188-89, 303
  ver também Hades
iniciações, 166, 201-02, 203, 204, 207, 210, 213, 236, 250-51, 298
  dos drusos, 263-64
  expiação nas, 195
  hindus, 202-03, 206
  Jó como alegoria das, 296, 297, 300-01
  Paulo e, 201
  Platão sobre, 205-06
  sistemas comuns das, 203, 206
insanidade, 320
instinto, 145-46
intuição, 146-47
Irineu, 192, 196, 201, 211, 212, 220, 221, 222, 223
Isaías, 173
Ishmonia, 192
Ísis, 24, 301
  véu de, 24, 114, 172
Islã, 181, 340

Jacolliot, L., 156, 175-76, 183
jainismo, 269
Jakatas, 94-6
Jâmblico, 35, 115, 141, 147, 156, 199, 223
Jannes, 273
Jeová, 48-9, 225, 226, 240, 262, 302
  em Jó, 296-97
Jervis, J., 212
jesuítas, 272-73
Jesus e, 213, 225-26, 259, 267-68, 270, 306-07, 314
Jesus, 32, 181, 189, 200, 252, 262-63, 266, 305, 312-13, 314
  Buda e, 214, 259, 267-68, 270, 306, 313, 314
  budismo e, 211, 212-13, 214-15, 225-26
  como reformador, 214, 216-17, 224, 225-26, 246, 270
  Deus e, 224-25, 226
  ensinamentos exotéricos e esotéricos de, 216, 295-96
  expulsão de demônios por, 129-30
  Krishna, 306-07
  maçons e, 275-76, 277-78
  representação deturpada de, 147, 192-93, 245-46, 307-08, 309-10, 311
  seitas cristãs primitivas e, 213-14, 215, 216, 219-20, 221, 222-24, 232-33, 235, 263-64, 265-66
  Sermão na Montanha de, 215, 225, 311
  tentação de, 294
  uso de parábolas por, 215-16, 295
  visão dos discípulos de, 234, 235
Jó, 54, 283, 294-301
João Batista, 212, 213, 217, 262, 264, 276, 277

João, 216, 235, 251, 314
 evangelho de, 20, 236, 267-68, 293
Joel, 181
Josafá, St., 314
Josefo, 214, 216, 226, 289
Josué, 195, 314
judaísmo, 25, 301-02, 303
 cristianismo e, 224, 225, 226, 282
 origens do, 211, 243, 272-73, 281, 289-90, 340
Júpiter, 87
Justiniano, 147, 148

Kali, 257
Kali-yuga, 30-1, 257, 290
Kalki, 256, 257
kalpas, 30
Kaneya, 256
Kapila, 50, 306, 313
karma, 126, 269
Kenrick, J, 165
Kether, 240
Khe-lan, irmandade de, 331-32
Khunrath, Henry, 114
King, C. W., 208, 214, 226, 237, 251
Kircher, A., 76, 77
Kneph, 54
Knight, R. Payne, 208, 236
Koinobioi, 263
Krishna, 223, 256, 257, 270, 306, 314
Krita-yuga, 30-1, 257
Kurma-Avatar, 255

lamaísmo, 329, 341
Lao-Tzu, 223
Legatus, 192, 219

lei natural, 40, 87, 112-13, 158, 181-82, 317
leis da natureza ver lei natural,
Lévi, Éliphas, 68
 sobre a lei das influências recíprocas, 108-09
 sobre a luz astral, 56, 83
 sobre a morte física, 152-53, 154
 Sobre a ressuscitação da morte, 154, 155
 sobre mulheres grávidas, 139
Leviatã, 301
literatura sânscrita, 176
Livro do Mistério Oculto, ver Sifra di-Tseniuta
Livro dos Mortos, egípcio, 275, 296, 298
Livro dos Números, caldeu, 31, 174, 204
Logos, 59, 95, 103, 192, 221, 231, 232, 236, 239, 242, 245, 302-03
Loki, 188
luz astral, 54, 58, 76, 83, 121, 123, 136, 159
 desejo e, 56-7
 elementais e, 90
 futuro e passado em, 67, 70-1, 318-19
 mulheres grávidas e, 139
 pensamentos e ações em, 67, 138-39
 profecias de, 73
 ver também éter
maçons, 201, 261, 275, 280, 281, 283-84
 crenças e práticas dos, 203-04, 277-79
 história dos, 271-72, 275-77

materializações, 43, 113-14
mães, impacto sobre fetos de, 136, 138-39
magia negra, 115
magia, 26-7, 29, 75-6, 83-4, 181, 277-78, 302, 318, 320, 321, 338-40
magnale magnum, 81
Magnes, 159
magnetismo, 320
   animal, 63, 65, 76-7
   descoberta do, 44-5
   de mulheres grávidas, 139-40
   de sentimentos, 76-7
   dos corpos celestes, 63-4, 65, 76-7, 89
   Kircher sobre, 76-7
   mineral, 77
   rejeição francesa do, 63-5
   transcendente, 66
magos, 29, 203, 214, 244, 263, 273
Mahabharata, 257
Mahat, 313
Maitreya-Buda, 257
Malkuth, 241
mandeus, 261, 262
Manes, 245
Mâneto, 35, 166, 183
manifestação ver sob vontade; ver fenômenos, físicos,
Mantra, 284
Manu, 26, 177, 202, 226, 229, 241-42, 252, 255, 289
manvantara(s), 31, 35
Márcion, 223-24, 229, 306
marcionitas, 245
Maria Madalena, 155
Martinho Lutero, 302

matéria
   antagonismo da, 294, 301
   aumento da densidade na involução da, 19-20, 59, 61-2, 145-46
   como ilusão, 94, 97, 328
   como maldição, 146
   como serpente, 102, 146, 175
   descida do espírito sobre, 91
   espírito divino na, 22-3, 146
   espírito e, 143-44
   homem astral como, 22-3, 93
   na criação da mulher, 102-03
   na manifestação, 71-2
   natureza eterna da, 116
   pensamento como, 41, 135
   princípio energizador da, 121, 131
   vencendo a, 105-06
Mateus, 221
   evangelho de, 235-36, 309, 311
Matrona Baubo, 205
Matsya-Avatar, 255
Matter, A. J., 220
Maya, 93-4, 222
mediação, 155
mediunidade, 41-3, 71-2, 114, 155-56, 318, 319-20, 323, 335
Mefistófeles, 304
meia-morte, 148
Melquisedeque, 306
memória
   elementais e, 108, 123
   luz astral e, 67, 71
Menés, 141, 164, 176, 183
Mesmer, Anton, 44, 63, 64-5, 66
Metamorfoses, 274
Metatron, 192, 219, 245, 287, 298

metempsicose, 22-3, 92, 94, 136
Métis, 86, 87
México, 168, 170
milagres, 182, 188, 313, 317
Milman, H. H., 235
Milton, J., 304
minerais, 118, 151, 320
Mistérios, 24, 91, 208-09, 250-51, 312
  báquicos, 203, 251
  Buda e, 313
  egípcios, 166, 167, 195, 203, 274-75, 290
  eleusinos, 200, 203, 216, 251
  hindus, 202, 203
  iniciação nos, 195, 202, 203, 204-05, 206, 207, 210, 216, 236, 296, 298
  Jesus e, 216
  Jó e, 296, 298
  naziriato, 213
  Paulo e, 200-01
  Platão e, 92
  sacrifícios humanos e, 315
Mitra, 302
Moeris, lago, 243
Moisés, 130, 147, 212-13, 223, 243, 273, 290, 295, 296
  como deus na terra, 217-18, 219
  ira de, 179
  Jesus e, 226
  Josué e, 195, 314
  no Monte Sinai, 254
  sobre a criação da vida, 54-5, 137
Moksha, 257, 313
mônada, 80, 86, 95, 158, 221, 230
  astral, 127, 128-29
Mongólia, 176, 329

monoteísmo
  de Platão, 92
  dos antigos, 28-9, 244
morte, 49, 112, 117-18, 144-45
  espiritual, 112-13
  meia-, 148-49
  ocorrência de, 152-54
  ressuscitação após, 152-55
mulheres, no Gênesis, 101-02, 145-46, 174-75
Müller, Max, 188
Multimamma, 220
música, répteis e, 133-34
Mylitta, 231

nabateus, 212
Nara, 231, 242
Narada, 183
Nara-Sinha, 255
Narayana, 241-42
Nari, 231
Nasera, 213
natureza
  poderes da, 151
  tríplice, 316, 338
nazarenos, 212-14, 215, 217, 219, 234, 235, 245
nazares, 200, 213, 214
Nazaria, 212
nazireus, 261, 262
necromancia, 75, 115
neoplatônicos, 141, 203, 215, 237, 311
  augoeides dos, 109, 298
  cristianismo e, 193, 194, 196
  tríade de, 86
  último dos, 148

nephesh, 274
neroses, 30, 35
Netzach, 241
Nicolini, G. B., 273
Nilo, desvio do, 164
Nirvana, 94-5, 96, 126, 257, 259,
   264, 267, 268-69, 291, 313, 340
   temporário, 127
Noé, 179, 288, 290
Nous, 40, 221-22, 259, 265, 298
Novo Testamento, 91, 117, 130, 189,
   195, 226, 230, 293
   ver também Bíblia
   ver também sob nomes de livros
      individuais do Novo Testamento
Nozari, 212
numerais, 283-84, 285

Oannes, 54, 127
ocultismo, 25-6, 75-6, 337
   Leviatã como, 301
   poderes do, 82, 181
Od, 58, 179
Odin, 27
ofitas, 229, 232, 245, 261, 263-64
   doutrina de emanações dos, 230-32
On-ati, 301
Ophiomorphos, 303
Ophios, 303
Oráculos Caldaicos, 67
Orfeu, 119, 306
Orígenes, 23, 103, 111, 130, 196
origens dos, 195, 213-14, 226-27
Ormazd, 302
Orphikoi, 311
Osíris, 49, 296, 303
osirismo, 207

Osthanes, 273
Ozarim, 219

Pa'had, 240
Panchen Rimpoche, 331
Pandora, 155
panteísmo, 60
Papiro Ebers, 28, 167
Paracelso, Teofrasto, 55, 65, 76,
   108-09, 271
   cura por, 82
   e magnetismo, 44-5, 63
   sobre a viagem astral, 68
   sobre os três espíritos do homem, 79
Parasu-Rama, 255, 258
parsismo, 207
Paulo, 50, 220, 233
   como iniciado, 199-200, 216
   escritos de, 199, 223-24, 259, 266,
      267, 294-95
   Pedro e, 199, 233
Pausânias, 44
pecado, 231
pedra filosofal, 76, 106, 157, 159
pedras de cornalina, 325, 332, 341
Pedro, 156, 201, 221, 235, 309
   Paulo e, 199, 233-34
peixe, como símbolo, 252
pensamento, 41, 67, 70, 140
Perfeição da Sabedoria ver Prajña
   Paramita
perispírito, 71, 93-4
permutação, doutrina da, 217
Pérsia, 176, 261, 262, 298
personalidade, 110-11
Pesquisas sobre os Fenômenos do
   Espiritismo, 38

Phronêsis, 221
Pimandro, 49, 103, 232, 239
pirâmides, egípcias, 22, 61, 101, 164-65, 166
Pitágoras, 61, 92, 126, 148, 209, 210, 212, 216, 223, 234, 306
pitris, 126, 207
plantas/atração e repulsão nas, 77
   espíritos das, 117-18
   propriedades místicas das, 151-52, 320-21
   reproduzidas em espírito, 330-31
Platão, 50, 61, 89-90, 122, 141, 148, 158, 160, 193, 212, 223, 234, 249, 259, 274, 306
   Atlântida e, 178-79
   escritos esotéricos, 21-2, 33, 90-2
   sobre a alma após a morte, 49-50, 115, 116
   sobre a prece, 147
   sobre as raças antigas, 20, 102, 103
   sobre influências externas no homem, 89-90
   sobre o visível a partir do invisível, 40-1
   sobre os Mistérios, 92, 204, 205, 206, 208-09
   sobre os profetas, 72-3
   sobre períodos férteis e inférteis, 83
   trindade de, 192-93
Pleasonton, A. J., 77, 89
Plínio, 26, 27, 214, 273
Plotino, 86, 97, 147, 156, 199, 205, 223, 249, 306
Plutão, 188
Plutarco, 249
Pneuma, 231
Polier, M. E. de, 48

Popol Vuh, 55, 178, 179
Porfírio, 44, 86, 97, 147, 181, 199, 237, 303
Porta, G. Baptista della, 75-6
Possessão, 73, 130, 155, 157
Prajña Paramita, 94
Prakriti, 313
pralayas, 288
Pratimoksha Sutra, 311
prece, 147
princípio vital, 58, 139, 151, 152, 182
Proclo, 80, 86, 115, 145, 181, 204, 206
profecias, 72-3
Prometeu, 103, 182
protestantismo, 187, 302
Psellus, 114
psicomática do, 124
Ptah, 58, 274, 304
Purusha, 241
Python, 303

querubim, 241

Rama-Chandra, 256
Ramayana, 256
razão, 105-06, 128-29, 145-46
reencarnação, 68, 125-26, 127-30
Reichenbach, Karl L., 58, 139
Religião de Sabedoria, 194, 207, 215, 242-43, 261, 278
religião maga, 27-8, 263-64
religiões, verdades comuns em todas, 148, 169-70, 202-03, 208-09, 211-12, 214-15, 340
répteis, música e, 133-34
ressuscitação de mortos, 152-55

Rig-Veda, 88
Rishis, 48, 51, 263
Roda da Lei, A, 307
rosa-cruzes, 123, 174, 271, 275-76, 280
ruínas, antigas, 25, 170, 178, 179

sacrifícios, humanos, 315
saduceus, 217, 233, 270
Saint Germain, conde, 174
Sakyamuni, 214, 215, 226, 256, 267, 306, 314
Salomão, 243
Samas, 231
Sanchoniathon, 116-17, 256
Sangha, 341
sannyasi, 202, 206
sânscrito, 175-76
Santanelli, I., 65
Santo Agostinho, 99, 148
sars, 30, 35
Satã, 294, 297, 301, 302, 304
Satapa-tha-Brahmana, 312
Saturno, 87, 243
Sautrantikas, 328
Sayer, Anthony, 272
Schleicher, 260
Schopenhauer, 39-40
segredo e sabedoria ancestral, 21-3, 32-3, 92, 169-70, 202-03, 266, 314
seleção natural, 99, 104
Seleuco, 141
Sengh, 341
sentimentos, 77-8, 89, 135-36
Sephirah, 87, 88, 240, 241-42, 245, 287
Septuaginta, 298

Serapeion, 250
Serápis, 302
Sermão da Montanha, 215, 311
serpente(s), 62
   como Satã, 294, 303-04
   encantamento de, 133-34, 155-56
   na cosmogonia egípcia, 54, 59
   no Gêneses, 102, 145-46, 174-75, 179, 303
   simbolizando a matéria, 102-03, 145-46, 174-75
sete, como número sagrado, 283-84, 285
Shekhinah, 230, 241
Shimon ben-Yohai, 217
Shiva, 189, 231
Sibilas, livros das, 196
Siddharta ver Buda, Gautama,
Sifra di-Tseniuta, 19
Sigê, 231-32
Simão, o Cirineu, 221
Simão, o Mago, 199
simpatia, 77-8
Smyth, Charles Piazzi, 166
sobre a morte, 152
sociedades secretas, 170-71, 261-66, 271-72, 275-80
Sócrates, 23, 49, 115, 266
sol, 76-7, 88-9
   espiritual central, 76, 80, 88-9, 122, 157
som, impacto do, 284
Song-tsen Gampo, rei, 331
sonhos, 68, 149
sono, 68, 149
Sophia, 221, 230, 231, 232, 235, 236
Sophia-Akhamôth, 232
sossus, 35

Spinoza, Benedictus de, 49
sufis, 263
Svabhavat, 252-53
Svabhavikas, 49, 244-45, 252
Svayambhu, 241, 244
Swedenborg, 110, 111-12
swedenborguianos, 320

Tales, 55
talismãs, 325, 332, 341
Talmude, 25, 189, 212, 252
Tannaim, 219, 220, 235, 244, 271
Tartária, 176, 180, 190, 329, 332
Tau, 251
Taylor, Thomas, 205-06
Teão de Esmirna, 204
Templo de Salomão, 277
templos, alegóricos, 277-78
Teodas, 190, 191
Teófilo, 197
teologia órfica, 86, 121-22
terapeutas, 156, 212, 263
Terra Fantasmagórica, 312
Terra,
    ciclos da, 29-32, 35, 119, 288, 290-91, 292
    evolução da, 118, 286
    sistema circulatório da, 157-58
Tertuliano, 107, 211, 222, 223
Tetragrama, 252
Tetraktys, 86, 158, 232
theopoiia, 182
Thevetat, rei, 179
Thomson, A. Todd, 29
Thoth, 148, 296
Thouret, M. A., 65

Tiago, 259, 269
Tibete, 176, 180, 312, 323-24, 328, 329, 331, 332
Tifão, 303
Tiphareth, 240
Tirthankara, 269
Tophet, 189
transmigração, 125, 126, 263
Treta-yuga, 30, 257
Trimurti, 230, 240
trindade(s), 80, 86, 122, 159-60, 287
    cabalística, 239-40
    caldaica, 230-31
    cristã, 86, 193
    indiana, 230-31
    ofita, 230-32
    platônica, 182-93
túnicas de pele," 20, 59, 99, 101, 258, 291
Turu, 301

Universo Invisível, O, 117, 139
Urano, 87-8

Vaivasvata, 179
Valdenses, 302
valentinianos, 245
Vamana, 255
vampirismo, 130, 149
Van Helmont, B., 65, 80
Varaha, 255
vatu, 202, 206-07
Vedas, 26, 60, 148, 267, 281, 284
Velho Testamento, 91, 224, 226, 230, 289, 294, 295, 301, 303

ver também Bíblia
ver também sob os nomes dos livros individuais do Velho Testamento
vida, prolongamento da, 157
Viraj, 231
Vishnu, 231, 255-57
Volney, C. F., 29
vontade, 39-41, 49, 56-8
  do Criador, 80
  força e, 39-40, 71-2, 90, 268
  manifestação da, 39-41, 56-8, 71-2, 135-36, 181-82
  na cura, 81

Wilder, Alexander, 148, 179, 183, 215, 236
Wilkinson, J. G., 164, 166

Xisuthros (Ziusudra), 179
Yâh, 240

Yava Aleim, 175, 177
Yehovah-Tsabaôth, 241
Yesod, 241
Yuga(s), 30-1, 93-4

Zeruan, 243
Zeus, 86
zodíaco, 290, 291
Zohar, 195, 239, 254, 258-59, 287
Zoroastro, 27, 67, 212, 273